탈코르셋:
도래한 상상

탈코르셋:
도래한 상상

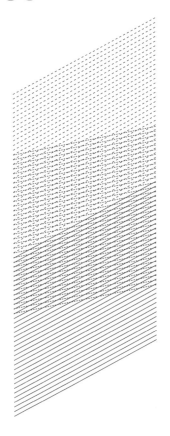

이
민
경

한겨레출판

이민경은 동시대 여성의 목소리를 수집해 가장 적절한 순간, 가장 적확한 언어로 되돌려주는 작가다. 그가 탈코르셋 책을 낸다고 했을 때 또 한 번 귀신같은 타이밍에 놀랐는데 막상 다 읽고 났을 땐 다른 이유로 더 놀랐다. 그가 섬세하게 기록한 10대, 20대 여성의 이야기는 나의 막연한 추측이 부끄러울 만큼 핵심을 꿰뚫는 질문과 성찰로 가득 차 있었기 때문이다. 이것은 탈코르셋을 통해 내가 경험한 해방감을 뛰어넘는, 아래로부터의 가장 정치적인 여성해방 운동이다. 혁명은 자기모순과 인지부조화를 예민하게 감각하고 견딜 수 없는 쪽에서부터 터져 나오게 마련이다. '걸그룹 네이티브' 세대에게 메이크업, 다이어트, 성형이 과연 개인의 자유이자 선택일까? 10세 여아의 성인화된 화장과 포즈도 '걸캔두애니띵'일까? 어른들이 자신의 타임라인에서 주저하는 동안, 여기 미래로부터 대답이 먼저 도착했다. 지적이고 치열한 메신저 이민경의 존재가 새삼 소중하다.

_김진아, 《나는 내 파이를 구할 뿐 인류를 구하러 온 게 아니라고》 저자

'탈코르셋' 그 자체를 수많은 여성들의 언어로 성공적으로 표현해냄과 동시에, 간결하고도 잔인하게, 또 유쾌하게 현실을 고발한다. 지속되어왔던 한국 페미니즘에 대한 물음표에 드디어 느낌표를 찾아준 기분.

_작가 1, 《탈코일기》 저자

하지 않던 무언가를 '해야 하는' 그 어떤 여성 운동보다, 하던 것을 '하지 않으면 되는' 탈코르셋 운동이 이렇게나 논쟁적인 담론이 될 것임을, 어딘가에 존재할 첫 탈코인은 알았을까? 2015년 페미니즘 리부트 이후 수많은 의제가 떠오르고 가라앉으며 스쳐 지나갔지만, 탈코르셋 담론은 한 번도 꺼진 적이 없는 불씨였다. 이 책은 그 불씨를 이어받아 다음에 올 자매가 헤매지 않도록 길을 비춘다. 탈코르셋은 '자매애'의 가시화다. 탈코르셋이 여성운동의 종착지가 아닌 시작점 또는 통과지점임을 고민해볼 수 있는 책이다.

_이신애, 초등성평등연구회 소속 교사

차례

0.
관념에서

감각으로

행동주의는 우리 자신만을 보지 않고 주변 세계를 관찰하며 가능한 장소와 시간에 행동을 취하는 것을 의미한다. 우리는 편지, 전화, 청원 등의 로비, 혹은 행진, 공연, 조직 구성, 파업 등의 형식으로 문제에 관여할 수 있다. 명분만큼이나 문제에 개입하는 이유도 다양하지만, 그 근원에는 참여의 중요성, 연대감, 서로와 지구 환경에 대한 책임, 무력감보다는 희망을 품고 살고자 하는 욕구 등이 행동을 이끌어낸다는 공통점이 있다.

루시 트렐로어, 〈우리의 자리는 저항에 있다〉, 《우먼카인드 Vol. 7》

'당신의 목소리에는 이미 힘이 있습니다.'

나는 2016년 발생한 강남역 살인사건을 계기로 쓴 첫 책 《우리에겐 언어가 필요하다》를 통해 여성의 직관이 그대로 목소리가 되어 나오는 순간에 집중했다. 이후 꾸준히 출판이라는 형식으로 여성의 삶에 개입해 그러한 움직임을 확장하고자 했다. 몇 년째 같은 순간에 매달린 이유는 오직 그것만이 우리를 살릴 지식이 되고 움직임이 되고 혁

명이 되리라는 믿음에서였다. 또한 통번역을 전공했기 때문에 한 언어를 다른 언어로, 한 언어의 화계話階 내부를 이동해가며 한 영역에서 다른 영역으로 언어를 옮기면서 여성의 삶이 이동할 수 있는 경로를 만들고자 했다. 요약하자면 줄곧 언어에서 언어로 이동하며 언어를 통한 이동을 꿈꾸고, 움직임에 대해 쓰고 움직이기 위해 써온 셈이다. 이번에는 한국 사회가 여성에게 주입하는 외모 강박과 여성성 강요에 저항할 목적으로 2018년부터 빠르게 확산된 '탈코르셋 운동'에 대해 쓰고자 했다. 이 운동에서 바로 내가 꾸준히 주장하고 소망해온, '감각의 이동을 통한 몸의 이동'을 구체적으로 목격했기 때문이다.

하지만 이 이동성을 처음부터 알아본 것은 아니었다. 오히려 2018년 초, SNS(소셜네트워크서비스)에서 '#탈코르셋_인증'이라는 해시태그(#)를 처음 마주한 순간을 아직도 기억하는 이유는 그것을 '못' 알아보았기 때문이다. 페미니즘 운동 확산에 활발히 참여한 지 몇 년이나 되었음에도 유독 탈코르셋 운동을 접했을 때만큼은 예의 친숙함과는 다른 생경함이 느껴졌다. 당시 '#탈코르셋_인증' 해시태그는 아이섀도가 산산이 부서져 있고 립스틱이 잔뜩 짓뭉개진 사진에 붙어 있었다. '코르셋'이란 단어가 이전부터 화장이나 하이힐, 치마같이 여성에게 부과되는 꾸밈을 통칭

—

'#탈코르셋_인증' 해시태그를 달고 올라오는 사진의 예.

하는 의미로 쓰이고 있었으니, '탈코르셋'이 여성을 억압하는 꾸밈으로부터 벗어나는 상태를 뜻하리라는 점까지는 읽어낼 수 있었다. 그다음이 문제였다. 화장품을 망가뜨린 사진 속에는 분노와 쾌감이 서려 있었고 이 감정은 모니터 너머까지도 날것 그대로 전해졌지만, 좀체 이해되지는 않았다. 지금, 이곳에서 진행 중인 페미니즘 운동에 담긴 메시지를 빠르게 독해하고 전파하는 일에 자부심을 가졌던 나는 의아함과 우려를 안은 채 멈춰버렸다. 그런 까닭에 탈코르셋에 대한 나의 첫 기억은 독해할 수 없는 메시지로 인한 당황스러움으로 요약된다.

그 직후 탈코르셋이 화장이나 성형수술뿐 아니라 긴 머리와 여성복 등 '사회적 여성성'을 전면 부정하는 운동임을 알게 되었다. 탈코르셋에 참여하려면 머리를 짧게 깎고, 화장을 하지 않고, 셔츠와 바지 차림을 해야 한다는 것을 알게 된 뒤로 들었던 의문들은 대략 다음과 같다.

- 안 그래도 과중한 억압에 시달리는 여성들에게 오히려 이중 억압이 될 수 있지 않을까?
- 꼭 이런 방식으로 접근해야 할까?
- 여성성 자체가 나쁜 것은 아니지 않을까?
- 주체적으로 꾸미고 싶은 사람도 있지 않을까?

· 타인에게 잘 보이고자 하는 욕망은 정도가 문제이
지, 그 자체는 자연스러운 것이 아닐까?

실제로 내가 구성한 SNS의 타임라인에서도 비슷한
의아함이 공유되고 있었다. 탈코르셋 운동을 비판하거나
우려하는 말들이 주된 흐름을 차지했다. '다양성을 확보해
나가는 방향으로 가야 한다', '외모 강박은 구조가 만들어내
는 문제이다', '탈코르셋을 강요당하는 것 같다', '구조는 그
렇게 변하지 않는다', '여성은 무엇이든 선택할 수 있어야 한
다'는 말들이 절대다수였다. 당시의 나는 섣불리 동조도 비
판도 할 수 없었다. 마음이 답답했다. 그래서 이 겹겹의 간
극을 꼭 이해하고 싶었다.

그 뒤로 '#탈코르셋_인증'이라는 해시태그가 붙은 게
시물이 보일 때마다 끊임없이 따라갔다. 트위터에서 페미니
즘 이슈가 하루가 다르게 바뀐다는 것을 감안할 때 나름대
로 오랜 기간 이 문제에 관심을 거두지 않았던 까닭은, 단
번에 이해되지 않았던 메시지를 독해하는 일이 마음속에
내내 숙제처럼 남았기 때문이다.

홀로 꾸준히 독해를 시도하면서 나는 처음에는 몰
랐던 몇 가지 사실을 깨달을 수 있었다. 결과를 거칠게 요
약하자면 다음과 같다. 첫째, '#탈코르셋_인증' 해시태그를

띄우는 이들 가운데는 10대가 많다. 둘째, 수많은 여자 아이돌이 등장하게 된 시작이라 할 만한 '소녀시대'의 데뷔가 올해로 10년이 조금 넘었다. 소녀시대는 내가 중학교에 진학할 무렵, 그리고 지금의 10대들이 태어날 무렵 데뷔했다 (2007년). 즉, 요즘 10대들은 성장하는 내내 여자 아이돌들의 이미지에 일상적으로 둘러싸인 삶을 살아왔다. 셋째, 내가 꾸린 타임라인의 대부분을 차지하는 페미니스트들의 나이대는 나와 비슷하거나 좀 더 많다. 그들은 학창시절, 꾸미는 여자를 멸시하는 이야기를 들었고 거기에 꾸밈으로써 되받아치며 저항했다. 이 경험이 꾸밈에 대한 논의를 할 때 즉각 소환된다.

몰랐던 것은 또 있다. 내가 학교를 다니던 시절에는 꾸밈이 또래 사이에서 튀기 위한 전략이었다면, 요즘 학교에서 꾸밈은 또래에게 배제되지 않기 위해 해야만 하는 수행이 되었다. "형광펜을 틴트 대신 바른다"라는 어떤 학생의 말로 많은 것이 설명된다. 그렇다면 나는 왜 '화장으로 저항하기'는 가능성이라 여겼으면서, '화장하지 않기'라는 저항은 어째서 다른 가능성을 막는 것처럼 느꼈을까? 내게 페미니즘을 통해 여성성과 화해할 일말의 여지가 주어졌던 것은 '여성성을 수행하기'가 나의 일상을 그다지 옥죄지 않았기 때문이었다. 어떤 경우에도 '하지 않을 자유'가 확보되지 않은 자유를 자유라 말할 수 없음은 분명하다.

　　오랜 시간을 들여 숙제를 풀고 나서 나는 내가 가진 립스틱을 다 버렸고, '#탈코르셋_인증' 해시태그를 띄우는 이들과 마찬가지로 그 모습을 SNS에 올렸다. 탈코르셋 인증 사진들에서 전해졌던 분노와 통쾌함에 닿는 데까지 한참이 걸리고 나서야 그 해방감을 나누어 가질 수 있었다. 같은 사회를 살아가지만 그새 더 강해진 꾸밈 압박을 더 어린 나이부터 온몸으로 겪어야 했던 이들이 자신의 이야기를 내어준 덕이었다.

　　그때부터 나는 본격적으로 탈코르셋 운동에 합류한 셈이 되었고, 진작부터 이 흐름을 만들어나가던 이들을 직접 만나기로 했다. 사진 한 장에 담긴 감정과 만나는 데에도 한 세월이 걸렸기 때문에, 이 운동을 폭넓게 이해하는 데까지 이르기 위해서는 보다 심층적 독해가 필요했다. 그것을 도저히 나 혼자서는 할 수 없었다. 그러던 와중에 이 기록을 책으로 엮자는 제안을 받았다. 〈한겨레〉 칼럼 지면에 탈코르셋 이야기를 실었던 것이 계기가 되었다. 그런데 탈코르셋 운동을 앞장서서 주도한 쪽이 아닌 데다가, 익명성을 기반으로 움직이는 이 운동에 관해 개인의 이름으로 책을 낸다는 데 주저함이 있었다. 하지만 누군가에게는 이미 지나간 이슈일 수도 있는 탈코르셋 운동이 온라인 미디어의 빠른 속도에 익숙하지 않고 책으로 정보를 접하는 데 익숙한 독자, 즉 나와 비슷한 이들과 만날 필요도 있었다. 게다가 페미니즘을 주제로 강연을 다니는 동안 '탈코르셋 문제를 어떻게 바라보아야 할까요?', '어디에서부터 어디까지가 코르셋인가요?', '친구와 코르셋 이야기를 어떻게 할 수 있을까요?'와 같은 질문을 점점 더 많이 받았다. 그래서 탈코르셋 운동 초반에 내가 가졌던 거리감도 일종의 들여다봐야 할 감각이라 여기고 이 거리감도 가감 없이 기록하여 더 많은 이들과 함께할 수 있는 자원으로 활용하는 책을 써보기로 했다. 탈코르셋 운동은 외모라는 민감한 주제를 다룬다는 특성상 다른 페미니즘 운동보다 반감과 오해가 거세다. 그러나 이것들만 잘 딛고 넘어서면 그 소산을 나눌 이들이 전폭적으로 늘어날 수 있다는 믿음으로, 철저히 연사가 아닌 통역자로서 탈코르셋 운동의 메시지를 옮기고자 했다. 그간 여성의 목소리에 담긴 메시지를 확장하는 역할을 꾸준히 자처해왔으니 이번 작업도 그 연장선으로 여겨지기를 바란다.

통역에서 단순하게 그리고 반드시 지켜야 하는 단하나의 원칙은, 연사가 말하고자 하는 바를 그대로 전달해야 한다는 것이다. 이 책에서 나를 통역자로 자리매김한 이유는 나의 역량상 그 이상은 맡지 않아야 한다고 생각했기 때문이다. 동시에 탈코르셋 운동이 말하고자 하는 바가 현실에서 정반대로 전달되고 있는 현 상황에 대한 문제의식도 있었다. 2018년 내내 페미니스트들 사이에서 이 운동이 격렬한 논쟁을 불러일으킨 지점은 탈코르셋이 획일적 규칙을 고수한다는 점이었다. 그리하여 탈코르셋 운동이 가진 의미와 탈코르셋 운동에 대한 거부감 사이의 화해를 시도할 요량으로 '탈코르셋을 획일적 방식으로 수행할 필요는 없다'는 새로운 설명이 등장했다. 나 역시 생활에서는 탈코르셋 운동의 의미와 거부감 사이의 화해를 시도하지만, 이 책에서는 탈코르셋 운동이 고집한 획일적 방향성을 최대한 그대로 전달하려고 한다. '왜, 굳이, 이렇게' 탈코르셋 운동을 하는지 내 나름의 해석으로 답하는 대신, 탈코르셋 운동의 궤적을 충실히 따라가 살피고자 한다는 뜻이다. 쉽게 이해할 수 없는 그 부분으로 인해 기입된 새로운 관점이야말로 탈코르셋 운동이 궁극적으로 말하고자 하는 바이자 이 운동이 등장한 이유이기 때문이다. 탈코르셋 운동에 대한 거부감을 줄이려고 이 운동이 상상력을 포기했다거나 간과했다고 설명한다면 '성취'를 '한계'로, '필요함'을 '필요 없음'으로 옮겨버리는 셈이다. 상상력을 제한하는 것만 같았던 탈코르셋 운동은 오히려 다양한 상상력을 삶에서 구현해내는 성취를 거뒀다. 현실로 불러낸 상상력은 기존의 현실과 그리 다르지 않은 모습을 하고 있기에 포착해내기 어렵다. 이 책을 집필하면서 탈코르셋 운동이 만들어내는 방향성을 그대로 따라가는 방식을 선택한 이유는 이미 우리 삶에 도래한 탈코르셋 운동의 상상력을 최대한 잘 알아볼 수 있는 자리에 서기 위함이었다.

　　아무리 통역자의 역할을 자처했다고 해도 탈코르셋에 관한 책을 집필하면서 나 혼자만의 목소리만 넣을 수는 없었다. 이전부터 줄곧 나는 '여성의 목소리에는 힘이 있다'고 믿어왔다. 그 원칙에 따라 2018년 초여름부터 2019년 늦봄까지 많은 여성을 만났다. 서울, 경기, 대전, 전주, 대구에서 100명 남짓한 여성들과 이야기를 나눴고, 스무 명에 가까운 여성들과는 한 번에 두세 시간가량 인터뷰했다. 시간과 목소리를 나누어준 이들을 만나게 된 경로는 다양했다. 3년여간 활동가로 일하면서 자연스럽게 형성한 사적인 페미니스트 네트워크를 활용하기도 했고, 인스타그램으로 탈코르셋 운동을 열렬히 확산시키는 이들에게 직접 메시지를 보내 연락을 취하기도 했다. 우연한 만남이 이루어지기도 했다. 이를 토대로 하나의 텍스트 안에 여러 목소리가 담긴 다성적 텍스트를 쓰고자 노력했다. 이 책은 1년 남짓 탈코르셋 운동에 뛰어들어 스스로 조금씩 변화해가며 내가 새로이 얻었던 감각, 더불어서 탈코르셋 운동에 대해 느낀 이해할 수 없었던 거리감이라는 두 가지 감각을 양쪽으로 읽어간 독해의 기록이다.

　평소에는 일부러라도 잘 하지 않으려는 말이지만, 많은 여성과의 만남을 글로 옮기며 이번만은 언어의 한계를 통감했다. 그만큼 각자의 몸으로 억압에 저항하는 여성들의 이야기에는 폭발적인 감정과 날카로운 통찰이 담겨 있었다. 이 책에 다양한 목소리가 담겨 있다는 말은 단순히 개인의 선택을 소개하고 각자의 경험을 나누어 삶을 풍부하게 해주는 다채로운 이야기들을 모으는 데 그쳤다는 뜻이 아니다. 각자의 삶으로부터 만들어진 집단적 지식, 지식을 통해 이루어진 탈코르셋 운동의 양상과 전략, 그리고 탈코르셋 운동을 통해 발생한 효과들이 다시금 페미니즘 지식으로 만들어지는 일련의 과정을 의미화하고자 했다.

　그렇다고 해서 탈코르셋 운동의 개념을 정의하고, 흐름을 전체적으로 조망하고, 장단점을 평가하고 제언하는 식의 익숙한 방식으로 접근하지는 않았다. 그렇게 접근하기에는 내 역량의 한계도 있지만 단지 그 이유 때문만은 아니다. 일단 개념을 숙지한 뒤에는 반드시 의의와 한계를 동시에 파악해야만 할 것 같은 기존의 익숙한 도식이 몸의 망설임을 키우는데, 탈코르셋 운동은 결코 몸 없이는 할 수가 없는 운동이기 때문이다. 2015년 이후로 한국의 페미니즘이 문제에 즉각 몸으로 맞서 행동하는 기조를 유지하며 확산되기도 했지만, 여태까지의 다양한 페미니즘 의제 가운데에서도 탈코르셋은 특히나 신체 그 자체가 주제이다. 탈코르셋 운동의 가장 큰 의의는 익숙한 망설임들을 깨뜨려 몸을 움직이게 하고, 행동하자는 원칙을 따르느라 제법 유연해진 몸에도 여전히 남아 있는 관성을 발견하게 하고, 그럼으로써 새로운 인식의 틀을 만들어나간다는 데 있다고 보기에, 글을 써나갈 때에도 최대한 탈코르셋 운동의 방식을 따르려 했다.

이제 와서 보니 탈코르셋 운동에 동참하기 이전에 들었던 갖가지 의문을 해결하는 데 가장 유효했던 깨달음이 하나 있다. 탈코르셋 운동은 결론을 끝까지 내리고 나서야 입장을 결정할 수 있는 문제라거나 논쟁을 위해 제시된 추상적 관념이 아니라, 내 몸으로 감각하며 풀어갈 수밖에 없는 운동이라는 사실이다. 머릿속으로 고민할수록 의문은 꼬리에 꼬리를 물며 원을 그릴 뿐이다. 내 몸이 위치한 현실, 현실에 위치한 내 몸에서 출발하지 않고서는 결코 탈코르셋에 관한 논의를 제대로 이해할 수 없다.

그러니 앞서 내가 제기한 의문들을 비슷하게 품고 있으리라 생각되는 독자들에게 당부드린다. 탈코르셋이라는 주제를 눈앞에 평면으로 펼쳐진 한 폭의 그림이 아니라 끊임없이 걸어나가야 하는 통로로 인식하시기를. 이때 움직임의 주체는 다른 누구도 아닌 자기 자신의 몸이란 사실을 기억하시기를.

　고민을 멈추고 움직이라는 말은 생각보다 행동이 더 가치 있다거나 행동을 위해서는 생각하기를 영영 포기해야 한다는 말이 아니다. 감각으로 이해해야 하는 순간에 머릿속을 배회한다면 오히려 경험을 통해서만 빚어낼 수 있는 더 깊은 사유를 마주할 기회를 잃게 된다. 페미니스트라는 선언을 하기 전까지는 끊임없이 되풀이되었던, 답을 하기 전까지는 선언을 미뤄야 할 것만 같던 질문들이 선언 직후에 자연스럽게 사라지고 이후로는 전과 층위가 다른 질문이 꾸준히 이어지는 것처럼 말이다. 탈코르셋 운동에 대한 질문 역시 이와 다르지 않다. 가장 옳은 관점을 찾아낼 때 끝나는 것이 아니라 각자가 이미 가진 관점과 감각을 출발점으로 삼는 순간부터 비로소 시작된다는 것. 독자들 각자의 몸에서 출발해 내가 지난여름부터 올봄까지 열일곱 명의 여성과 가졌던 열세 번의 만남을 함께 통과하고 나면, 내가 그러했듯 독자들 역시 출발했을 때에는 예상할 수 없던 곳에 도착해 있으리라고 확신한다.

* 인터뷰이의 이름은 가명으로 기재하는 것을 원칙으로 삼았으나, 실명으로 실어달라는 인터뷰이의 요청이 있었던 경우에는 실명으로 기재했다. 가명이든 실명이든 성은 표기하지 않았다. 거주지와 직업 등은 인터뷰이의 신상 보호를 위해 가공되었음을 밝힌다.

1.
여자에서

사람으로

"남자들은 아무도 꾸미고 다니지 않아요"

경희도 사람이다.

나혜석, 〈경희〉, 《여자계》

'저와 탈코르셋 이야기를 나누어주실 분을 구합니다.' 서울의 서부인 홍대입구에서 지하철 2호선을 타고 약 한 시간가량 이동해 남부의 강남역으로 간다. 내가 인스타그램에 올린 게시물을 보고 직접 메시지를 준 지예를 만나기 위해서이다.

인스타그램은 탈코르셋 운동이 확산된 주요 매체 중 하나이다. 사진과 글을 함께 게시할 수 있고 해시태그를 통해 같은 주제의 게시물을 한데 모아보기 쉬운 특성 때문일 것이다. 탈코르셋 담론은 여러 페미니스트 온라인 커뮤니티에서 형성된 이후 다양한 소셜 미디어를 통해 퍼졌는데, 소셜 미디어의 특성에 따라 조금씩 다른 방식으로 전파되었다. 인스타그램에는 '#탈코르셋은해방입니다'와 같은 해시태그를 달고 탈코르셋을 한 모습이 담긴 사진과 글이 올라왔다면, 페이스북에는 꾸밈노동에 소요되는 비용과 시간을 지적하는 게시물이 주로 올라왔다.

강남역에서 도보로 10분 거리에 위치한 팬케이크 집에서 지예를 만났다. 그는 페이스북을 통해 탈코르셋 담론을 접한 경우였다.

"작년 가을쯤 페이스북에서 어떤 여자분이 한 달간 꾸미는 데에 들이는 돈을 계산하고 쓴 글을 봤어요. 그분이 계산을 해보고 엄청 현타°가 와서, 화장품도 다 버리고 머리도 자르게 됐다고 적은 거예요. 그걸 보고 저도 같이 현타가 와서 '내가 쓸데없이 돈을 많이 쓰고 있었구나' 했죠. 그러면서도 화장을 안 해야겠단 생각만 계속 가지고 있었고, 행동으로 이어지진 않았어요. 그러다 어느 날 맨얼굴로 동네 외출을 했어요. 그게 일요일이었고 다음 날 자연스럽게 맨얼굴로 회사를 가게 됐

○ '현실 자각 타임'의 줄임말. 인지부조화가 자각되거나 기존의 인식이 낯설게 다가오면서 전환이 이루어지는 순간에 느끼는 충격 혹은 허탈함을 일컫는 은어.

죠. 그런데 저한테 뭐라고 하는 사람이 아무도 없는 거예요. '얼굴이 달라 보인다'거나 '핏기가 없어 보인다'거나 하는 얘기를 아무도 안 하더라고요. '내가 맨얼굴이라는 걸 나만 크게 의식하는구나, 사람들은 별로 신경 안 쓰는구나.' 그날부터 화장을 안 하게 됐어요. 화장하지 않고 출근한 지는 8개월 정도 되었고요."

화장을 하지 않고서부터, 지예의 눈에는 새로운 사실이 들어왔다. 그리고 그 사실은 지예를 요샛말로 '빡치게' 했다.

"그전에는 화장이나 꾸밈이나 모든 것이 의무이고, 안하면 안 되는 일이라고 생각했어요. 그런데 사실 그럴 필요가 없었던 거죠. 저 같은 경우에는 남자가 많은 회사를 다니는데 남자들은 아무도 꾸미고 다니지 않아요. 아무도 양복 안 입고, 티셔츠에 청바지 입고 다니죠. 그래서 회의감이 드는 거예요. '저 아저씨는 편하게 다니는데 왜 나는 아침마다 꾸며야 했을까?' 이런 생각을 하게 됐죠. 물론 제가 꾸미는 것을 싫어하는 건 아니에요. 저는 이공계열이었어요. 이공계에는 여자들이 얼마 없는데 그 안에서도 여자들만 꾸며요. 제가 평소

31

에 강연을 자주 보러 다녀요. 그 자리에 남자 교수와 여자 교수가 있으면, 여자 교수들은 늘 풀 메이크업에 풀 세팅 하고 오는데, 남자 교수들은 편안한 차림으로 와요. 양복 입고 오는 사람, 아무도 없어요. 그냥 셔츠에 면바지. 그것도 약간 빡치는 거예요."

그가 새롭게 인지한 사실이란 자신이 매일같이 화장을 하고 출근했던 회사에 남자 동료들은 항상 '편하게' 왔다는 점이다. 화장을 하지 않으면서부터, 강연과 같이 회사가 아닌 다른 자리에서도 성별에 따라 한쪽은 불편한 차림으로, 한쪽은 편한 차림으로 참석한다는 현실이 그의 눈에 들어왔다. 지예가 느낀 감정의 근원은 여태까지 자신이 의무처럼 수행했던 꾸밈을 다른 여성들도 전부 다 하는 데 반해, 남자들은 딱히 하지 않는다는 인식에서 비롯된 불공정함으로 설명할 수 있다. 같은 맥락에서 지예는 여성과 남성이 일상에서 느끼는 편함의 차이가 그저 꾸밈노동에서만 발생하는 것이 아니라는 사실도 알게 되었다.

"여성복이 불편하다는 건 예전부터 알고 있었어요. 입어봤으니까. 전 여자 바지 밑위가 짧은 게 너무 싫었거든요. 근데 남성복보다 여성복 품질이 나쁘다는 건 최근에 알았어요. 페이스북 글을 보고요. 좀 놀랍죠. 같은 브랜드, 같은 디자인의 옷인데 성별에 따라 다른 재질로 만들어지고, 가격은 여성복이 더 비싸다니. 깜짝 놀랐어요."

그가 말한 남성이 일상에서 누리는 '편함'에는 화장을 하지 않는다는 점 말고도 남성복이 여성복에 비해 몸에 더 편안하고 가격이 싸고 품질이 좋다는 사실까지 포함된다. 지예가 페이스북을 통해 보았다고 했듯 최근 소셜 미디어에서는 같은 브랜드에서 출시한 패딩이지만 여성용과 남성용이 충전재 안감 중량에서 차이가 난다거나, 교복에서부터 속옷에 이르기까지 여성복과 남성복 사이에 품질 차이가 있다는 문제 제기가 이어졌다. 이처럼 꾸밈노동을 둘러싼 다양한 논의를 접한 지예는 자신이 하는 탈코르셋 실천을 다음과 같이 정의한다.

"제가 생각하는 탈코르셋은 저에게 선택할 자유가 있는 것이라고 생각해요. 그렇다고 제가 꾸미는 걸 싫어하는 건 아니거든요. 예쁜 모습을 보면 좋아하죠. 그래서 선택할 자유를 갖는다는 의미에서 탈코르셋을 하고 있어요. '(화장) 안 하고 싶을 땐 얼마든지 안 할 수 있다. 하고 싶을 때만 하자. 자유롭게 내가 내킬 때만 하자.' 그러니까 훨씬 마음이 좋고, 화장할 때 오히려 특별한 기분을 낼 수 있어요."

지예는 화장이 의무가 아닐 수 있음을, '화장하지 않기'라는 선택지도 존재함을 깨달았다. 이전까지는 몰랐던 새로운 선택지를 얻은 지예는 그렇다고 해서 화장하는 선택지를 버리지 않았다. 그럼으로써 화장을 할 수도 있고, 하지 않을 수도 있는 선택을 오가면서 일상에서 더 큰 자유를 누리게 되었다. '선택의 자유를 갖느냐, 못 갖느냐' 하는 문제로서 탈코르셋을 바라보고 실천하는 지예는 탈코르셋 운동의 종착점이 다음과 같기를 바란다.

"외모에 대한 평가가 사라지는 것. 여기에 되게 공감하거든요. 제가 그동안 당한 것도 있고. 저는 탈코르셋의 종착점이 내가 뭘 하든 아무 소리 듣지 않는 것, 더 나아가서 지금도 여전히 남자니 여자니 하는 구분이 있는데 그런 구분이 없어지면 좋겠어요. 사실 치마가 통기가 잘돼서 남자에게 좋다고 하잖아요. 남자도 편안한 치마 입고, 여자도 자기 스타일에 맞으면 양복 입고. 내가 뭘 입든 뭘 하든 아무 소리 듣지 않았으면 해요."

지예의 이야기를 들으며 나는 그를 만나러 온 길을 다시 떠올려보았다.

　　탈코르셋 운동에 참여하기 전까지, 나는 화장이 의무인 삶을 알지 못했다. 대체로는 화장하지 않은 얼굴로 바깥에 나갔고 꾸밈은 오로지 시간이 날 때만, 내가 내킬 때만 했다. 말하자면 내 이야기는 지예가 들려준 이야기의 결말로부터 시작하는 셈이다. 지예가 탈코르셋은 꾸밈에 있어 '선택의 자유'를 확보한 상태라는 결말에 도달함으로써 마음이 편안해졌듯, 그 지점에서 일상을 살아가던 나 역시 대체로 마음이 편했다. 꾸밈이야 내킬 때 하고 내키지 않으면 하지 않으니 별다른 고민거리도 딜레마도 되지 않았다. 그러다 온라인에서 탈코르셋 운동이 확산되는 모습을 보고 이 문제를 거의 처음으로 고민하기 시작했다. '페미니스트는 꾸밈노동을 어떻게 생각해야 하나?'부터 꾸밈노동의 의미와 정도, 다양한 사례가 연거푸 떠올랐다. 그리고 나의 고민에서 '선택의 자유'는 핵심 쟁점이 되었다. 선택의 자유를 해치지 않으면서도 꾸밈을 전면 거부하자는 탈코르셋 운동을 어떻게 이해하고 실천할지 딜레마가 생겼다. 페미니스트 활동가로 몇 년을 살아왔고 학부에서 사회학을 전공했으면서도 내 속을 들여다보면 사회가 강요하는 욕망과 외부로부터 주입된 욕망, 그럼에도 불구하고 존재하는 나의 진짜 욕망이 한데 엉켜서 도저히 구분하기 어려웠다. 이 욕망들을 어떻게 구분해낼 것인지가 나의 주된 과제였다. 이후에 립스틱들을 싹 내다버리게 된 것은 이 딜레마가 해결되었기 때문이 아니었다. 앞서 말한 대로 나보다 어린 세대에 이르러 외모에 대한 압박이 한층 거세졌음을 깨닫고 이들에게 연대를 표하는 상징적 행위로서 일단 립스틱들을 버린 것이었다. 기왕의 나의 일상에서 꾸밈은 별달리 큰 부분을 차지하지 않았기 때문에 '압박으로부터 벗어나자'는 메시지에 함께하기 위해 그 정도는 행동해도 무방했다.

다만 고민도 끝나지 않았고 원래도 화장을 거의 하지 않았으니 이 행위가 나의 삶에서 무언가를 바꾸리라는 기대는 하지 않았다. 그런데 립스틱을 내다버리는 행동을 한 직후, 인지의 변화가 찾아왔다. 그 행동이 마치 사건 현장을 봉쇄하고자 테이프 라인을 치는 것처럼 꾸밈노동을 나의 내부에서 외부로 잠정 분리시킨 것이다. 그리고 꾸밈이라는 행위뿐 아니라 이에 대한 고민으로부터도 분리되었다. 꾸밈에 대해 사유하는 대신 그 글자 자체에 가위표를 치고 나니 꾸밈의 내부에서 '어떻게'를 고민하는 대신, 꾸밈의 외부에서 그 행위를 낯설게 바라보며 '왜'를 질문하기에 알맞은 상태로 인식의 방향이 바뀌었다.

생각해보면 탈코르셋 운동에 참여하기 이전에도 이

에 대해 새로운 인식을 할 계기가 있기는 했다. 그레타 거윅이 연출하고 시얼샤 로넌이 주연을 맡았던 영화 〈레이디 버드〉의 후일담을 트위터에서 읽은 날이었다. 영화에서 시얼샤 로넌은 화장을 하지 않은 채 나오는데, 그 이유가 10대 여자아이들이 자기 얼굴을 자연스럽게 여기기를 바랐기 때문이라는 인터뷰 기사였다. 길거리 전광판에 등장하는 모든 여자 모델들이 화장한 얼굴이라는 사실을 나는 그날 처음으로 주목했다. 더불어서 이런 사회라면 여성이 화장한 얼굴을 자신의 기본 얼굴로 여기겠다는 생각을 스치듯 했다.

꾸밈을 나의 내부에서 외부로 내보내고 나서 찾아온 변화는 당시 스쳐 보낸 생각과 맞닿아 있다. 차이가 있다면 그때의 '생각'이 이번에는 '경험'을 통해 지각되었다는 것뿐이다. 피부와 피부 위에 얹힌 화장 사이에 한 겹의 얇은 막이 생긴 듯 꾸밈과 내가 분리된 것이다. 지예를 만나러 홍대입구역에서 강남역까지 지하철을 타고 가는 내내, 같은 칸에 앉은 여성들의 얼굴이 눈에 들어온다. 그 한 겹의 얇은 막이 만들어낸 간격이 이들의 '얼굴'을 '화장'한 얼굴로 느끼게 한다. 이전까지는 여성들이 모두 화장을 했다는 사실에 주목해본 적이 없었다. 강남역에서부터 지예를 만나기로 한 팬케이크 집까지 걷는 길, 그 길에서 마주친 여성들의 얼굴 위에도 한결같이 화장이 얹혀 있다. 흔히 볼 수 있는 풍경으로부터 전에는 주목하지 않았던 정보를 낯설게 받아들이며 길을 걷다가 팬케이크 집 문을 열고 들어가 지예를 만났던 것이다.

지예와 나는 각각 남쪽에서 북쪽으로, 북쪽에서 남쪽으로 이동해 한 장소에서 만난다. 이와 마찬가지로 화장을 하지 않다가 주위 여성들의 화장한 모습을 사회적 구성물로 대하면서 지예를 만나러 온 나와, 화장을 하다가 민낯으로 출근한 날 느낀 점을 전하려고 온 지예는 서로 다른 경로를 거쳐 한 점에서 만난다. 지예와 내가 만난 이 지점은 여성이 여성성을 갖추기 위해 필요한 일련의 행동 양식을 통칭하는 '코르셋'이 자연스럽게 존재하던 사회에서 이를 돌연 '탈'자연화denaturalise시키는, 즉 여성의 본질과는 관계없는 사회적 구성물로 여겨지게 만드는 시작점이다. 이것은 여성의 꾸밈을 전면 거부하는 운동을 일컫는 '탈'코르셋이 무척이나 탁월한 작명이라고 느낀 가장 큰 이유였다. 탈자연화는 한 번 인식하면 이전으로 돌아갈 수 없는 관점의 입구를 열어준다.

온라인을 중심으로 페미니즘 이슈가 부상했던 2015년 이후 한국 사회를 살아가던 여성들을 공기처럼 감쌌던 여성혐오와 성차별을 도드라지게 만든 여성주의 관점이 등장했듯, 이번에는 탈코르셋 운동을 통해 이전까지 자연스럽게 여겨지던 여성의 꾸밈이 전경으로 돌출되었다. 지예를 만나러 가던 길에 내가 느꼈던 낯섦은 여성의 얼굴을 인식하는 기본값의 재조정이 일어나고 있다는 신호라고 설명할 수 있다. 여태까지 유지되던 '얼굴 vs. 맨얼굴'이라는 도식이 '얼굴 vs. 화장한 얼굴'로, 혹은 '피부 아래 민낯'이 '피부 위 화장'으로 바뀌며 마찰이 일어났던 것이다. 사람이 자신의 맨얼굴을 기본값으로 여기지 못하는 상황이 이상하게 느껴지고, 모든 여성이 한결같이 화장한 얼굴을 기본값으로 맞춘 상황이 한쪽으로 치우쳐진 현상처럼 보이도록 하는 이 관점의 입구에는 '지예를 비롯한 여성들은 왜 화장을 의무로 여겼는가?'라는 물음이 걸려 있다. 그러니까 지예가 들려준 이야기의 결말에서 출발한 나의 이야기가 향한 곳은 도로 지예의 이야기의 발단인 셈이다.

　나와 지예가 서로를 만난 지금까지의 이야기는 두 가지 사실을 보여준다. 우선은 '사실상 의무였던 선택 외에 새로운 선택지를 발견해 기존의 선택 곁에 그것을 나란히 추가한다. 하나였던 선택지가 둘이 되어 자유가 확장되고, 그리하여 일상이 다양하고 자유로워진다'는 서사로 이루어진, 지예의 새로운 이야기이자 나의 익숙한 이야기의 구조가 둥근 원이라는 점이다. 길을 걸어가다가 여태 왜 눈에 띄지 않았는지 모를 틈을 발견하고 다시 길을 걸어가는 서사는 일상에서 시작해 일상으로 돌아온다. 언제 잃어버렸는지조차 몰랐던 선택지를 발견해 화장대 위에 올려놓으면 화장대의 구성에 변화가 생기고 새로운 하루가 시작된다. 일상에 잠시 일었던 파문은 무엇보다 중요한 선택의 자유가 새로이 추가되었다는 사실로 마침표를 찍음으로써, 잠깐의 소동으로 여겨지고 마무리된다.

그러나 선택의 자유가 '무엇보다 중요하다'는 믿음을 지키는 결말은 이야기를 바로 그 믿음으로 이끌어 원을 그리는 역할을 한다. 결말이 예비되어 있으므로 어느 날 우리에게 일어난 파문은 일시적인 것에 그치고 만다. 미처 몰랐던 개인적 발견이 개인적 선택지로 추가되어 개인적 일상을 가꾸는 데 쓰이는 서사는 문제의 개인화를 통한 비정치화로 귀결된다. 화장을 할 수도 있고 하지 않을 수도 있다는 결말로 완성된 나의 일상과 지예의 일상이 개별적인 원을 그린 것처럼 말이다. 틈은 그저 벽에 추가된 무늬가 되고, 소지품은 각자의 주머니 속으로 들어가고, 일상은 선택의 자유라는 거품으로 둘러싸인 원판 위에서 계속된다. 선이 자기 꼬리를 물어 원이 되고 난 다음에는 다른 선과 만날 필요도 가능성도 사라진다.

서로의 결말로 이동하기를 반복하되 서로 만날 일 없는 원형 구조를 가진 이 이야기가 보여주는 또 다른 사실

하나는 그 두 원이 이번에 굳이 만났다는 점이다. 두 원이 탈코르셋 운동이라는 이름으로 묶이면서부터이다. 그리고 이 운동은 이미 지예가 완성한 원형의 서사 속에서 살아가던 내게 굳이 지예의 발견을 다시 출발점 삼는 또 다른 이야기가 시작되게 만들었다. 화장을 하지 않는 선택지를 누리고 살아가던 내가 꾸밈을 중지하면서 시작된 이 이야기는 선택의 자유를 중심으로 마땅히 그려야 할 원을 그리지 않는다. 대신 관점의 입구에 걸려 있던 '왜'에 답하고자 한다. 개인화된 실천을 각자 유지하는 방식으로 닫힌 구조를 유지하던 이제까지의 서사와 탈코르셋 운동이 구분되는 지점이다.

지예를 비롯한 여성들은 '왜' 화장을 의무라고 여겼는가? 그 답은 지금 이 사회에서 여성의 기본값이 화장한 얼굴에 맞추어져 있었기 때문이다. 지금까지 여성 개인의 일상에는 자신이 선택의 자유를 발휘하기 전부터 화장이라는 특정한 의례가 자연스럽게 포함되어 있었다. 이 답은 너무나 익숙해서 낯설게 보기가 좀처럼 쉽지 않다. 지예 자신이 이 기본값을 바꿀 수도 있다는, 일정한 비용과 시간을 필요로 하는 이 의례를 생략할 수 있다는 사실을 몰랐을 만큼 말이다. 내가 사회가 설정한 기본값이 여성 개인들의 얼굴에 어떻게 적용되고 있는지 바라보면서 이 인식을 얻은 반면, 지예의 인식은 반대로 이루어졌다. 지예는 자신에게 어떤 기본값이 주어졌는지 깨달은 직후 남자들의 기본값을 살펴보기 시작했다. 그는 회사에 편하게 와도 된다는 것을 여태까지 몰랐다. 뿐만 아니라 그가 그 사실을 모르는 동안에도 남자 동료들은 그 점을 진작 알고 있었다는 사실마저 몰랐다. 남성들이 출근하기 위해 갖추던 기본값, 즉 '사람 꼴'이 자신이 여태까지 갖추던 그것과는 무척 달랐다는 것을 이제야 알게 된 것이다. 여성은 '사람 꼴'을 갖추기까지 매일같이 일정한 시간과 비용을 들여 그 기본값에 직접 다가가야 하는 반면, 남성에게는 '사람 꼴'이 이미 찾아와 있었다.

이처럼 여성과 남성의 기본값에 '생김새가 각기 다름'이라는 수평적 차이가 아닌 '필요한 노동이 있고 없음'이라는 수직적 격차가 존재함을 깨닫고 나면 문제의식은 다음으로 이어진다. 사람이 치장에 들이는 수고를 최소화했을 때의 외형이 남성형으로 상정되어 있다는 것, 즉 사람의 기본값을 남성이 독점하고 있다는 사실이다. 그러므로 탈코르셋 운동은 보편 인간이 남성으로 상정되어 있다는 페미니즘의 오랜 문제 제기를 외양에 집중적으로 적용한 결과라고 볼 수 있다. 이 운동이 추구하는 여성의 모습을 기본값이라는 뜻의 '디폴트default'라고 부르는 데에는 여성이 의무로 갖추어야 한다고 생각하는 사람 꼴을 남성과 마찬가지로 추가 노동이 굳이 필요 없는 상태로 만들겠다는 정치적 의지가 담겨 있다.

탈코르셋 운동은 선택도 자유도 포기하지 않는다. 다만 '선택의 자유'라는 수사로부터 선택이라는 단어에 내포된 의미인 '고르기' 대신 '의무가 아닌'에 방점을 둘 뿐이다. 여태까지의 이야기에서 의무는 사회가 설정한 대로 받아들인 개인의 기본값을 뜻했다. 의무가 의무가 아니기 위해서는 더 이상 기본값이 기본값이 아니어야만 한다. 각자의 원판 위에 선택지를 하나 추가한다 해도 발 디딘 판을 교체하기 전까지 의무는 선택이 되지 않는다. 그리고 개인이 사회로부터 언제 자신에게 부여되었는지도 모르는 의무를 수행해 다시금 이 값을 공고히 하는 만큼 사회적으로 설정된 기본값은 사회적으로 이동해야 한다. 그 시작은 꾸밈의 중지이다. 일상의 영역이라 여겨지는 꾸밈의 중지가 사회운동이 되는 까닭이다. 내가 꾸밈을 중지한 이후에 비로소 사회가 여성 개인에게 부여한 기본값을 인식하고 그것의 재조정을 개인적으로 경험했듯, 탈코르셋 운동은 여성의 얼굴에 부여된 기본값의 사회적 재조정을 꾀한다.

익숙한 이야기는 원형을 그리던 기존의 구조를 벗어나는 궤도를 택한다. 원 아닌 궤도는 '이걸 왜 몰랐지?'라는 의아함의 표현일 수도 있고, 바깥을 해부할 단초일 수도 있다. 이 갈림길에서, '왜'라는 틈 앞에 멈추어 쐐기를 박고, 쪼개어, 그 사이로 걸어 들어가야 한다. 그래야 새로운 궤도를 따라갈 수 있다. 탈코르셋 운동이 지예가 꺼내 들려준 서사의 특정한 부분에는 공감하며 더 오래 머무르되, 특정한 접근과는 충돌하며 비껴가는 까닭은 이를 의도한다. 지예의 삶에서 간신히 시작된 이야기가 그 속에서 결말을 그리는 대신 앞으로 이어지는 긴긴 이야기의 도입부로 쓰이도록 하게 위해서이다. 작은 원을 그리며 개인의 주머니 속으로 편입될 예정이었던 이야기가 바깥으로 뻗어나가며 다른 선과 만나는 순간이다.

2.

할 자유에서

하지 않을 자유로

"나 때문에 남성성을 못 느끼면
내 탓일까, 쟤 탓일까?"

수치는 규범적 존재의 각본을 따르지 않아서 치르는 정서적 비용일
수 있다.

사라 아메드, 《감정의 문화 정치학》[○]

'화장하지 않는다'는 선택지는 '여성 개인의 기본값이 만들
어지기까지의 사회구조에 주목하고 이 값을 이동시키자'라
는 정치적 의제로 변모될 수 있는 힘이 있다. 탈코르셋 운
동은 개인의 주머니 속으로 새롭게 들어간 선택의 자유를
지키는 방식으로 움직이는 대신, 그것을 바깥으로 꺼내어
놓고 현실에서 움직이는 방식을 관찰한다. 일상에 일어난
파문을 깔끔한 결말을 통해서 정리하기보다는, 결말이 없
다면 이 파문이 어디까지 커질 수 있는지 실험해보고자 하

[○]   Sara Ahmed, 《The Cultural Politics of Emotion》, 국내 미번역.

기 때문이다. 이때 '꾸밈 중지'라는 실험은 각자의 몸을 통해 이루어진다.

탈코르셋 운동이 '화장하지 않는다'는 발견을 '화장한다'와 대등한 무게를 가진 선택지로 삶 속에 봉합하는 결말을 저지하는 이유는 또 있다. 두 선택지가 머릿속 생각과는 달리 대등하지 않을뿐더러 전자의 선택지는 현실에서 사실상 작동하지 않기 때문이다. 다시 지하철 2호선을 타고 한강을 아래에서 위로 거슬러 올라가 꾸밈 중지 실험 결과를 들어보기로 했다. 서울 서부 서대문구에 위치한 한 마라탕 집에서 윤아와 만났다. 윤아는 나의 블로그 이웃이다. 내 블로그에 탈코르셋에 대한 소회를 적었더니 자신도 꾸밈 노동을 줄이고 있다며 댓글을 달아주었다.

"탈코르셋, 언제부터 하셨습니까?"

오랜만에 만난 윤아에게 인사를 겸해 친근하게 질문을 건넸다. 긴 머리라고 기억했던 윤아의 머리가 짧아진 것이 눈에 띄었다.

"지금도 완전히 했다고는 말 못 하지만, 줄여가려는 노력은 계속했어요."

윤아의 답변은 탈코르셋에 관해 페미니스트들 사이에서 이미 공유된 몇 가지 전제를 생략하고 있다. '완전히 탈코르셋을 했다고는 말 못해도 꾸밈을 줄이는 노력을 계속했다'는 윤아의 말은, 탈코르셋 운동의 '꾸밈노동 전면 거부'라는 정의와 관점은 공유하되, 자신의 삶에서는 이 운동을 부분적으로 적용하고 있다는 뜻이었다. 탈코르셋 운동이 '꾸밈이라는 선택의 자유'를 남겨두어야 하느냐는 쟁점은 탈코르셋 운동을 어떤 정의로 이해하느냐에 따라, 실천하는 와중에 반드시 고려해야 할 의무일 수도 선택일 수도 있다. 그가 운동에 참여한 계기는 직업과 관계가 있었다.

"저는 초등학교 교사잖아요. 아이들의 인지 구조를 흔들고 싶었어요. 개인적으로는 꾸미고 외출하는 걸 좋아하는데 (저는 탈코르셋이) 개인의 취향이라기보다는 사회운동으로서 더 의미를 갖는다고 생각해요. 특히 저 같은 경우는 직업상 어린아이들을 만나는데 제가 조금이라도 화려하게 하고 간 날에는 애들이 '선생님, 공주 같아요'라고 바로 반응해요. '선생님 귀걸이 예뻐요, 반지 뭐예요?' 하면서 되게 관심이 많아요. 반대로 꾸미지 않았을 때도 마찬가지예요. 그만큼 애들이 여성에 대해 갖는 전형적인 이미지가 있어요."

아이들이 가진 여성에 대한 고정된 이미지와 미에 대한 획일화된 기준은 윤아가 탈코르셋 운동에 동참한 이유이다. 이 고정된 이미지와 기준을 벗어나는 선택을 하는 것이 아이들과의 관계에서 윤아 개인에게 득으로 돌아오진 않는다.

> "머리를 자르고 안경 썼더니 아이들의 냉대가 느껴져요. 아이들은 직관적이고 원초적이라 자기들이 생각했을 때 예쁘면 호감을 바로 드러내요. 물론 오랜 시간을 들여 라포rapport°를 쌓고 나면 외모가 중요하지 않게 돼요. 그런데 저는 정식 발령이 아니라 (학교에서) 짧게 일했다보니 저의 꾸미지 않은 모습에 아이들이 즉각적으로 거부감을 느끼는 걸 봤어요. 특히나 아이들이 생각하는 젊은 선생님의 이미지라는 게 있거든요."

꾸밈에 별다른 애착이 없던 나와 꾸밈을 좋아하는 윤아는 비슷한 계기, 즉 개인의 문제를 해결하기 위해서라기보다는 다른 이들의 문제에 연대한다는 사회적 의미로 자신의 몸을 탈코르셋 운동에 연루시키게 되었다. 그렇지

° 타인과 형성된 친밀감 혹은 신뢰 관계.

만 윤아가 꾸밈노동을 줄인 이후부터 아이들의 냉대뿐 아니라 동료 교사들의 관심도 끊이지 않는다.

"저희 학교가 보수적 경향이 두드러진 편이라…… 학교에서도 적절한 차림을 요구하다보니 당연히 화장도 해야 하거든요. 제가 얼마 전에도 화장 안 하고 안경 쓰고 출근했더니 선생님들이 '어떡해, 벌써 피곤한 거야? 벌써 지친 거야?' 이러시더라고요. 저는 속으로 '벌써부터 쉽게 생각하고 그런 거 아닌데' 하는 마음이지만, 선생님들은 '벌써 지쳤나봐. 그래, 지칠 만하지'라고 말해요. 그런데 또 이렇게 말씀하시는 분들이 악의는 없어요. 진짜로 걱정하시기도 하고요. 저도 진짜 피곤한 날엔 안경 끼는 것 같아요. 최근에도 비슷한 걸 느꼈던 일이 있어요. 미팅을 했는데 친구가 그래요. '아, 그래도 미팅 나가는데 화장하는 게 기본 예의지.' 그래서 하고 갔죠, 뭐."

윤아의 직장 동료들이 화장을 하지 않은 윤아에게 건넨 말은 신임 교사가 정말로 지쳤을까봐 걱정했기 때문일 수도 있고, 해이한 태도를 보이지 말라는 지적일 수도 있다. 어떤 말에 어떤 의중이 담겼는지는 알 수 없다. 게다가 꾸밈을 완전히 그만두지 않은 윤아가 스스로 말했듯 꾸밈 없이 출근한 날이 실제로 다른 날에 비해 피로했던 날이었을 수도 있다. 꾸밈노동을 하지 않은 사람을 향한 '피로하느냐'는 물음은 어느 정도의 적중률을 가진다. '피로해서 꾸밈노동을 하지 않는다'는 인과는 성립할 수 있고, 성립해야 한다. 이때 '고정관념은 나쁘다'는 명제에만 집중했다가는 '피로하지 않은 날 기본 상태로 출근하는 일'과 '피로한 날 꾸미고 출근하는 일'이 똑같은 반례로 여겨질 수 있다. 이 문제에서 '고정관념은 나쁘다'에 초점을 맞추어버리면, '다이어트를 하면 일상에 집중할 수 없다'거나 '꾸미면 공부할 시간이 없다'는 통념에 맞서겠다는 의미 없는 인정 투쟁을 위해 여러모로 여성 스스로 소모하는 결과만을 낳는다.

중요한 것은 여성에게는 꾸밈노동이 오로지 조건부로만 면제된다는 사실이다. 마치 병가처럼 말이다. 여성의 얼굴에 매겨진 기본값이 높기 때문에 이 기본값에 맞추지 않으려면, 그래야만 하는 아주 설득력 있는 이유가 필요하다. 즉, 기본값을 맞추지 않기 위해 만족시켜야 하는 조건 역시 기본값만큼이나 무척 높다. 기본값을 맞추지 않아도 되는 조건을 만족시킬 이유가 있거나 혹은 구태여 그 이유를 해명하고 싶지 않다면, 여성은 업무에 성실히 임하는 태도를 보이기 위해 출근 전 추가 노동을 통해 몸을 긴장시키고 피로하게 하는 외양을 만드는 편이 낫다.

탈코르셋 운동은 여성의 기본적인 '사람 꼴'을 별다른 노동을 하지 않은 상태로 만들어야 한다는 주장을 통해 이 조건을 없애고자 한다. 그리하여 여성이 아무 이유를 대지 않고도 '편하게 다니기'를 바란다. 그렇기에 앞에서 지예가 있는 줄 몰랐다던 '꾸미지 않을 자유'를 선택한 윤아를 통해 이제는 이 선택지가 여성에게 얼마나 편한 일상을 가져다주는지 알아볼 차례일 것만 같다. 그러나 편한 차림을 한 윤아의 일상은 결코 편안하지 않다. 윤아의 이런 현실은 추가 노동이 필요 없는 상태로 여성의 얼굴에 매겨진 기본값을 옮겨서 편해지자는 탈코르셋 운동의 메시지와 부합하지 않는 듯도 보인다. 기본 상태, 즉 꾸미지 않은 상태로 출근해도 아무도 관심을 갖지 않는 지예의 직장과는 다르게 윤아의 직장은 수많은 이들이 윤아의 꾸밈 여부를 알아보고 한마디씩 말을 보탠다.

탈코르셋을 둘러싼 논쟁에서 '꾸미는 것이 더 편하다'는 말은 성립될 수 없다'는 주장과 '꾸미는 것이 당연히 더 편하다'는 주장은 서로 충돌하곤 한다. 얼핏 보면 그저 논쟁에서 발생하는 모순처럼 여겨지는 이 주장들을 더 잘 들여다보려면 '편함'으로 통칭되는 다양한 상태를 구분할 필요가 있다. 꾸밈노동을 하지 않는다는 편리함, 꾸미지 않은 상태로 둔 몸에서 느껴지는 편함, 그런 몸이 놓인 환경의 편안함은 한 사람이 느끼는 각기 다른 편함의 감각을 설명한다. 같은 맥락에서, 윤아가 겪는 불편함이란 탈코르셋 운동의 효과가 적용되지 않는 예외라기보다 한국 사회에서 탈코르셋 운동이 일어난 원인이자 이 운동이 '선택의 자유'를 비판하며 드러내려는 바로 그 현실이다.

선택의 자유가 중요하기 때문에 탈코르셋 운동이 꾸밀 자유를 간과하지 않아야 한다는 목소리가 높은 상황에서, 꾸미지 않는 여성은 분명 개인이 가진 선택권이라는 권리를 행사했음에도 불구하고 불편한 현실에서 자유롭지 않다. 꾸미지 않기를 선택할 자유와 그것을 선택했을 때 주어지는 자유 사이의 간극은 선택지를 발견하고 활용하는 개인의 재량만으로는 해결되지 않는다. 편한 차림의 여성이 불편함을 겪지 않는 사회를 위해 당장 개인이 겪는 불편함을 견디고 꾸밈노동의 거부를 실천한다는 점에서 탈코르셋 운동은 파업에 비유되기도 한다.

'여성에게만 부과되는 꾸밈노동 파업'과도 같은 이 운동이 확보하고자 하는 것은 자유이다. 이때의 자유는 선택지를 한 개에서 두 개로 늘린다고 자동으로 확장되지 않는다. 자유라는 단어의 의미를 꾸미지 않기를 선택할 자유를 넘어 그 선택지가 문제없이 실현되는 상태라고 바라보면, 꾸미지 않은 여성이 현실에서 겪는 불편한 실상에 대한 문제의식이 잘 드러난다. 또한 자유를 '~로부터의 면제'라는 의미로 이해하면, 사실상 여성에게만 의무적으로 부과되는 꾸밈노동에서 면제되어야 한다는 탈코르셋 운동의 지향이 뚜렷하게 보인다. 그렇지만 탈코르셋 운동이 목표로 하는 바는 지금껏 선택지로 인정되지 않았던 '꾸미지 않는다'는 행위를 '꾸민다'와 동등한 위상을 가진 선택지로 실현하는 것이 아니다. 꾸미지 않기를 꾸미기와 대등하게 비교할 수 없는 이유는 비단 꾸밈에 소요되는 비용과 시간의 유무, 현실에서의 실현 가능성 여부에만 있지 않기 때문이다. 그렇다면 이 운동이 확보하려는 자유란 궁극적으로 무엇인지 묻기 위해 나는 윤아에게 꾸미지 않을 자유를 선택했다가 겪은 불편함 때문에 탈코르셋 운동에 반감을 느낀 적은 없는지 물었다.

"반감요?"

그는 고개를 갸웃거렸다. 나는 다시 부연했다.

"꾸미지 않을 자유가 있어야 하지만, 안 꾸며도 되는데 꾸미고 싶은 날도 있을 수 있잖아요. 아니면 꾸미지 않아서 도리어 불편한 점이 생기고. 그러니까……"

윤아는 내 질문에 그다지 동의하지 않으면서 "저한 테는 이 운동이 반대로 찾아왔기 때문에 해방감이……"라고 답했다. 윤아의 직업이 초등학교 교사라는 것은 그가 교육대학교를 졸업했다는 뜻이기도 하다. 그가 내 질문에 동의하지 않은 배경에는 보수적인 직종으로 알려진 교사를 양성하는 대학 내에서 이미 만연했던 외모 평가 문화 때문이었다. 그는 자신이 다녔던 학교에서 학생을 대상으로 이루어진 외모 평가 문화가 어떻게 유지되는지 다음과 같이 설명했다.

"다른 대학은 모르겠지만 제가 다녔던 곳은 여성이 다수이고 남성이 소수잖아요. 그런데 소수임에도 불구하고 외모를 평가할 수 있는 권리는 남자들이 가져요. 여자 신입생들 외모 평가를 자연스럽게 해요. 지금은 어떤지 모르겠지만, A-B-C-D로 나눈대요. 저희 과는 아니었고, 몇 년 전 다른 과에서 그랬다고 들었어요. 그런 일이 비일비재해요. (외모 서열) 1, 2, 3위 뽑고 이래요."

당연한 이야기이지만 윤아 역시 이 문화의 자장 안

에 속한 학생으로서 자주 외모 평가의 대상이 되었다.

"저도 외모 평가를 진짜 진짜 많이 당했어요. 2, 3학년이 되고 나서 한마디 할 수 있는 위치가 되니 그런 것에서 자유로워졌지만요. 1학년 때는 진짜 많이 들었어요. 미간에 뾰루지가 났다느니, 안경이라도 쓰면 우리 과 어떤 남자애 이름을 이야기하면서 저랑 걔랑 구분 못 하겠다느니…… 너무 자존심 상했어요. 여자 동기가 눈썹 좀 그리고 다니라고 말한 게 너무 스트레스여서 집에서 울기도 했어요."

윤아에게 울었던 이유를 물었다.

"제가 너무 못난 사람인 것 같아서요. 고등학생 때 열심히 시키는 대로 해서 대학 왔더니 여기에선 왜 또 다른 압박을 받아야 하나 싶어서 울었어요. 다이어트 때문에도 진짜 스트레스 많이 받았어요. 완전 제대로 받았죠. 한창 살찌던 때가 있었거든요. 대학교 2학년 때, 술을 좀 먹다보니까 살이 엄청 쪘어요. 제 키가 168인데 키가 좀 크다는 여자들은 살찌면 별소리 다 듣는단 말이에요. 주위에서 '네가 얘보다 떡대 크다', '어깨 깡

패다' 이런 식으로 말해요. 그런 말들을 듣고 스스로에 대해서 죄책감을 많이 가졌어요."

　외모 평가는 개인의 자유를 침해하는 간섭이자 타인의 외모를 지적하는 무례로서 많은 여성들을 괴롭고 성가시게 한다. 윤아 역시 '화장은 예의'라는 말로 정당화되는 꾸밈 강요뿐 아니라 생김새에 대해서도 자주 평가를 당했고, 그 결과로 수치심과 죄책감을 느꼈다. 꾸미지 않은 여성일 때의 윤아가 느낀 감정과 같은 감정을 느끼는 여성형이 또 있다. 바로 임신중지를 하는 여성이다.

　《임신중지》의 저자 에리카 밀러는 이 책을 통해 서구 영어권 사회에서 임신중지를 한 여성에게 강요되는 감정 각본을 다룬다. 전 세계에서 네 건의 임신 가운데 한 건만이 임신중지로 끝나고 임신중지를 하는 여성들 가운데 실제로는 1퍼센트만이 죄책감을 느끼는데도, 문화적으로 임신중지를 하는 여성에게 수치심과 죄책감을 느끼도록 강제하는 각본이 존재한다는 것이다. 이때의 수치심과 죄책감이 윤아가 느낀 감정과 같은 까닭은 우연이 아니다. 수치심과 죄책감은 한국 사회에서 꾸미지 않는 여성이 임신중지한 여성과 동일한 목표에 달성하는 데 동일하게 실패한 몸으로 전락했다는 신호인 것이다. 여기에서 동일한 목표란 바로 여성이 모성을 가진 이성애자로 자동 전제됨으로써 수행해야 한다고 요구받는 '규범적 여성성'이다.

앞서 윤아가 외모 평가에 대해 말하며 자신이 학생으로서 다녔던 학교와 현재 직장으로서의 학교가 보수적이라고 반복해서 말한 이유 역시 학교와 직장에서 규범적 여성성을 지키라는 압력이 높음을 의미한다. 더불어서 그 압력을 행사하는 방편으로써 외모 평가가 이루어졌다는 뜻으로 이해해볼 수도 있다. 꾸미지 않은 상태뿐 아니라 생김새에 대해서도 그렇다. 키가 너무 크거나 머리숱이 너무 없다는, 여성에게 주어진 미의 좁은 규범을 벗어난 경우에도 똑같은 감정이 안겨진다. 이 규범은 개인을 둘러싼 환경 간의 차이를 뛰어넘어 오히려 사회 전반에 널리 퍼져 있다. 꾸미지 않아 평가와 조롱을 당하는 윤아와 같은 사례를 보면서 막상 자신이 처한 환경에서는 꾸미지 않았을 때 별일이 일어나지 않는 줄 모르고 꾸밈노동을 수행했던 지예가 있다는 말이다.

꾸미지 않아도 아무 일도 일어나지 않았다는 지예의 뒤늦은 발견은 규범에 대한 반례가 아니다. 이것은 꾸미지 않으면 수치를 겪게 될 것이라는 경고가 작동하는 방식과 이유를 보여준다. 현실과 대조할 새도 없이 주어진 규범을 익힘으로써 '발견'을 뒤늦도록 만드는 것이다. 각본과는 달리 현실에서 임신중지를 하고 나면 안도감이나 행복감을 느끼는 여성이 많다는 사실이 잘 드러나지 않는 것처럼 말이다. 임신중지의 예에서처럼 수치심과 죄책감이라는 감정을 유발하는 외모 평가는, 평가자 개인이 평가 대상자를 처벌할 의도를 갖지 않더라도 평가 대상자에게 해당 감정을 유발해 규범으로부터 이탈했다는 신호를 줌으로써 소기의 목적을 훌륭히 달성한다. 규범으로부터 예외가 될 만한지 묻는 질문 역시 마찬가지이다. 예외란 애초에 원칙의 일부이기 때문이다. 이 질문의 목적은 규범의 유지와 강화이다. 여성으로 하여금 꾸미지 않고서 외모 평가를 듣느니 귀찮더라도 꾸민 상태를 차라리 편하게 여기도록 만드는 것이다. 그렇게 여성은 스스로를 규범적 여성성에 순응시키게 된다.

탈코르셋 운동에서 여성 개인이 사회적 변화를 이루기 위해 감내하는 불편함의 정체란 규범적 여성성에서 이탈했을 때 주어지는 처벌이다. 탈코르셋을 통해 여성은 선택을 '하기' 위해 주어진 무수한 선택지 가운데 선택을 '하지 않음'으로써 그 많은 선택지가 전부 규범적 여성성이라는 좁은 영토를 빼곡히 채우고 있음을, 그 영토 바깥으로 나가기는 허락되지 않음을 깨닫는다. '무한함'이란 수행을 둘러싼 선택지의 개수에 관한 것일 뿐, 허락된 영토의 크기에 관한 것은 아니다. 이로부터 꾸밀 자유와 꾸미지 않을 자유는 규범에 순응할 자유와 규범을 이탈할 자유, 처벌을 피할 자유와 처벌에 맞설 자유가 된다. 꾸미지 않음이란 무수한 선택지에 추가된 하나의 선택지가 아니라, 선택지가 둘러싼 영토를 제외한 나머지 전부이다. 여성에게는 다양한 표정이 허락되나 무표정만은 허락되지 않는다.

개인이 일상에서 불편을 감수하더라도 대의를 달성하고자 한다는 면에서 파업과 유사한 이 운동에서, 규범적 여성성으로부터의 이탈을 꾀해 긴장을 유발한 윤아라는 개인은 끊임없이 불이익을 경험하고만 있을까? 그렇다고 한다면 탈코르셋 운동은 어느 선에 이르기까지 그저 개인의 희생을 요구하는 듯 보인다. 그러나 윤아는 운동을 통해 해방감을 느꼈다고 이야기했다. 이 감각은 어디에서부터 왔을까? 끊어졌던 윤아의 말을 이어서 들어보고자 한다.

"스스로에 대해서 죄책감을 많이 가졌어요. 그런데 지금은 그런 생각이 들어요. 나 때문에 걔가 남성성을 못 느낀다면 그건 내 탓일까, 쟤 탓일까?"

탈코르셋은 개인의 몸을 통해 이루어지는 운동이다. 따라서 자신이 꺼내든 새로운 선택지가 각자의 현실에서 어떤 방식으로 작동하거나 작동하지 않는지 직접 실험해볼 수 있다. 동시에 운동에 참여한 몸만이 경험할 수 있는 변화가 생긴다. 규범에 부합하는 데 실패한 몸은 수치심을 통해 규범을 내면화하지만, 애초에 규범에 포섭되지 않은 몸은 더 이상 수치심을 내면화하지 않는다. 몸의 변화란 수치심을 안기려는 외부의 시도가 여전할지라도 외부의 인정을 구하는 대신 그 감정이 향해야 할 방향을 뒤집음으로써 이루어진다. 이때 탈코르셋 운동이 중요시하는 것은 오로지 꾸밈의 수행을 전면 중단하거나 혹은 잠정 중지함을 통해 규범을 이탈했는지의 여부이다. 수행자의 마음속이나 각 수행의 가치는 고민하지 않는다. 여성이 규범적 여성성 안에서 꾸밈 중지를 즐겁게 혹은 괴롭게 수행하는지의 여부는 규범의 작동을 원활하게 이어가거나 멈추게 하는 문제와 무관하기 때문이다.

　　윤아의 이야기를 듣고 나는 어느 날 옷가게에 갔던 기억을 떠올렸다. 나는 상체에 비해 하체가 더 커서 어느 옷집에 들어가든 바지가 딱 맞지 않아 항상 도망치듯 가게를 나오곤 했다. 시착을 해도 거울에 제대로 비추어 볼 수가 없어서 대충 사서 나오면 결국 몸에 잘 맞지 않아 사놓고 입지 못하는 경우도 많았다. 초등학교 4학년 때 작은엄마가 내 허벅지를 바라보고 "어머, 민경아 네 다리 좀 봐라. 넌 인생 끝났다"라고 한 말을 듣고 나서 수치심을 뒤집어쓴 이후로 줄곧 그랬다. 그러나 그날은 '무슨 바지를 이렇게 만들어?'라는 생각이 들었고, 그걸로 끝이었다. 바지를 살 때마다 따라붙던 익숙한 감정(수치심)이 동반되지 않았다. 옷가게에 갔던 그날이 몇 주 동안 흑인 여성과 라틴계 여성이 주로 나오는 미국 드라마를 시즌 1부터 6까지 연달아 보고 난 직후였기 때문이었다. 나와 체격이 비슷하거나 훨씬 큰 여성들의 몸을 계속 보다가 그날 옷가게에 걸려 있는 옷들을 보니, 도저히 내 다리가 들어가지 않는다고 수치스러워하려야 할 수 없도록 그 옷들이 작게 느껴졌기 때문이었다.

　　여태 한국 미디어에 등장하는 여성들의 몸을 규범으로 삼고 있다가 그 짧은 기간 동안 미국 드라마를 보면서 기존의 규범을 버린 것이었다. 이 이야기처럼 수치심은 규범과 강력하게 결부되는 감정이다. 탈코르셋은 꾸밈노동에서 면제된 편리함을 추구할 뿐만 아니라, 규범적 여성성을 적극적으로 이탈하여 몸에 새겨지는 실패의 감정을 받아들이지 않고자 한다. 수치심을 내면화하지 않는 몸은 더 이상 수치심이 부여하는 각본을 따르지 않을 뿐만 아니라 각본에 사로잡혔던 이전의 기억마저도 새롭게 의미화한다. 윤아는 탈코르셋으로 인해 얻은 것을 다음과 같이 말한다.

여성복이 점점 더 작게 나온다.

"탈코르셋으로 얻은 거요…… 정신적인 건강도 포함할 수 있다면 그걸 얻은 것 같아요. 내가 꾸미지 않은 게 잘못이 아니라는 걸 이제 알았으니까요. 옛날에 전 죄책감을 느꼈어요. '젊음을 낭비한다', '한참 예쁠 나이에 꾸며야 된다' 하는 얘길 많이 들었거든요. 정신적인 죄책감이 심했죠."

"지금은요?"

내가 물었다.

"지금은…… 관심 없어요."

나도 이제는 내 다리에 별 관심이 없다.

3.
노력에서

망각으로

"거울을 보니까 볼에 마커가 묻어 있더라고요"

많은 것들이 얽힌 것으로부터 풀어지고, 격렬하게 논의되고, 새롭게 쟁취되어야 한다. 역사적 충격과 혼란에서 탄생한 이러한 "탈학습"은 사유의 각성을 촉구하는 조처이다.

마리 루이제 크노트, 《탈학습, 한나 아렌트의 사유방식》

탈코르셋을 일상에 완전히 적용하지는 않지만, 그 관점을 확대하고자 하면서 해방감을 느꼈던 윤아는 다만 다음을 우려했다.

"그런데 처음에는 '막강한 뷰티 산업이 무너질까? 오히려 편하고 스타일리시한 모습을 지향하는 새로운 억압이 생기지 않을까?' 생각했어요."

탈코르셋 운동은 여성이 기본값을 맞추기 위해 일상적으로 수행하는 꾸밈을 자연스럽지 않게 바라보고, 꾸미는 행위가 남성에게는 부여되지 않음을 지적하며 그 불공평과 불필요를 주장한다. 그러나 이 운동이 궁극적으로 꾀하는 것은 꾸미지 않아 느끼는 일상의 편안함이 아니라 여성성이라는 규범으로부터의 이탈이다. 여성이 꾸미지 않았을 때 겪는 경험은 그저 성가신 평가가 아니라 자신의 몸을 실패로 느끼게 하는 처벌이기 때문이다.

그렇기 때문에 윤아가 말했듯, 탈코르셋 운동에 동참하자는 목소리가 커짐에 따라 무수한 수행으로 채워진 좁은 영토 안의 규범을 이탈해 결국 또 다른 억압이 만들어지는 것이 아니냐는 우려도 자주 나오고 있다. 이와 같은 우려는 '탈코르셋이 역코르셋', 즉 '억압을 벗자는 탈코르셋도 결국 또 다른 코르셋'이라는 말로 설명된다. 탈코르셋 운동이 현실에 적용한 실천이 어떻게 작동하는지를 관찰하는 방식으로 인터뷰를 진행한 만큼, 탈코르셋 실천을 처음 시작한 이후로 윤아가 어떤 새로운 관찰을 했는지 되물었다. 그는 다음과 같이 답하고 웃었다.

"너무 견고하던데요. 지금까지 쌓아놓은 게."

규범적 여성성이 현실에서 가지는 힘은 막강하고, 탈코르셋은 이에 대항하는 힘을 만들어낸다. 이 현실은 소수자에 의해 다수자가 억압받는다거나, 차별 해소 조치에 대해 역차별이라고 명명하는 것이 성립할 수 없듯이 탈코르셋이 역코르셋일 수 없다는 반박의 주된 근거가 된다. 게다가 탈코르셋 운동이 만들어낸 코르셋의 정의('규범적 여성성을 만들어내는 데 필요한 행동 양식')를 따르면 '탈코르셋도 코르셋'일 수는 없을 것이다. 화장하지 않은 얼굴이 화장한 얼굴일 수는 없는 것처럼 말이다. 그러나 이 말에 '화장하지 말자'는 말이 '화장하라'는 말과 같은 효과를 낳는다는 뜻이 담길 수는 있다. 코르셋을 여성의 몸에 가해지는 외부로부터의 압력이나 강요를 의미하는 단어로 사용할 경우에 그렇다.

　　탈코르셋 운동은 여성의 기본값을 이동시키는 과정에서 개인이 수행하는 꾸밈노동만 바라보는 것이 아니라, 이를 유지시키는 외부로부터의 은근한 혹은 노골적인 압력에 주목한다. 개인은 자신을 둘러싼 환경과 무관한 진공상태에서 존재하는 것이 아니기 때문이다. 이는 외모에 대한 압력과 간섭이 심한 한국 사회가 외모에 대한 언급을 삼가는 방향으로 바뀌어야 한다는 주장과 결을 같이하는 것이다. 그런데 탈코르셋 운동은 외모 평가를 문제 삼으면서도 타인의 외모에 대한 간섭을 금기시하지는 않는다. 온라인에서 아무리 탈코르셋을 강력히 권유하는 말이 많다고 해도 이 권유야 스마트폰을 끄면 그만이라는, 현실에서는 규범적 여성성이 훨씬 더 큰 힘을 갖는다는 주장에도 일리가 있다. 하지만 분명 오프라인에서도 탈코르셋을 강력히 권유하는 현상이 존재한다. 이번에 만날 민주와 단풍 역시 친구로부터 '머리를 자르라', '코르셋을 벗으라'는 '강요'를 직접 당한 경우였다. 그러니 타인에 의한 외모 평가가 처벌 기제로 작동하면서 규범을 유지하는 역할을 했음을 생각해보면 탈코르셋이 역으로 또 다른 압력을 만들어낸다는 문제 제기는 타당할지도 모른다. 탈코르셋이 외모에 대한 압력을 행사한다는 비판에 대해서 둘의 이야기를 직접 들어보기로 했다. 이들을 만나러 버스를 타고 30분, 다시 지하철 1호선을 타고 30분을 이동해 서울의 북부로 갔다.

민주와 단풍을 만난 곳은 한 일식집이다. 나란히 앉은 이들은 친구 사이이다. 민주는 이미 어떤 계기로 화장하지 않기를 시작했다. 그리고 나서 먼저 머리를 자른 단풍의 권유로 머리도 잘랐다.

"저번에 단풍 언니가 머리 자르고 나서 약간의 권유, '너도 좀 자르는 게 어때?' 이렇게 권유를 했어요. 원래는 긴 머리였다가 '근데 언니, 나는 이게 편해서'라고 지금 생각하면 무지한 소리를 하고 자르지 않다가 나중에 자르게 되었어요. 그런데 (짧은 머리가) 실제로 너무 편해요."

민주에게 머리를 자르는 게 어떻겠냐고 물어보았던 단풍이 탈코르셋 운동에 참여한 계기도 이와 비슷했다.

"제가 페미니스트 티셔츠를 산 걸 보고 따라서 산 친구가 있는데요. 티셔츠를 산 뒤부터 갑자기 걔가 먼저 더 (페미니즘 이슈를) 파고들더라고요. 그러더니 이 친구가 머리를 잘랐어요. 걔가 원래 유튜버급으로 화장을 잘하거든요. 긴 머리도 22년이나 했죠. 근데 갑자기 머리를 자르는 거예요. 진짜 놀랐어요. 저는 그렇게까지 할 줄 몰랐거든요. 그 친구 때문에 탈코르셋이란 게 있다는 걸 알았는데, 그 친구가 탈코르셋을 직접 할 줄은 몰랐어요. 걔가 '언니, 나 이제 이건(긴 머리로 지내는 건) 아닌 것 같아. 나 머리 자를 거야' 해서 제가 '잘라봐'라고 했지만, 뭐 그냥 단발 정도로 자를 줄 알았죠. 그런데 투블럭°으로까지 자른 거예요. 그것 때문에 이 친구랑 잠깐 다툼이 있었어요, 2주간. 걔가 자꾸 제게 강요

○   앞머리와 윗머리는 남기고, 옆머리와 뒷머리를 짧게 자른 헤어스타일.

아닌 강요를 하는 거예요. '언니, 생각할수록 이게 맞아. 언니라면 그렇게 생각할 수 있을 거야'라고요."

흡사 종교를 전도하는 사람과 같은 말투로 친구와의 싸움을 회상하는 단풍의 말에 우리는 전부 키득거리고 웃었다. 이윽고 주문한 초밥이 나왔다. 테이블에 놓인 초밥을 서로에게 권하는 동안 대화는 잠시 중단되었다.

"……그래서 제가 '아, 맞긴 맞는데……' 했죠. 그 친구랑 한 번 전화하면 두 시간씩 하는 사이거든요. 근데 걔가 머리를 자르고 저한테 권하기까지 하니까 걔랑 전화하기 무서운 거예요. 통화할 때마다 나한테 뭔가를 얘기할 텐데. 근데 난 탈코르셋 같이 안 하고 싶은데, 그렇다고 해서 또 그걸 달리 설명할 말도 없었어요. 머리를 안 자르고 싶었고, 계속 화장하고 싶었으니까. 그 친구가 '언니, 언니는 페미니즘 하면서 왜 탈코르셋은 안 해?'라고 물으면 저는 '그건…… 글쎄, 내가 아직 준비가 안 된 거 같은데?'라고는 했지만, 그런 제가 너무 싫은 거예요."

단풍은 친구의 강요로부터 몹시 괴로움을 느껴 매일

같이 나누던 연락을 끊을 정도였다. '탈코르셋이 강요'라는 비난이 거센 만큼 단풍에게 친구의 행동이 부당하다고 여겨졌는지 물어보았다. 그는 친구의 권유를 개인의 자유에 대한 침해라거나 탈코르셋이라는 운동 방식이 내포한 모순으로 바라보지는 않았다. 대신 이 괴로움이 직시하게 만든 자신의 겁에 대해서 말했다.

"코르셋을 벗어야 하는 건 알았어요. 그렇지만 그냥 무서웠던 거죠. 전 그때 화장을 하면서 아침마다 얼굴을 톡톡 두드리는 내 손이 너무…… 거추장스러운데, '근데 이걸 안 하면 어떻게 나가?' 하는 겁이 있었어요."

초밥에 이어 주문한 생선회가 나왔다. 대화는 또 잠시 끊어졌다. 각양각색의 푸짐한 생선회가 초밥 옆에 놓였다. 생선회에 시선을 집중하면서 대화가 중단된 김에 멈추었던 식사가 이어진다.

"평생을 못생겼다거나 뚱뚱하다고 생각하면서 살았어요. 내가 뭔가 잘못하면 사람들이 다 쳐다본다고 느꼈고요. 맨얼굴이 아니어도요. 예를 들어 '아이라인을 이렇게 그려야 하는데 잘못 그리면 사람들이 다 쳐다볼 것이다' 하는 그런 강박요. 저는 대학생 때부터 화장, 성형, 다이어트…… 다했어요. 일회성으로만 한 게 아니에요. 제 인생에서 화장, 성형, 다이어트를 빼면 할 말이 별로 없어요. 너무 거기에만 몰두해 있었는데, 또 그러면서 아닌 척을 했죠. 하면서도 별로 열심히 안 하는 척. 친구들과 밥 먹을 때도, '음, 오늘은 배가 부르군' 하는 거예요. 부르긴 뭐가 불러. 너무 먹고 싶은데 못 먹는 거야. '나보다 날씬한 친구들이랑 같이 밥 먹으면 옆 테이블에서 볼 때 더 먹는 내가 얼마나 돼지같이 보일까?' 그런 생각을 했어요. 사실 아무도 관심 없는데. 친구가 '그냥 먹어'라고 말했지만, 속으로는 이렇게 생각할 것 같았어요. '넌 이제 더 돼지가 될 거야. 그럼 나를 더 돋보이게 하겠지?' 그러면서 또 저보다 뚱뚱한 친구를 만나면 '야, 어때! 먹어!' 하면서도 속으론 '하지만 난 너보다 조금 먹을 거야'라고 생각했죠. 만일 저보다 날씬한 애랑 있는데 다이어트 얘기 나오면 입이 댓 발 나오고, '너 너무한 거 아니야?' 이런 얘기 하고. 그러다가 나보다 뚱뚱한 친구 만나면 '아, 나 다이어트 해야되는데. 나 살쪘어……' 하고 개한테 괜히 얘기하는 거예요. 진짜 제 고민이기도 했지만, 안정감을 느끼기 위해서요."

솔직하고 유머러스한 단풍의 이야기를 나와 함께 여러 번 웃음을 터뜨리며 듣던 민주에게도 비슷한 경험이 있다.

"저는 코르셋이 별로 없다고 생각했어요. 그래서 화장 안 하는 것도 머리 자르는 것도 별로 어렵지 않았죠. 《거울 앞에서 너무 많은 시간을 보냈다》를 읽었어요. 원래는 굳이 안 읽으려고 했던 책이에요. 거울 앞에서 많은 시간을 보내지 않았거든요. 그런데 그 책을 펴자마자 다이어트 얘기가 나오더라고요. 그래서 생각해보니 제가 다이어트 강박이 너무 심했고…… 지금 제가 생각하는 적정 몸무게는 한 60킬로 정도인데, 그때는 너무 53킬로가 되고 싶은 거예요. 아무 이유 없이. 근육이고 뭐고, 그런 거 상관없이 '키가 167이니까 53킬로가 되면 너무 좋겠다!' 했죠."

단풍은 깔깔거리며 끼어든다.

"가벼운 느낌 있잖아요. 그냥 '후~' 하고 불었는데 '아, 그만! 그만!' 하면서 날아가버리는. 이거 진짜 문제야."

"제가 파리로 어학연수를 갔다가 65킬로가 돼서 돌아왔는데 53킬로가 너무 되고 싶어서 그때 다이어트를 막 해가지고 겨우겨우 55킬로까지 만들었어요. 근데 제가 상체에 살이 별로 없거든요. 그때 찍은 사진을 보면 제 팔이…… 얼굴에는 기력 하나 없고, 막 흘러내리고 난리가 나요. 근데 거기에서 2킬로를 더 빼고 싶은 거야. 결국엔 폭식증 오고, 요요 오고…… 그런데 더 빼고 싶고, 그러고 또 폭식증 오고……"

이번에는 대화를 들으며 식사를 하던 단풍이 민주의 말을 이어받는다.

"오랜만에 친구를 만났는데 친구가 살 빠져 있으면 막 심장 뛰죠. 난 민주 너한테도 그랬어. 이건 모두에게 공통이라서. 대학 친구들을 졸업하고 나면 매일 보지 못하잖아요. 간만에 만나게 되면 그전에 살 빼고. 전 살 찌면 아무도 안 만났어요. 저한테 기준이 하나 있어요. 원래 손목이 뚱뚱한 편인데, 손목 시작되는 곳부터 팔꿈치 끝나는 데까지 약간 더 동그래질 때가 있어요. 이게 더 동그래지면 사람을 안 만나. 안 그래도 팔이 좀 원통형인데…… 더 동그래지면 약속 취소해. 안 봐요.

그렇게 해서 안 본 친구들 꽤 돼요. 쫄려서 못 나가니까
요."

　　모둠튀김과 음료수가 나왔다. 초밥과 생선회로 이미
꽉 찬 테이블에 음식을 둘 자리가 없어 접시를 겹쳐 놓느라
대화가 중단된다. 단풍과 민주가 시달리는 외모 강박은 심
각한 불안과 우울, 크고 작은 불편을 일으키지만 한국 사회
를 살아가는 여성이라면 거의 다 공감할 수 있는 평범한 이
야기이기도 하다. 이들에게 외모 강박이 시작된 계기가 기
억나는지 물었다. 민주는 외모 강박의 시작은 아니었지만
하나의 계기가 되었던 에피소드를 꺼냈다.

　　"제가 어렸을 때는 살집이 더 있었거든요. 포동포동한
아이였어요. 고등학교 때도 지금 정도 됐던 거 같아요.
사실 이 정도면 보통이죠. 그런데 어느 날 학원에서 어
떤 못생기고 덩치 큰 남자애가 수업 중에 물통을 날라
야 하는 상황이 생겼어요. 그때 걔가 시시덕거리면서
저한테 '쟤가 날라도 될 것 같은데' 하는 식으로 얘기하
는 거예요. 생각해보면 그 새끼가 잘못한 거고, 별것도
아닌 일 같은데 그게 아직까지도 기억나는 걸 보면······
이게 다 사회에서 이런 식으로 남자들이 하나씩······"

단풍은 민주의 이야기 속에서 민주의 평가자로 등
장한 인물이 '못생기고 덩치 큰' 남자였음을 지적한다.

"그 남자애도 그런 놀림을 아마 분명 들었을 거야. 근
데 우리는 그런 얘기를 듣고 나서 엄청 깊게 상처를 받
잖아. 엄청난 고민을 하고. 그런데 남자애들은 '아닌
데?' 이러고 끝이잖아요. 그게 너무 괘씸해."

탈코르셋 운동이 외모 중심주의 전반을 비판하는
대신 규범적 여성성으로부터의 이탈에 집중하는 이유는 바
로 단풍이 지적한 바를 드러내기 위해서이다. 사회에서 제
시하는 미의 기준 바깥에 존재하는 남성이 겪지 않는 일을
여성은 겪기 때문이다. 혹은 그 기준 바깥의 여성이 남성에
게 할 수 없는 일을 남성은 하기 때문이다. 규범적 여성성에
부합하지 않거나 순응하지 않는 여성은 처벌된다. 민주와
달리 단풍은 그 시작을 정확히 기억했다.

"저는 열여섯 살 때 처음 알았어요. 내가 사회적으로
못생겼단 걸 처음 알았죠. 제가 친구 네 명이랑 친했는
데 저를 뺀 나머지 셋이 우리 학교에서 '간판'이라고 불
리는 애들이었어요. 진짜 예뻤어요. 그렇게 넷이서 놀

았는데, 그전까진 (제가 못생겼단 걸) 몰랐어요. 친구니까 같이 어울렸죠. 남자애들이랑도 같이 어울리고. 말뚝박기도 하고 놀았어요. 근데 언젠가 대공원으로 소풍을 다녀왔는데 버디버디° 홈페이지에 올라간 우리 넷이서 찍은 사진의 스크랩 수가 장난이 아닌 거예요. 거기 남자애들이 뭐라고 댓글을 썼었냐면 '아, 어디 하나 자르면 (이 사진) 팔아도 되겠다. 누구 한 명만 아니었으면 이건 팔아도 된다.' 저는 그때까지도 그게 내 얘기인지 몰랐어요. 그런데 친구 한 명이 제 눈치를 보는 거예요. 그때 알았죠. '아, 이거 내 얘기구나.' 아무렇지 않은 척했어요. '아, 뭐야 미친놈~' 하면서 웃었어요. 그렇지만 그때 딱 안 거죠. '아, 나 못생겼구나.'"

수치심을 학습하기 시작한 이래로 민주와 단풍은 이를 피해서 규범적 여성성에 부합하기 위한 수행도 학습해나간다. 민주는 자신이 기울였던 노력을 다음과 같이 말했다.

"한창 10킬로 빼고 그럴 때, 아무것도 못하고 다이어트만 했거든요. 하루 종일 먹는 것만 생각하고. 운동

○   2000년대 초반, 중고생들 사이에서 유행하던 메신저 프로그램.

을 할까 말까 망설이는 데 한 시간 보내고, 운동하는 데 한 시간 보내고. 그다음 나머지 시간에는 음식을 먹지 않기 위해 하루를 다 썼어요. 그러다가 기력도 없어지면 이제 누워서 먹방 보는 거예요. 옷도 그래요. 원래 옷에는 어릴 때부터 관심 없다가, 옷을 잘 입어야 한다니까 챙겨 입은 거 같아요. 제 체형이 허리가 가늘고 엉덩이가 커요. 그래서 A라인 치마를 입으면 몸이 예뻐 보이는데, 사실 그렇게 입으면 숨도 못 쉬어요. 키가 있으니까 기성복 입으면 치마가 짧아지거든요. 요즘 쇼핑몰에서 파는 치마들이 원체 짧게 나오니까 거의 '똥꼬 치마' 입고 다니는 거예요. 그런 옷을 좋아했던 거 같아요. 몸이 예뻐 보이니까. 이것도 다이어트 강박의 연장인 것 같긴 한데, '이렇게 입으면 내 몸이 제일 예뻐 보이긴 하지만 그걸 입고 나가면 밥을 못 먹어' 하는 거예요. 밥 먹으려면 지퍼나 단추를 풀어야 하는 옷을 입고 다녔죠."

단풍도 마찬가지였다. 헬스 개인 트레이닝에 천만 원 넘는 돈을 지불했고, 바나나를 싫어하면서도 얼려 먹고 갈아 먹고, 초절식을 하고, 셀카를 찍어 올리며 자신감을 키우려 했다. 그러나 그에게 수치의 감각이란 면할 수 없는 것이 되었다.

"집 앞 1분 거리에 있는 슈퍼에 갈 때도 파운데이션을 바르니까요. 정말…… 왜지? 싶은 거죠. 문 열고 밖에 나가기 전에 마지막으로 거울을 보잖아요. 거울을 딱 보면 괴물처럼 보여요, 내가."

이들이 행했던, 수치심을 얻지 않기 위한 노력은 대체로 큰 효과가 없거나 반짝 자신감을 상승시키는 성과를 낳았다. 그렇지만 특정한 계기로 인해 이런 노력이 시작된 이후로 한 번도 바뀌지 않은 사실이 있다면, 내면에서 자신의 몸을 감시하는 감시자가 퇴근하지 않았다는 것이다. 감시자의 첫 출근날이기도 했던 노력의 시작과 함께 일상에서 꾸밈 수행이 진행되는 과정은 '몰랐던 것을 알게 된다'는 배움의 과정으로도 설명할 수 있을 것이다. 여성들은 수치심의 학습을 통해 규범적 여성성의 수행을 학습한다. 그리고 이를 위해서 알아야 하는, 그동안 몰랐던 사실이란 자신의 몸이 '있다'는 것, 그러므로 '보인다'는 것, 즉 신체의 특정 부위가 그것을 응시하는 시선을 통해 의식의 범위에 들어갈 수 있다는 점이다. 눈썹을 그리라는 지적을 듣고 울었던 날의 윤아도 그랬다. 나는 윤아에게 그래서 눈썹을 그

렸느냐고 물었고 그는 그랬다고 대답했다. 나는 또다시 물었다.

"그전에는 그릴 생각 안 해봤어요?"

윤아는 답했다.

"눈썹 그려야 되는지 몰랐어요."

신체가 보인다는 배움은 그동안 간과했던 특정 부위에 시선을 닿게 한다. 이것은 새롭게 시선이 닿은 부위가 외모 평가의 영역에 들어가므로 관리의 영역으로도 포섭될 수 있다는 배움으로 이어진다. 꾸며야 하는 줄 몰랐다는 윤아와 달리 꾸미지 않아도 되는 줄 몰랐다는 지예도 똑같은 기억을 가지고 있다.

"고등학교 때 남자애들이 제 어깨가 넓다고 놀렸거든요. 근데 저는 그전까지 '어깨'에 대한 생각을 해본 적이 없어요. 어깨가 넓다 좁다 하는 이런 인식을 해본 적이 없었어요. 심지어 '어깨'라는 단어도요. 남자들은 어깨가 넓은 게 흉이 아니잖아요. 그런데 (그 놀림 때문에) 나는 여자라서 어깨가 넓은 게 흉이 되고 단점이 된다는 사실이 와닿은 거예요. 그때 자존감이 낮아지더라고요. 어깨에 신경 쓰게 됐고요. 당시에 절 놀렸던 애랑 3년 내리 같은 반이었거든요. 걔 때문에 울기도 많이 울었지만, 나중에는 응수를 했죠. '네 어깨가 좁아서 콤플렉스라 날 놀리냐'고요. 그렇게 말해도 마음이 풀리지 않았어요. 그렇게 스트레스를 받다가 대학생이 되었고 걔를 더 이상 안 봐도 되는데도 그 마음이 그때까지도 계속 남아 있는 거예요. '내가 어깨가 넓어서 이 옷이 안 어울려. 난 덩치가 커. 떡대가 있어 보여' 하면서요."

그런데 진작부터 꾸밈 수행에 온갖 노력을 기울이던 이들은 탈코르셋 운동을 통해서 처음으로 감시자의 퇴근을 경험했다. 마지막으로 우동이 나온다. 다 먹은 접시를 치우느라 부산스러워져 또다시 대화가 잠시 중단되었다. 이윽고 단풍은 내면의 감시자가 사라졌다는 증거를 다음과 같은 일화로 말한다.

"예전에는 거울을 봤는데 '화장이 무너졌다'는 생각이 들면 얘기에 집중이 안 됐어요. '화장 무너진 내 얼굴을 몇 명이나 봤을까? 몇 분 동안 이러고 있었을까?' 생각

하기 시작하는 거죠. 그런데 탈코르셋을 하고 나서 어
느 날, 학원에서 강의를 하다가 거울을 보니까 볼에 마
커가 묻어 있더라고요. 그걸 보고는 그냥 쓱 닦았어요.
'뭐, 이럴 수도 있지. 이것만 내가 아닌데' 싶었죠."

　꾸밈을 전면 중지하는 탈코르셋 운동의 방식은 꾸밈
을 여성의 몸으로부터 분리해내어 이를 탈자연화할 뿐 아
니라, 일상의 의례에서 꾸밈을 빠뜨리면서 의도적으로 망각
시킨다. 단풍의 일화는 그 효과를 보여준다. 꾸밈을 낯설게
바라보면서 일상에서 분리시키면, 꾸밈은 점점 어색한 행위
가 된다. '수치심의 회피'라는 꾸밈을 시작했던 처음의 이유
가 잊히면, 수치심을 통해 의식했던 자신의 몸도 도로 깜빡
잊게 된다. 이들이 탈코르셋을 통해 경험한 것은 여태까지
배웠던 것을 잊어버려 그 영향을 되돌리는 '탈학습unlearning'
이다. 탈학습은 몸에 새로운 기억과 지식을 입히는 대신,
의도적으로 기존에 학습한 바를 없애는 행위를 의미한다.
앞서 '탈'코르셋이라는 작명을 자연화를 해제한다는 의미
(탈자연화)와 연관지었다면 이번에는 꾸밈을 학습하기 이전
으로 돌이킨다는 의미로도 이해해볼 수 있다. 망각은 몸을
의식의 영역으로 포섭하기 이전의 상태로 되돌려 보내준다.
수치심을 학습하기 이전에는 친구들과 즐겁게 어울려 놀았

다가, 수치심을 학습한 뒤로는 점차 사람들과의 만남에서 부담을 느끼게 된 단풍은 다시 평화를 경험한다.

"저는 이전까지 친구를 만나서 그렇게 외모에 신경을 쓰는 게 경쟁심이 너무 과도한 제 성격 탓인 줄 알았어요. 그런데 저는 이제 너무…… 평화로워졌어요. 생각해보면 이게 제 성격 때문이라고 탓을 못하겠는 게, 그렇게 과도하게 경쟁심을 갖게 되는 부분이 정확히 그 필드밖에 없어요. 외모요. 그걸 제외하고는 '못해, 그냥 나중에 해' 이랬거든요."

민주도 마찬가지이다.

"이제 밖에 나가기 전에 크게 고민할 게 없어요. 티셔츠 몇 개 있는 것 중에 하나 골라 입고 추울 수도 있으니까 남방 걸치고. 지금처럼 맨날 이렇게 입어요. 단풍 언니가 절 만날 때마다 인스타그램에 사진을 올렸더라고요? 그런데 제가 다 똑같은 옷을 입고 있는 거예요. 그 남방이 계속 보여요."

탈코르셋이 어떻게 한국 사회가 여성에게 주입하는

수치심과 똑같은 강요가 되느냐는 지적은 어떤 부분에서 타당하다. 한쪽은 수치심을 강제로 학습시키고 다른 한쪽은 그렇게 강요된 수치심에 대한 탈학습을 실시한다는 점에서 그렇다. 이에 더해 단풍과 민주의 이야기를 통해 주목할 수 있는 것은, 탈코르셋에 참여하는 이들이 '개인의 영역에 행사되는 타인의 영향력 줄이기'를 운동의 목표로 삼지 않는다는 점이다. '선택의 자유'를 성역으로 취급하고 개인의 자유를 신성시하는 서구 사회에 비해 한국 사회에서는 개인의 영역을 침범하는 일이 한층 스스럼없이 일어나기 때문일 것이다. 외모 평가 문화가 이토록 만연했듯이 말이다. 또 다른 이유도 있다. 친구와 싸우면서 탈코르셋을 시작하고 민주에게 머리를 자르라고 권한 단풍은 페미니즘을 접한 계기를 다음과 같이 말한다.

> "저는 되게 자존감이 바닥인 인생을 살았기 때문에, 뭔가 힘든 일이 있어도 좋은 남자친구를 만나면 행복해질 거라는 기대를 했어요. 그렇게 해서 남자친구를 만난 게 2017년 12월인데…… 그 사람이 상상 이상의 초특급 쓰레기였어요. 알고 보니 이미 한 2년 넘게 만난 여자가 있었고, 그 사람과 싸운 건지 어쩐 건지 저랑은 바람을 피웠던 거예요. 제가 자존감이 낮은 사람인데

그런 일을 당하니까…… 자살을 해야겠다. 죽어야겠다는 생각을 되게 구체적으로 했어요. 남자친구를 만나서 나아진 자존감이 다시 내려가서 올라오지 않는 거예요. 내가 뭘 해도 이제는 도저히 재기할 수 없겠다고 생각했어요. 그때 방에 틀어박혀서 아무도 안 만나고 인스타만 하다가, 우연히 (탈코르셋 운동이라는 걸) 보고 확 뒤집힌 것 같아요. 그때.”

탈코르셋 운동이 개인의 사적 영역을 존중하는 것을 목표하지 않는 까닭은 이 운동의 참여자들이 개인이란 외부로부터의 압력에서 자유로울 수 없는 존재임을 운동의 확산에 적극 활용하기 때문이기도 하다. 동료 여성에게 탈코르셋에 동참할 것을 권하는 압력, 즉 자신의 영향력을 활용하는 탈코르셋 운동의 전략은 2015년 이후 페미니즘이 확산될 수 있었던 배경이다. 이는 결과적으로 개인 간에 영향을 주고받으며 실질적인 변화를 일으키고, 더 큰 변화를 위해 운동에 동참하기를 권하는 문화를 형성한다. 달리 말하면 페미니즘을 접한 여성들은 스스로의 변화를 실감한 이상 '바꾸기 위해 움직이자'는 권유를 단순히 개인의 사적 영역 침해로 받아들일 수 없게 된 것이다. 이들은 소셜 미디어나 온라인 커뮤니티, 오프라인 상에서의 관계를 가리지 않고 단풍과 같이 서로 적극적으로 영향을 주고받는다. 민주 역시 이 운동을 동시대에 일어나는 페미니즘 운동의 특징과 연관지어 설명한다.

"어느 정도 바뀌고 있긴 한 거 같아요. 이번에 《유럽 낙태 여행》 북콘서트 갔다 와서도 되게 좋았던 게, 낙태는 그냥 필요에 의해 하는 것이라고 생각했는데 그게 아니구나 싶었어요. 중요한 건 제가 점점 나은 사람이 되고 있는 게 아닌가 하는 생각이 든다는 거예요. 탈코르셋도 그래요. 제가 이 흐름에 참여하고 있고, 주변에 영향을 주고 있다는 것. 근무하다보면 손님이 왔다 갔다 하는 걸 볼 때가 있거든요. 그중에 삭발하고 화장 안 하신 분들이 계셔요. 그런 분들을 보면 아마 탈코르셋 하는 분 아닐까 싶죠. 소소한 연대감도 들고요. 그 분들도 저를 보고서 저처럼 느낄 수 있으면 좋지 않을까 해요. 거기에 있는 저도 화장 안 했으니까."

민주를 만나게 된 것은 내 친구를 통해서였다. 그는 민주와 함께 파리로 어학연수를 갔다 왔다. 나는 민주를 내 친구의 등짝을 때리며 등살을 빼라고 말했던 사람으로 기억했다. 그로부터 몇 년이 지나 친구와 민주가 오랜만에 만난 자리에서, 민주가 쇼트커트로 자른 내 친구의 머리에 관심을 보이며 자신도 곧 머리를 짧게 자를 생각이라고 말했다. 나는 친구로부터 그 이야기를 전해 들었고, 나는 그에게 민주를 소개시켜달라고 부탁했다. 민주는 자신에게 영향을 준 단풍과 함께 인터뷰 자리에 나가도 되느냐고 물었다. 이처럼 탈코르셋 운동은 여성이 서로가 서로에게 주는 영향의 크기를 줄이는 데 주목하는 대신, 한때 상대를 규범적 여성성으로 몰아넣었던 개인의 영향력을 다른 방향으로 사용한다. 타인을 사회의 규범으로부터 이탈시켜 그동안 학습했던 것들을 망각시키는 데 개인의 영향력을 쓰는 것이다. 이 여성들은 페미니즘 운동에 익숙할 뿐 아니라 외모에 관해서도 타인으로부터 받는 영향이 얼마나 큰지를 누구보다 잘 알고 있는 까닭이다. 그리고 오랫동안 누적되었던 외모 강박과 두려움 때문에 혼자서는 이탈을 감행할 수 없다는 사실도 알고 있기 때문이다.

그런데 탈코르셋 운동이 서로에게 강력하게 동참을 독려하며 힘을 얻어가던 과정에서 주목해야 할 또 다른 사실이 있다. 탈코르셋 운동이 2015년 이후 한국 사회에 등장한 페미니즘 운동의 여러 의제들과 마찬가지로 개인의 적극적인 행동을 통해 확산되었다는 사실과 더불어 이전까지는 페미니즘 운동을 위한 행동에 거리낌이 없었던 여성들 사이에서 갈등을 불러일으켰다는 점이다. 단풍과 그의 친구가 전화로 벌였던 설전처럼 말이다. 이는 다양한 의제에 대해 함께 저항하자는 메시지가 자연스럽게 받아들여지고, 특히나 페미니즘의 확산으로 사적인 영역에서 일어나는 문제가 곧 정치적인 문제라는 공감대가 형성된 한국 사회에서도 탈코르셋 운동에 대해서만큼은 반발이 존재했다는 뜻이다. 외모 중심주의나 외모 강박이 사회문제로 여겨지는 동시에 여성 개인이 행하는 꾸밈은 취향이나 기호와 같이 지극히 사적이고 개인적인 문제로 여겨지기 때문이다.

정치화에 대한 필요를 느낀다고 할지라도 개인의 욕망과 결부된 취향이나 기호는 본디 접근이 까다로운 문제이다. 게다가 가부장제 사회에서 여성의 욕망은 항상 억제되어왔다는 문제의식이 더해지면 이 문제는 더욱더 풀기 어려워진다. 그리하여 꾸밈이 여성에게만 부과되는 노동이기도 하고 이를 거부하기란 쉽지 않은 현실이며 그것을 수행하는 과정에서 분명한 심적 문제를 불러일으키지만, 그럼에도 불구하고 꾸밈을 좋아하는 사람이 실재한다는 주장이 힘을 갖게 된다. 이 주장은 과연 '주체적 꾸밈'마저 거부되어야 하느냐는 물음으로 이어진다. 단풍의 표현대로 이 '필드'가 적성인 사람도 있기 때문이다.

4.
예쁨에서

아픔으로

"횡단보도도 원래 포기했었거든요"

남자아이들은 세계를 탐색하는 듯했고, 여자아이들은 여성성을 탐
색하고 있었다.

페기 오렌스타인, 《신데렐라가 내 딸을 잡아먹었다》

한국 사회에서 여성에게 꾸밈노동을 강제하는 외모 규정
은 탈코르셋 운동 등장 이전부터도 꾸준히 문제시되었다.
2016년, 국내 최대 멀티플렉스 영화관인 CGV가 직원에
게 요구하는 용모 조건 가운데 여성에게만 생기 있는 피부
화장과 붉은 립스틱을 의무로 내건 데에 대한 거리 시위,
2018년 가을, 샤넬이 백화점 직원에게 강제한 꾸밈노동에
대한 추가수당 청구소송 등이 이러한 투쟁의 대표적 사례
이다. 탈코르셋 운동이 일어나면서 여성에 대한 용모와 복
장 규정은 한층 강력히 비판되고 있다. 그 결과 중 하나로
2019년 5월, 진에어는 여자 승무원에게 지급하는 유니폼을
이전까지의 꽉 끼는 청바지에서 편한 바지로 바꾸겠다고 발

표했다.

이런 추세는 동시대의 세계적 흐름과 맞물려 일어난다. 2016년 5월, 영국에서 플랫슈즈를 신고 출근했다는 이유로 해고당한 금융 기업의 리셉셔니스트는 하이힐 강제 착용 금지 법률 제정에 대한 청원을 제출했다. 2017년 8월, 필리핀 정부는 여러 직장에서 여성 직원에게만 강요되던 하이힐의 착용을 금지하는 행정명령을 발동했다. 2019년 3월 8일, 영국 버진애틀랜틱항공은 타이트한 치마 유니폼을 비롯해 여성에게만 엄격하게 강요하던 복장 기준을 기본 얼굴과 바지 유니폼도 허용되도록 바꾸었다. 2019년 3월, 일본에서도 배우 이시카와 유미가 자신이 일했던 장례식장이 여성에게만 하이힐을 강제하는 데 문제를 느끼고 직장 내 하이힐 규정 제재 청원을 시작했다. 이를 계기로 구두를 뜻하는 일본어 '구쓰⟨つ⟩'의 첫 음 'Ku'와 '나도 말한다'는 의미의 '미투(#Me Too)'가 합쳐진 '구투(#Kutoo)'라는 이름의 캠페인이 진행되고 있다. 한국의 탈코르셋 운동 역시 외신을 통해 보도되고, 탈코르셋 유튜버 배리나가 경제협력개발기구(OECD) 포럼에 패널로 초청되면서 세계로 알려지는 중이다.

탈코르셋 운동에 긍정적이지 않은 이들조차 직장 내 여성에 대한 외모 규정에는 비판적이다. 일터에서 성별에 따라 특정한 차림을 강요하는 것은 명백한 노동권 침해이기 때문이다. 하지만 탈코르셋 운동은 외부에서 명시적 규정으로 강요할 때의 꾸밈과 개인이 일상에서 자발적으로 수행할 때의 꾸밈을 구분하지 않는다. 선택의 자유가 제한되는 측면에 집중하기보다 개인의 선택이 만들어지는 데 관여되는 사회·문화적 압력에 주목하기 때문이다. 누구도 직접적으로 꾸밈을 지시하지는 않았지만 외출할 때 꾸미지 않을 수 없었던 단풍과 민주 같은 사례를 드러내기 위해서이다.

꾸밈에 대한 사회·문화적 압력에 저항하는 움직임은 전 세계적으로 일어나고 있다. 주요한 예로는 흑인 여성들이 타고난 곱슬머리를 그대로 유지하는 운동이 있다. 흑인 여성들은 인종차별과 결부된 성차별로 인해 곱슬머리를 생머리로 만들어야 한다는 압력에 끊임없이 시달린다. 따라서 이들은 생머리에 대한 집착과 스트레스가 엄청난 환경 속에서 자라난다. 곱슬머리로 인한 차별에서 벗어나기 위해 머리 관리에 막대한 비용을 지출하며 가발을 쓰거나 머리를 편다. 두피에 가발을 꿰매거나, 머리가 자라는 속도에 맞춰 끼얹는 독한 약품이 두피에 유발하는 화상과 염증을 견뎌야 한다. 이 문제에 저항하기 위해 미셸 오바마나 영화 〈블랙 팬서〉의 주인공 루피타 농오와 같이 미디어에서 영향력을 행사할 수 있는 인물들이 공식 석상에 자신의 원래의 머리로 등장하고 있다.

탈코르셋 운동이 구분하지 않는 것은 외부로부터의 꾸밈 강제가 명시적인지 그렇지 않은지 여부뿐만이 아니다. 자발적으로 보여도 사실상 괴로운 꾸밈 선택과, 개인에게 명백히 즐거움을 주는 주체적 꾸밈 선택마저도 구분하지 않는다. '꾸미지 않을 자유를 중시한다고 해서 자기만족을 줄 수 있는 주체적 꾸밈의 가능성마저 무시하느냐'는 물음은 탈코르셋 운동의 이 같은 획일적 접근 때문에 등장했다.

　　이 물음에 대해 탈코르셋 운동에 참여하는 이들은 꾸미는 일이 즐거운 줄 알았지만 알고 보니 강박에 시달려 어쩔 수 없이 해왔던 것이라고 재의미화하거나 혹은 개인이 발휘하는 주체성도 결국 사회적으로 만들어진다는 주장으로 답해왔다. 그리하여 사실상 강요된 꾸밈과 구분되었던 즐거움을 주는 주체적 꾸밈은 '그럴 리가 없다'는 반박을 통해 하나의 주장으로 합류하는 셈이다. 그러나 아무리 강력한 설명이 등장한다고 하더라도 개인의 경험 세계는 각자 고유한 법이다. 당장 내 경우가 그랬다. 나는 오로지 내가 내킬 때만 나의 즐거움을 위해 화장을 했고 이 행위를 추동하는 기제에 압박이나 불안은 존재하지 않았다. 주로 집에서 혼자 일을 했고 페미니스트로 둘러싸인 주위 환경 덕분에 '여자는 꾸며야 한다'는 발언으로 나를 거슬리게 하는 존재가 없었기 때문이다. 즉 같은 사회를 살아가는 수많은 여성들과 달리 구조의 피해자로서 꾸밈을 수행한 것이 아니었다. 내게 페미니즘은 이전까지 여성의 꾸밈에 뒤따라 붙던 '술집 여자', '싸구려', '천박함'과 같은 기존의 낙인을 뛰어넘어 나와 여성성을 화해하게 만들어주는 계기였다. 나는 여성성을 매도하는 대신 전유함으로써 더 많은 가능성을 누렸다. 진작부터 꾸밈에 관심을 가지고 꾸미는 기술을 정교하게 익힌 친구들에 비할 수는 없겠지만 화장 강습도 받고, 백화점에서 나에게 맞는 색조의 립스틱을 골라보기도 했다. 오히려 페미니즘 운동에 참여했던 기간은 태어나서 가장 열심히 화장을 했던 시기였다. 대체로 기본 상태로 활동하던 내게 새롭게 추가된 이 시간은 지금 떠올려도 즐거운 기억으로 남아 있다.

이번에 만난 혜인도 그랬다. 탈코르셋에 참여하기 직전까지 꾸밈을 무척 잘했고 또 좋아했던 그를 만나러 경기도 안양으로 향한다. 1호선 지하철역에 도착해 지하철이 플랫폼으로 들어오고 있다는 알림을 보고 계단을 경중경중 뛰어 내려간다. 다행히 지하철을 놓치지 않았다. 아슬아슬하게 탑승한 지하철 내부는 이미 빽빽했다. 사람들 틈바구니에 낀 채 한참을 서서 가다가 약속 장소인 카페에 도착했다. 투블럭 커트에 까만 박스티, 반바지 차림의 혜인을 쉽게 알아보았다. 중학교 교사인 혜인은 학창시절 무척이나 열심히 꾸미던 학생이었다.

"저는 대학 다니는 4년 동안 매일 컬러렌즈를 끼고, 힐은 10센티미터 이상만 신었어요. 키가 작아서요. 그런데 남자들에게 잘 보이려고 신은 건 아니었어요. 힐을 신으면 기분이 좋았어요. 남자를 만나든 여자를 만나든 혼자 나가든 상관 없어요. 제 자신감의 원천이었죠. 붙임머리도 해봤어요. 수업 갈 때도 여대생은 예쁘게 하고 가야 한대서 열심히 꾸몄어요. 친구들이 저보고 매일 소개팅 나가는 애 같다는 말도 했어요. 그런데 사실 소개팅은 한 번도 해본 적 없거든요. 그런 말을 들으면 기분이 좋았어요. 잘 꾸민다는 거니까요."

혜인은 자신감과 자기만족을 위한 꾸밈이 시작된 계기를 기억하고 있었다.

"고3 때였던 것 같아요. 제가 당시에 강남 쪽으로 학원을 다녔는데, (학원 갈 때) 꾸며야 할 것 같았거든요. 지하철 타고 서울 가는 거니까. 그래서 화장하고 힐 신고 다녔어요. 그리고 입시준비를 하는데 당시에 대학생 언니 오빠들이 면접을 가르쳐줬거든요. 그때 만난 언니들이 너무 예쁘게 하고 계신 거예요. 그래서 '나도 대학생이 되면 꾸미고 다녀야겠다' 하고 자극을 많이 받았어요. 또 그 언니들이 저희한테 '너희가 공부를 열심히 해야 대학 잘 가서 이렇게 잘 꾸밀 수 있다' 말씀하셨어요. 그래서 얼른 대학 가서 그렇게 꾸미고 싶었어요."

혜인은 꾸밈 전문가라고 보아도 무방할 만큼 꾸밈에 공을 들이고 지식을 쌓았다.

"친구를 만날 때는 최상의 컨디션으로 만나야 하니까요. 오랜만에 모임이 있으면 그날 예뻐 보이고 싶으니까 그날을 기준으로 잡고 미리 속눈썹 연장 시술을 받거나, 피부 상태를 살피며 1일 1팩을 하거나 피부과를 다녔어요. 피부과에 쏟은 돈이 진짜 많은 거 같아요. 레이저 시술도 한 달에 한 번씩은 받았고요. 기미, 잡티, 주근깨 이런 것도 없애려고 방학 때마다 피부과에 가서 한 번에 십몇만 원씩 쓰고. 그게 당연하다고 생각했어요. 그렇게 하고 친구들을 만나면 화장품 이야기, 미용 이야기를 많이 했어요. 그러고 나서 집에 오면 뷰티 유튜버 영상을 진짜 많이 봤죠. 하루 한 시간 정도. 유튜버 구독도 여러 명 하고요. 사람마다 화장법이 되게 다

양하니까요. 영상에서 본 대로 어떤 날에는 스모키를
해보고 싶고, 어떤 날에는 귀엽게 일본 스타일로 해보
고 싶고…… 하고 싶은 화장 종류가 많으니까 친구들하
고 유튜브 보면서 같이 해보기도 했고요."

대부분의 여성은 규범적 여성성에 부합하기 위해 노
력을 기울인다 해도 수치심을 피할 수 없다. 규범적 여성성
이란 애초에 부합하기가 너무나 어렵도록 좁고 작게 만들어
졌기 때문이다. 한국 사회에서 다이어트 강박이 그토록 심
한 까닭 역시 '미용체중'이라는 이름으로 공유되는 수치가
애초에 여성이 기본 상태를 유지하며 살아서는 다다를 수
없는 수준으로 설정되어 있기 때문이다. 혜인은 드물게도
꾸밈을 통해 자신감을 얻는 과정에서 용케 미끄러지지 않
은 경우였다. 미끄러지지 않았을 뿐만 아니라 무척이나 크
게 '성공'한 축에 속했다.

"스무 살 때 선배들한테 받는 관심 같은 게 좋았어요.
그래서 열심히 꾸몄죠. 작년에도 열심히 꾸몄어요. 스
물일곱 살 때요. 운동해서 몸매를 좀 만들어서 전시를
했거든요. 섹시 콘셉트, 이런 걸로 관심을 받았어요.
방송 제의도 받고 운동복 협찬도 받고. 사진 모델 해달

라는 요청도 계속 왔었고요. 그렇게 정점을 찍은 후에 갑자기 탈코르셋을 하게 되었어요."

혜인이 탈코르셋을 시작한 계기는 '불편한 용기' 시위였다. 해당 시위는 불법촬영 편파수사에 항의하는 자리였지만, 꾸밈 강요 문제에 맞서기 위해 탈코르셋을 실천하는 페미니스트들을 직접 마주하는 자리이기도 했다. 혜인은 이 저항에 동참하고자 세팅 파마를 하고 길게 길렀던 머리를 시위 당일 아침에 쇼트커트로 잘랐다. 그렇게 쇼트커트를 유지하던 그가 투블럭 커트까지 하게 된 데에는 또 다른 계기가 있었다.

"제가 4년 차 중학교 교사거든요. 저희 학교 학생들 중에서도 탈코르셋을 하는 친구들이 점점 많아지고 있는데, 제가 오히려 아이들에게 자극을 받았어요. 제가 딱히 저를 페미니스트라고 이야기한 적은 없지만요. 어느 날 한 학생이 페미니즘 에코백을 저한테 주면서 받아줄 수 있느냐고 물었어요. 그 친구가 페미니즘 강연에 다녀와 굿즈를 많이 받아왔는데 친구들 나눠주고 선생님도 생각나서 하나 가져왔다는 거예요. 그 말에 감동을 받았죠. 그 친구가 투블럭을 하고 있었거든요. 그때 제가 선생으로서 모범을 보여야 하는데 지금까지 꾸밈이라는 문제에 조금 소극적이지 않았나 생각하게 되었고, 머리를 자르게 되었어요."

탈코르셋 운동을 주도하는 연령대가 10대 후반에서 20대 초반이라는 말을 듣기는 했지만, 실제로 교사가 학생에게서 자극을 받았다는 이야기를 들으니 신선했다. 전형성을 탈피한 교육을 해야 할 선생으로서의 임무와, 학생과 관계 맺는 개인으로서 전형성을 기대받는 교사의 자리에서 고민하던 윤아의 이야기를 혜인에게 전하며, 탈코르셋을 한 혜인은 학생과 어떤 관계를 맺고 있는지 물었다.

"제가 원래는 긴 머리에 타이트한 치마나 하이힐을 신고 다녔던 사람이라서 아이들에게는 파격적인 변신이었던 것 같아요. 저도 윤아 씨처럼 '선생님, 왜 그렇게 됐어요?' 같은 말을 들을까봐 걱정했는데 반응이 좋았어요. 제가 쇼트커트를 할 당시에 그것만으로도 되게 큰 반향을 불러일으켰어요. 저희 학교 교사 중에는 페미니즘에 관심 있는 사람이 저밖에 없었거든요. 반에 들어가면 애들이 박수 치고, 반응이 진짜 좋았어요. 저는 담임을 맡은 반이 없는데, 어떤 애들은 굳이 교무실로 찾아와서 '선생님처럼 저도 탈코해야겠어요'라는 말을 하기도 했어요. 그게 정말 감동이었죠. 제가 일하는 학교는 여남공학인데 사실 남자애들은 잘 몰라요. '그냥 쇼트커트 하셨나보다' 하죠. 그런데 여자애들은 다 알더라고요. '탈코구나!'"

탈코르셋 운동에 대한 비판 중 '주체적 꾸밈의 가능성도 존재한다'. 존재 만큼이나 호응을 얻었던 것은 '학창시절에는 학생에게 꾸밈이 저항일 수 있다'는 주장이었다. 규범을 갓 학습했기에 이를 엄격히 지키고자 하는 초등학교 시절을 지나 10대 시절에는 규범에 대한 저항에 열광하기 마련이다. 그런데 성인 여성에게는 화장을 요구하고 미성년 여성에게는 화장하지 않은 순수한 존재이기를 강요하는 단속의 주체가 가부장제로 수렴하기 때문에 학창시절 꾸밈이 갖는 저항의 힘을 발견할 수 있어야 한다는 것이었다. 그러나 이어지는 혜인의 이야기는 꾸밈이라는 자기표현을 금지함으로써 학생의 신체를 강력히 단속한다고 기억되던 학교 내부에서조차 이미 규범과 저항의 내용이 뒤바뀐 지 오래임을 일러주었다.

"무리에 끼고 싶으니까…… 다들 화장을 하죠. 한 페미니즘 웹툰에서 이런 학교 얘기가 나온 적이 있어요. 반에서 화장 안 하는 두 명 정도 되는 아이들 이름을 욕설처럼 쓰고 여학생들이 반발하는 내용이에요. 거기에 정말 공감이 가는 거예요. 화장을 안 하면 튀죠. 어떤 취급을 받느냐고요…… 아예 취급을 안 하는 정도? 같은 여학생들끼리는 오히려 왕따시키는 건 없는데, 남자애들이 그래요. 화장 안 한 아이가 자리에 없을 때 이름을 바꿔서 놀린다거나, 그 아이의 몸이나 얼굴을 가지고 희롱하는 발언을 한다거나. 제가 수업 들어갈 때 작은 화이트보드를 가지고 다니면서 '성희롱 금지, 욕설 금지, 패드립° 금지' 이런 걸 써두는데, 미리 써놓으면 그나마 조금 조심하더라고요."

꾸밈이 큰 문제가 아니었던 나를 비롯해 많은 20대 중반 이후의 페미니스트들이 탈코르셋 운동에 참여한 계기는 요즘의 10대가 "형광펜을 틴트 대신 바른다"는 말이었다. 내가 이 마음을 상상할 수 없듯이 꾸밈에 시달리는 삶을 살아가는 이들에게 꾸밈이 순전한 즐거움이기만 한 삶은 믿을 수 없는 것이 되어버렸다. 오늘날 학교에서 학생의

○　　　'패륜적 드립'의 줄임말.

외모를 단속하는 강력한 힘은 학교에서 내려오는 꾸밈 금지 규칙이 아니라 또래와 미디어로부터 형성되는 꾸밈 압박이기 때문이다. 그러니 여성성을 진정 즐겁게 수행한 이들의 경험에 대해서 탈코르셋 한 이들이 내뱉는 '그럴 리가 없다'는 일갈은, '행위에 대한 다양한 맥락을 고려하고 타인의 고유한 경험 세계에 대한 존중을 결여해서는 안 된다'며 탈코르셋 운동에 비판을 겨누는 이들의 등 뒤로 새롭게 등장한, 이 운동의 맥락을 집어주는 강력한 알림이다. 그렇다면 이 맥락은 언제 이렇게 등장했으며 왜 탈코르셋 운동의 등장 이전까지 우리는 이 맥락을 몰랐을까?

> "당시 저는 주체적 섹시 스타, 주체적 센 언니였어요. 화장은 제가 하고 싶으면 하는 거였죠. 아이들을 가르치는 일을 하니까 저는 아이들에게 센 언니의 모습으로 교육하고 있었죠. 아이라인을 길게 빼서 그렸어요. 그때 나왔던 '오랑캐 메이크업' 비슷하게 아주 강렬하게 화장을 했죠."

이것은 혜인이 아닌 단풍이 직전 만남에서 했던 말이다. 오랑캐 메이크업이란 한국 사회가 여성에게 요구하는 순한 인상을 거부하고 저항하는 듯한 인상을 주기 위해

2016년 무렵 페미니스트들이 했던 화장을 뜻한다. 이때는 내가 화장품을 사들이던 시기이기도 하다. 그때까지만 해도 페미니스트는 쇼트커트에 화장하지 않은 얼굴과 편한 옷차림을 한 사람이라는, 페미니스트 아닌 일반 여성과는 구분되는 이미지로 여겨졌다. 그 무렵 활동을 시작한 나는 평소엔 화장을 하지 않아도 강연 자리에는 일부러 화장을 하고 나갔다. 내가 전달하는 메시지를 거부감 없이 받아들이게 만드는 일이 중요하다는 판단에서였다.

화장을 접하는 시기와 하는 이유가 각기 다르듯이 한 사람 안에도 꾸밈에 대한 다양한 마음이 공존한다. 중요한 것은 이때 당시 화장을 명시적 강요로 인해 해야만 하는 여성과, 명시적 강요는 없지만 압박에 시달리는 여성, 주체적이고 적극적인 즐거움을 찾아 나선 여성 모두가 꾸밈 수행이라는 한 점으로 수렴했다는 것이다. 꾸밈을 강요하는 외부의 압력에 맞서 저항력을 형성할 수 있는 유일한 진영인 페미니즘 내부에서도 개개인 차원에서 꾸밈에 대한 긍정적 의미화가 일어남으로 인해 그 힘이 상실되었다.

탈코르셋 운동은 이전까지 페미니즘 진영 내부에 존재했던 꾸밈에 대한 거부와 멸시, 무관심이 외부의 강요와 압박과 더불어 꾸밈을 통한 여성성 수행이라는 행위에서 대화합하는 기점에서 터져 나왔다. 탈코르셋 운동이 차이를 존중하지 않는다는 비판을 듣는 이유와 이런 비판을 들을 수 없는 이유 모두 이 운동이 바로 그 차이들이 한 점에서 거대하게 합류한 구체적인 시공간적 맥락으로부터 나왔기 때문이다. 탈코르셋이 그로부터 새로운 맥락을 불러옴으로 인해 현재적이던 맥락은 그 진행이 단절되었고 특정한 이름이 붙여져 과거의 것이 되었다. 2015년 페미니즘이 확산된 이후부터 2017년 무렵까지는 '예쁜 메갈°' 시기라 일컬어진다.

'예쁜 메갈' 시기가 현재에서 과거로 옮겨갈 무렵, 나는 트위터를 통해 '네가 아무리 주체적으로 꾸미고 나가도 거리에서는 그냥 코르셋 찬 여자로 보인다'라는 말을 보고 이를 오랫동안 곱씹은 적이 있었다. 시간이 지나 문제의 심각성을 이해한 뒤에도 여성의 주체성을 무시하는 관점에는 동의할 수 없었다. 같은 행위라도 행위자성이 발휘되는 방식에 따라 다른 의미를 지니기 때문이다. 노동자가 하이힐을 규정으로 강제받는 상황과 그가 스스로의 즐거움을 위해 하이힐을 고르는 상황이 같을 수는 없다. 그런데 여성을

○   2016년 이후 온라인을 중심으로 등장한 페미니스트들을 일컫는 말. 당시 이들의 활동 거점이 되었던 온라인 커뮤니티 '메갈리아'를 '메갈'이라고 축약해 언급하였던 것이 현재는 보통명사화 되었다.

수동적 피해자로만 그리면 그가 발휘할 수 있는 힘이 가려진다. 탈코르셋 운동에 대해 비판적으로 가졌던 그러한 생각은 역설적이게도 내가 이 운동에 동참한 이유였다. 지금의 결과가 내가 발휘할 수 있는 힘을 특정한 어딘가에 발휘했기 때문에 가능했음을 깨달았기 때문이었다. 내가 깨달은 건 또 있었다. 다양한 자아를 가질 수 있는 여성이 노동자일 때나 누군가의 친구일 때나 힐을 신을 경우 발에 가해지는 고통은 똑같다는 점이었다. 나 역시 내가 원해서 한 화장이지만 강연을 끝내고 돌아오면 속눈썹에 칠한 마스카라 때문에 눈이 뻑뻑해지고 아팠다. 즐겁게 구두를 신고 돌아와도 물집이 잡히고 뒤축이 까져 피가 났다. 항상 렌즈를 끼고 힐을 신던 혜인도 이 점을 뒤늦게 깨달았다.

"탈코르셋을 한 뒤로 정말 삶의 질이 향상됐다는 걸 깨달았어요. 11센티 힐 신고 다니면 뛰다가 넘어지는 일이 많았고, 발목이랑 무릎이 항상 아팠거든요. 제가 발이 220밀리로 되게 작아요. 그런데 수제화 빼고는 제 발에 맞는 사이즈는 거의 없고, 그렇다고 또 비싼 걸 사기도 좀 그러니까 225밀리를 사서는 제 발을 학대시킨 거예요. 뛰지도 못하고, 바른 자세로 걷지도 못하고, 계단 올라갈 때 신경 쓰이고. 발에 항상 힘을 꽉 주고 다

니니까 엄청 빨리 지치고요. 그런데 탈코르셋 한 뒤로
는 예전에 할 수 없던 것, 이를테면 뛰어서 버스 잡는
걸 할 수 있어요. 원래 버스 안에서 균형 잡기도 힘들
었거든요. 손잡이 잡고 있어도 다리에 힘주기 힘드니까
옆 사람들 치고 그랬죠. 횡단보도도 원래 포기했었거
든요. 파란불이 10초 정도 남으면 안 건넜어요. 뛰다가
넘어질 수 있으니까요. 이제는 뛰어요. 멀리 갈 수 있어
요. 운동화나 슬리퍼만 신으니까. 사슬에 묶여 있다고
생각했는데 이제는 엄청 편해졌어요."

혜인은 탈코르셋을 통해 제한되었던 이동성을 확보
했다. 이동성의 제한을 통한 여성 억압은 중국에서도 이루
어진 적이 있었다. 여성의 작은 발을 아름답다고 여겨 천으
로 동여매고 작은 신발을 신겼던 전족 문화가 그것이다. 여
자아이가 네 살이 되면 뜨거운 닭의 배 속에 발을 집어넣
고, 엄지를 제외한 네 발가락을 발바닥 쪽으로 꺾어서 붙
인다. 발이 작을수록 결혼할 때 높은 몸값에 거래된다. 제
대로 걷기 위해서는 무진 연습을 해야 하거나 무릎으로 기
어 다녀야 한다. 전족을 하지 않은 여성이 낮은 값에 거래
된 배경에는 전족으로 여성을 도망가지 못하게 만들려는
목적이 있었다. 이 문화에 대해 처음 알게 된 때는 중학교

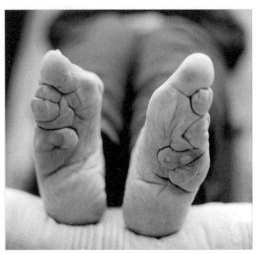

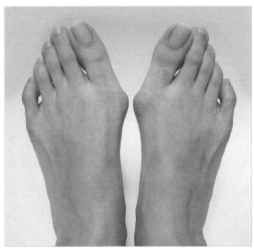

전족으로 꺾인 발(위)과 하이힐로 꺾인 발(아래).

에 입학한 무렵이었는데, 여성을 재산으로 삼고 신체를 끔찍하게 훼손시키고 이를 아름답다고 칭송하는 문화가 지구 어딘가에 존재한다는 사실만으로도 말할 수 없는 두려움이 밀려왔다. 그런데 전족 문화가 악습으로 간주되어 사라졌다는 데 안도감을 느꼈던 이때는 내가 잠깐 꾸미기에 관심을 가지고 처음 하이힐을 신어보았던 시기였다.

여성의 신체에 가해지는 고통이 자기 자신으로부터, 남성으로부터, 문화로부터 간과되는 문제는 시간과 공간을 뛰어넘어 여성의 몸에 대한 경험 전반을 관통한다. 여성이 남성과 섹스를 할 때, 출산을 할 때, 가사노동을 할 때 느끼는 신체적 고통과 그로 인해 얻게 되는 크고 작은 질병은 모두 중요하지 않은 일로 여겨지거나 삭제되어버린다. 특히 아름다움을 만들기 위해 따르는 고통은 '추우면 춥게 입고 더우면 덥게 입어라', '미인이 되는 데에는 대가가 따른다'는 등의 주술로 적극 둔감화된다. 고통을 고려하는 것을 깜빡한 문제가 문제의 일부이다. 혜인과 나처럼 말이다. 그로 인해 전족처럼 여성이 고통스러운 상태를 유지할 때에만 아름답다고 여기는 문화가 만들어진다.

고통은 자기 것이 아닐 때에만 끔찍하게 느껴진다. 우리는 흑인 여성의 두피가 혹사당하는 이야기에 눈을 찡그린다. 타 문화권에서 일어나는 고통에 대한 저항은 문화의 '차이'라는 말을 통해 자문화와 구분될 때에만 의미 있게 받아들여진다. 외신은 탈코르셋 운동을 K-뷰티 강국이자 성형 중독의 나라에서 일어난 저항이라고 단순하고 타당하게 보도한다. 그러나 운동에 참여하는 개인의 내적 동기를 고려하지 않는 탈코르셋 운동의 접근 방식을 다른 문화와 그로부터 일어나는 운동에도 적용할 수 있다. 시대와 양식을 뛰어넘어 '신체의 고통'이라는 연결점을 바라볼 수 있는 것이다. 앞서 언급한 일본의 '#Kutoo' 캠페인에서 'Ku'는 '구두'를 의미하기도 하지만, 동시에 '고통스러움'을 의미하기도 한다.° 또 '차이'라는 말을 통해 존중된다는 미명이 방어구로 쓰이는 현상을 지적할 수 있다. 서구 사회는 하이힐과 전족 사이에는 선택의 자유라는 차이가 존재한다고 굳게 믿는다. 타자화는 정치화로 변모될 수 있다. 하이힐과 전족은 이동성의 제한과 이로 인한 고통, 더불어 그것을 아름답다고 찬미한다는 점에서, 그리고 여성들의 적극적인 욕망으로 유지되었다는 점에서 그 원리와 기제가 같다. 더불어 '차이'를 시대와 문화에만 적용하는 대신 운동의 내부에도 존재할 것이라고 상상할 수도 있다. 전족 역시 폐지될 당

○   '고통스러움'을 뜻하는 일본어 '구쓰우(〈つう)'와 '구두'를 의미하는 '구쓰'의 첫 음은 동일하다.

시 여성들이 적극적으로 반발했다. 구습이라 여겨지는 관습이 아직 사라지지 않았음을 지적할 수 있다. 얼마 전 할리우드 스타 엘르 패닝이 코르셋을 입었다가 기절하는 해프닝이 있었고, 실제로 코르셋을 입은 듯한 효과를 내기 위해 갈비뼈를 뽑는 수술이 '흉곽축소술'이라는 이름으로 이루어지고 있다.

관습이 구습이 되기 전에 일어나는 소음을 알아차릴 수 있다. '#Kutoo' 청원이 전달된 부처인 일본 후생노동성의 남성 장관은 "하이힐은 사회적으로 필요하고 적절하다"고 답했다. 학대가 그 원리를 고수한 채로 소재만 변형된다는 점을 지적할 수 있게 한다. 미국에서는 거식증을 칭송하는 '프로 아나proanorexia' 문화가 새로 생겨났다. 그리고 고수되는 원리에 맞선 각각의 흐름 역시 '차이'라는 조건이 붙을 때만 용인되리라고 예상할 수 있다. 하이힐이 직장에서 강제되는 비중이 더 높은 서구 사회 언론은 탈코르셋 운동을 K-뷰티 강국이자 성형 중독 사회인 한국에서의 특수한 흐름으로 소개한다. 그러나 코르셋은 바로 그 서구 사회에서 여성 복식의 일부로서 갈비뼈를 부러뜨리고 내장을 파열시켰던 도구였으며 아직도 형태를 바꾸어 존재한다. 코르셋을 벗자는 이 운동의 이름은 결코 비유가 아니다.

탈코르셋은 자신의 마음을 고려하느라, 남성의 눈치

—
과거 코르셋을 찬 여성. 여성을 학대하는 관습은 사라졌을 때에만 폐습
으로 인정되지만, 실은 아직도 사라지지 않았다.

를 보느라, 문화적으로 용인되는 논리를 따르느라 둔감화된 고통을 생경하게 만들기 위한 운동이다. 벗어야 할 코르셋이 무엇부터 무엇까지를 의미하는지는 그것을 입은 상태에서는 알 수 없다. 알기 때문에 벗는 것이 아니라 벗어야 알게 된다. 여러 가지 이유로 여성의 몸이 고통에 둔감해졌다는 것이 탈코르셋 운동의 핵심이기 때문이다. 다행스럽게도 우리 몸에는 고통을 분별할 능력이 있다. 탈코르셋 운동은 이 능력을 믿는다. 그리하여 꾸밈 수행을 지속할 때에는 제대로 느낄 수 없었던 고통을, 수행을 중지함으로써 또렷이 감각하기를 목표한다. 오로지 자기로부터 먼 고통만 생경하게 감각되기 때문이다. 시간과 공간을 뛰어넘어 여성 개인의 고유성을 무시하고 신체를 관통하는 고통에 맞선 탈코르셋의 목표는 고통에 생경한 몸을 만들어내는 것이다.

5.
평면적인 자아 이미지에서

입체적인 자신으로

"세계를 3D로 보다가 4D가 된 거죠"

우리가 살고 있는 세상은 참 이상하다. 머리 길이가 세상을 활보하는 여성의 경험을 근본적으로 바꿔놓을 수도 있다니. 그러나 이는 우리가 대상화에 관해 알고 있는 모든 것과 일맥상통한다. 여성임을 더 쉽게 알아볼수록 더 쉽게 대상화된다.

러네이 엥겔른, 《거울 앞에서 너무 많은 시간을 보냈다》

탈코르셋 운동이 각자의 몸을 운동의 도구로 삼는다는 특징은 꾸밈 압력을 만들어내는 구조를 비판하는 다른 운동과 가장 구별되는 차이점이다. 이 접근의 장점은 꾸밈 수행을 통해 유지되는 규범적 여성성이라는 문제가 현실에서 어떻게 작동하는지를 직접 관찰하게 해준다는 데 있다. 꾸밈 자유와 꾸미지 않을 자유가 평형을 이루고 있던 우리 머릿속의 양팔 저울은 현실 밖으로 꺼내놓는 순간, 제대로 작동하지 않는다. 2차원의 관념으로 3차원의 현실을 측정할 순 없기 때문이다. 체중계에 올라섰을 때 움직이는 바늘처럼 저울의 한편은 한쪽으로 급격히 내려앉는다. 그뿐 아니라 이 둘을 애초에 저울에 함께 올려놓을 수 없다는 점까지 확인하게 된다. 그리하여 자유, 타인의 존중, 욕망과 같은 중요한 가치와 여성성이라는 까다로운 주제를 두고 머릿속이 복잡했을 때는 풀리지 않을 것만 같던 문제가 경험과 관찰을 통해서는 수월하게 받아들여진다. 또한 탈코르셋 운동은 꾸밈을 통해 여성성을 수행하는 한해서만 선택의 자유가 제공되며 그렇게 함으로써 꾸밈을 수행하지 않은 자는 수치심이라는 정서적 비용을 치른다는 사실을 깨닫게 한다. 즉 꾸밈 압력이 계속해서 유지되는 상황을 몸으로 겪어 이해하게 하고 상황을 대하는 몸을 바꾸어놓는다. 더불어 어느 순간 일상에 추가되어 반복하던 꾸밈 행위를 일상에서 빼냄으로써 그간에 학습한 꾸밈 행위를 잊게 만든다. 그리하여 고통을 유발하는 동시에 그 고통을 간과하게 하는, '꾸밈'이라는 이름에 스며든 학대를 분별할 줄 아는 몸을 만든다.

탈코르셋 운동이 각자의 몸 경험을 통해 이루어지기 때문에 생기는 장점은 이외에도 또 있다. 주영을 만나 이야기를 듣기 위해 서울의 남부에 위치한 한 퍼즐카페로 향한다. 더운 여름날 아스팔트 보도를 가로질러 약속 장소로 향해 걷는다. 운동화를 신은 발로 걸음을 내디딜 때마다 보도에 스멀 열이 다리로 올라온다. 땀이 이마와 목덜미에 송골송골 맺힌다.

주영은 탈코르셋을 한 지 한 달쯤 되어가는 대학원생이다. 그는 어제 학교에서 겪은 이야기로 말을 시작했다.

"어제 제가 교수님께 '저 탈코했어요' 이러니까, 처음엔 탈코르셋의 좋은 점에 대해서 말씀하시다가 또 탈코르셋을 너무 특정한 방식으로 규범화, 규격화해서 강요하는 사람들도 있지 않냐고 물으시는 거예요. 그게 제가 그때까지 가지고 있던 생각과 같았어요. 느슨한 방식으로 트위터를 보면서 '아, 탈코르셋이라는 것에는 이런 의미도 있고 저런 의미도 있을 수 있겠구나' 생각했죠. 우리가 항상 말하는 '맥락을 보라'는 말이 어떤 의미로는 윤리적 엄격함이지만, 다른 의미에서는 연구자적 우유부단함과 연관되어 있기도 했던 거예요."

하나의 문제를 두고 활동가와 연구자가 취해야 하는 태도는 다를 수밖에 없다. 운동을 확산시키려면 많은 쟁점들을 차치하고서라도 과감해야 하고, 파급 효과를 염두에 두어 우선순위를 정하는 일이 중요하다. 반면 연구를 할 때는 답답하고 느린 태도를 감수하고 그만큼 많은 것을 고려해야 한다. 그런데 주영은 탈코르셋을 실천한 동료와 이야기를 나누다가, 그동안 연구자로서 중시했던 다양한 맥락을 바라보고자 하는 태도가 오히려 어떤 맥락을 선택하지 않는 편견으로 작동하기도 한다는 점을 깨달았다.

"저는 이전까지 그 엄격함을 적극적으로 벗어나서 사유할 필요성을 한 번도 못 느꼈어요. 그 상태로 고착되어 있다가, 모든 맥락이 사실은 선택적이라는 사실과 부분적으로 알던 진실들이 한 번도 이 맥락으로 선택되지 못했다는 걸 다시금 깨닫게 되었어요. 이를테면 스스로에게 가학적인 10대들을 예전부터 알고 있었는데, 제가 과외하면서 만난 10대들과 그들을 긴밀하게 연관시킬 수 있었는데도 불구하고 제가 아는 청소년들을 그 주체로 호명하는 건 어려웠어요. 청소년들을 주체로 보라는 이야기를 담론적으로 이야기하기는 쉽지만요. 그런데 갑자기 그런 연결이 됐어요. 10대들의 탈코르셋이라는 것을 다른 방식으로 바라보는 이야기를 들으니 처음에는 설득당하려는 의도가 전혀 없었는데 설득된 거예요. 여전히 제가 (연구자로서) 가져야 할 태도에 대해서 생각을 하기는 하죠. 저는 연구자로서 계속 맥락을 보라고 말했지만, 그럼에도 불구하고 (그동안 제가) 전혀 모르던 맥락이 있었어요. 맥락을 보라고 하는 사람들이 오히려 맥락을 전혀 보지 않고 있었던 거죠. 정보로는 존재하지만 유의미한 맥락으로 가지고 들어오진 않았던 거죠."

주영은 페미니스트 연구자이다. 그는 10대들의 탈코르셋을 다른 방식으로 바라보는 이야기에 설득당하면서 탈코르셋 운동에 참여했지만, 운동에 참여하는 당사자인 동시에 연구자로서 취하는 태도를 버리지도 않았다. 운동이 현실에서 일으킬 수 있는 효과와 변화에 주목하는 데 더해, 이 운동을 여태까지 쌓아온 페미니즘 담론과의 연결성 위에서 고민해야 하기 때문이다.

"그동안 치마가 여성에게만 독점적으로 부여되었다고 해서, 치마를 안 입는 걸 예로 들어볼게요. 어떤 면에서 이 행위는 보편성으로서의 남성성을 확장하는 방식으로 여성성 없애기, 즉 모든 여성들이 남성과 같은 행동을 함으로써 이제까지 남성의 것이라 여겨진 바를 전유하는 방식으로 동조하는 거잖아요. 저는 남성성을 보편형으로 둔 상태에서 여성성 없애기를 실천한다고 정말 여성성 없애기가 될까 하는 의문이 들어요. 그렇

다고 해서 여성성을 더 과장되게 수행하는 방식이어서
는 안 되겠죠. 탈코르셋에서 촉발되는 논의가 되게 오
래된 페미니즘 논쟁의 주제이기도 하잖아요. 남성이 보
편형이자 기본형이고 여성성이 타자인 것인지, 아니면
그저 여성성의 반대를 남성성이라고 이름 붙였던 것인
지. 결국은 둘 다이기도 한 거고요. 그런데 치마 입기를
거부하는 방식은 오히려 남성성을 더 공고하게 보편화
하는 방식이라는 생각이 들기도 해요."

주영은 운동에 참여하는 동시에 그 운동으로부터 거
리를 확보하는 자신의 관점에 대해 말하던 도중, 탈코르셋
이 여성성과 남성성에 관한 학계의 오래된 논쟁 가운데에
등장한 것이 아니라, 여성이 당대에 목격한 현실을 바탕으
로 하는 투쟁의 계보 위에서 등장했음을 다시 한 번 언급하
기도 했다. '운동'과 '연구'라는 영역이 분리될 필요가 있는
동시에, 연구자로서도 이 운동에 얽힌 서로 다른 층위를 같
은 층위로 바라보면서 간과하는 점이 생기기 때문이다.

"탈코르셋은 여성성/남성성이라는 현상적 담론이 아니
라 어떤 산업을 어떻게 먹여 살리느냐의 문제, 어떤 경
제가 어떻게 계속 돌아가느냐의 문제 같아요. 여성들을

화장하게 만들려고 전 세계가 움직이고 있죠. 이 산업이 진짜 어마어마한 산업이잖아요. 코리안 뷰티 시장도 엄청나게 커지고 있고요. 이 산업과 물질적 세계에 대항하는 의미로서 탈코르셋이 등장한 것과, 여성성/남성성을 담론적 차원에서 다루는 건 층위가 다른 문제인데 이 부분을 간과하기가 쉬워요."

주영은 탈코르셋 운동에 참여하면서 쇼트커트를 처음 해보았다. 이제까지는 오히려 활동성을 확보하기 위해 긴 머리를 묶고 다닌 쪽이었다.

"저는 자꾸 자르기 귀찮고 묶고 다니는 게 편해서 평생 묶고 살았어요. 안 묶이는 길이가 불편하다는 생각이 있었죠. 머리가 너무 길면 똥머리를 하다가 무거워질 때마다 단발을 했고요. 쇼트커트를 할 생각은 못 했죠."

그는 동료와의 토론을 통해 자신이 간과한 부분을 인식하며 탈코르셋 운동에 참여했다. 그러나 이 말은 꾸밈 압박의 문제가 사회운동으로 발전하는 과정에서 개인적으로는 그다지 공감할 만한 사건이 일어나지 않았다는 뜻이기도 했다.

"저는 주변에 페미니스트가 워낙 많기 때문에 탈코르셋을 결심하는 게 어렵지 않았어요. 오히려 머리 길면 욕을 먹죠…… 장난이에요. (웃음) 실천의 필요성과 정치화 가능성을 발견하고 난 이후에 머리 자르는 건 하나도 어렵지 않았어요. 머리 자르고 나니 주위에 칭찬해주는 사람들이 엄청 많았어요. 그런데 한편으로는 선생님들께나 페미니스트 단체에나 반항심으로 탈코르셋 했다고 말하고 다니는 것도 있어요. 바깥에서는 탈코르셋 하면 페미니스트라고 생각하지만, 페미니스트들 사이에서 탈코르셋을 했다고 하면 특정한 방식의 정치적 완전체를 상상하는 것 같기도 해서요."

이어 주영은 자신이 이제껏 상상했던 자신의 몸에 대해 말하기 시작했다.

"저는 제 몸을 고등학생 때부터 볼드모트° 같다고 상상했어요."

나는 웃음을 터뜨렸다. 연구자로 알고 지낸 사이인

° 《해리포터》 시리즈에 등장하는 악당.

주영이 그런 방식으로 자신의 몸을 상상했다는 말은 여태까지 한 번도 들은 적이 없었다.

"볼드모트의 파워를 갖고 있다는 게 아니라, 퀴렐 교수 뒤통수에 볼드모트가 형체 없이 붙어 있잖아요. 전 제 얼굴이 꼭 그렇게 생겼다고 상상해왔어요. 왜 그랬지? 지금은 이해가 안 돼요. 그런데 그때는 그 얼굴이 저랑 너무 비슷해 보였어요. 볼드모트가 몸을 얻기 전까지 요람에서 쭈글쭈글하고 마른 상태의 애기 몸인데 그 모습을 제 몸이라고 생각했어요. 《해리포터》를 어렸을 때부터 엄청 읽기도 했지만…… 어쨌든 그 이미지가 너무 강하게 남아 있었어요. 어렸을 적에 친구들에게 '나 볼드모트 닮은 거 같아'라고 해서 친구들이 충격받기도 했거든요. 그런데 더 이상 내 얼굴을 바람에 날려가는 쭈구리같이 상상하지 않아요. 기생충 같잖아요, (볼드모트) 몸 자체가."

자신의 신체를 없는 것과 다름없이, 아니 실제보다 훨씬 더 위축된 모습으로 상상하는 왜곡된 자기인식을 가졌던 주영은 어떤 계기로 인식의 변화를 경험했다. 머리를 자른 시기보다 조금 더 먼저, 주짓수를 시작하면서부터였다.

"이제는 그렇게 생각 안 해요. 저도 뼈가 있고, 근육이 있고, 무게를 실어 누군가를 힘으로 엎어치고 메칠 수 있다는 걸 알게 된 거예요. 처음에 제가 상대와 스파링을 할 때, 사실 제 몸이 절대 누굴 심각하게 해할 수 없는 몸인데도 마치 해할 수 있는 것처럼 상상했어요. 초크(목조르기)하고 몸 위에 올라가고 누르고 이럴 때 상대방이 너무 아파할 것 같아서 전혀 못했단 말이에요. 그런데 또 남이 저한테 그렇게 하는 건 괜찮았어요. 예를 들어 유도를 오래 한 사람이 저한테 와서 스파링을 청하면 아프면서도 괜찮다고 말하면서 했거든요? 그런데 어느 순간, '아, 얘가 나한테 하는 것처럼 나도 얘한테 할 수 있겠다'라는 생각이 들면서 진짜로 스파링을 할 수 있게 된 거예요. 사실 저는 누구를 절대 해할 수 없는 사람인데, 누구를 조금만 건드려도 막 '괜찮으세요?'라고 물었던 사람인데, 나도 누군가를 해할 수 있는 사람이라고 상상하면서 지레 가졌던 제 안의 가책을 인식하게 되었어요. 심지어 이 가책이 체화되어 있었다는 걸 알고 있었어요. 동료들에게 '여자들끼리는 미안하다, 고맙다 그만 말하기 운동을 해야 한다'고 말하고 다닐 정도였는데도, 남에게 어떤 방식으로든 부담을 주는 걸 극도로 기피했죠. 그런데 (주짓수를 시작한 이후로) 남이 나를 건드리는 만큼, 나도 그럴 수 있다는 걸 알게 되었어요. 내가 힘을 행사해 남을 죽이지 않으리라는 것도 알아요. 조심스럽게 살 것을 요구받으면 되게 움츠러들잖아요. 조심스럽게 살라고 요구받았기에 절대 치명적일 수 없는 존재인데도요. 그렇게 저에 대해 정확히 인식하게 됐어요. 오히려 이제는 내가 누군가를 해칠 수 없다는 걸 알기 때문에 역으로 해칠 수도 있겠다는 느낌이 든다고 해야 할까요."

주영이 탈코르셋 운동에 참여하기 전까지 놓쳤던 것은 연구자로서의 자신이 보아야 하는 맥락뿐만이 아니었다. 바로 자기 자신의 몸이었다. 주영의 몸이 처음부터 줄곧 이 세계에 연루되어 있었다는 점이다. 주영은 페미니스트 연구자로서 이미 여성주의 지식을 섭렵하고 있었다. 그런데도 몸으로 학습한 규범을 머리로 학습한 지식으로 비판하는 과정에서는 자신의 몸이 문제로부터 빠져버리기 일쑤이다. 관점을 확장하고 다양한 사유를 이어가는 태도는 몸에 학습된 규범을 '벗어날 기회'를 주지만 '벗어난 결과'를 주지는 않는다. 탈코르셋 운동이 탄생시킨 관점을 여성주의 관점의 연장이자 그 연장선으로부터 나온 새로운 발명이라 일컫는 데에는, 여성주의 관점으로 여성이 살아가는 세상을 분석하던 이들조차 여성으로 살아오는 동안 자신의 몸 어디에 무엇이 새겨졌는지를 놓칠 수 있었다는 깨달음이 포함되어 있다.

또한 주영은 스파링을 하며 느낀 가책을 여성이 타인에게 더 많이 사과하고 고마워하는 문제와 자연스럽게 연관지었다. 자신이 타인에게 물리적으로 짐 지우지 않아야 한다고 생각하는 무게란 결국 정서나 행동과 같은 다른 차원에서의 무게와도 관련되어 있기 때문이다. 그런데 어딘가에 무게, 즉 힘을 행사하지 않으려면 최대한 움직이지 않는 수밖에 없다. 우악스럽거나 뛰어다니거나 적극적인 여자아이에게 '가만' 있으라는 꾸중이 내려지는 까닭은 부동자세를 유지하지 않았다는, 그리하여 힘을 행사했다는 가책을 안겨 규범적 여성성을 달성하지 못했다는 실패를 학습시키기 위함이다. 탈코르셋은 이 실패의 교훈을 그대로 바라본다. 자꾸 움직이면 힘을 행사하게 된다는 점이다. 몸을 가만히 두지 않았을 때 여성은 자신의 신체가 행사할 수 있는 힘의 크기를 비로소 제대로 파악한다. 탈코르셋은 여성으로 하여금 운동을 통해 운동에 접근하게 한다. 이는 여성이 몸으로 학습하는 수동성이 문자 그대로 몸을 가만히 두는 자세를 유지하면서 새겨진다는 문제의식으로부터 시작되는 접근이다. 나는 주짓수가 주영이 태어나서 한 첫 번째 운동인지 물었다.

"아뇨, 헬스를 좀 했었어요. 대학교 2학년 때인가 6개
월 정도 개인 트레이닝을 받고 몸매가 좀 좋아졌거든
요? 그런데 그때와 주짓수 할 때는 너무 달라요. 운동
하면서 '엉덩이 볼륨을 키워야지' 하며 엉덩이 운동을
하는 거랑, '저 사람을 무겁게 눌러야지' 하면서 운동하
는 게 너무 다른 거예요."

똑같이 몸을 움직였지만 주영은 헬스를 하면서는 주
짓수를 할 때와 같이 몸이 행사할 수 있는 감각을 느끼지
못했다. 당시 그에게 운동은 완성된 이미지에 도달하기 위
해 몸을 가공하는 과정이었기 때문이다. 이는 자신의 몸을
타인의 시선을 경유해 바깥에서 바라볼 때 가능한 인식이
다. 스스로의 몸을 인격이 부여된 주체로 보는 대신, 대상
으로 바라보는 자기대상화는 거울을 보고 외모 강박에 시
달릴수록 심화되는 증상으로 한국 사회에서 여성들에게 만
연하게 일어난다. 고통은 뒤로 밀려나고, 신체의 결점이 눈
에 끊임없이 보이고, 시시각각 대상화된 신체가 감시당하는
시선에 사로잡힌다. 그런데 주영은 한국 사회의 강력한 꾸
밈 압력으로부터는 제법 무관한 일상을 살아온 편이었다.

화장이 반드시 의무라고 생각하지도 않았고 꾸밈에 강박적으로 매달린 적도 없었다. 마른 체형에 스트레스를 받기는 했지만 그렇기에 대다수의 여성이 스스로를 고통으로 몰아넣는 다이어트를 한 적도 없었다. 그런데도 주영은 자신의 신체에 대한 왜곡된 인식을 가지고 살아왔고 자기를 타자화했다. 그리고 주영은 처음에 자신의 문제와는 관련이 없다고 생각한 탈코르셋 이후, 이 문제에서 예상하지 못한 변화를 경험했다.

"저는 제가 못생겼다는 생각을 많이 했던 것 같아요. 사람들이 자신의 모습을 일그러진 형태로 받아들이는 이유는 보통 거울을 계속 보기 때문일 텐데, 저는 그 반대였어요. 제가 저를 볼드모트라고 생각했다는 건, 얼마나 제 모습을 안 봤다는 말이겠어요. 전 절대 거울을 보지 않았어요. 사진도 찍지 않고요. 그러니까 스스로에 대한 이미지도 머릿속에서 제 얼굴이 왜곡된 채로 계속 강화되었던 것 같아요. 그런데 제가 진짜 놀란 일이 있어요. 제가 옛날부터 원체 사진을 절대 안 찍었거든요. 사진을 찍어도 못생겼다고 생각했으니까 빨리빨리 훑어보고 지워버렸어요. 그런데 스마트폰으로 찍은 몇 년 치 사진이 전부 다 구글 포토 계정에 저절로 백

업됐던 거예요. 그 사진들을 이번에 다시 봤는데, 다 너무 앳되고 귀여운 거예요. 오래된 것도 아니고 고작 2, 3년 전 사진들인데도요. 그 사진들을 찍을 때 제가 스스로 못생겼다고 생각했던 게 다 기억나요. 수치스러워했어요. 그런데 언젠가부터 그렇게 못생겨도 상관없고, 사실 내가 그렇게 못생겼다고 생각할 일도 없다고 여기게 됐죠. 옛날 사진을 보는 것도 괜찮아졌고요."

주영의 일화는 '말로는 외모에 관심이 없다고 이야기하더라도 아름다워져야 한다는 강박으로부터 자유로운 한국 여성은 없다'는 반박에 처하기 마련이다. 하지만 사실 그런 반박을 할 필요가 없다. 주영의 사례는 단순히 외모 중심주의의 예외인 것이 아니라 오히려 이 문제를 더 정확하게 진단하도록 도와준다. 바로 외모 중심주의로 인해 자기 소외가 강화되는 측면이 있다고 하더라도, 여성이 자기로부터 소외되는 문제는 결과가 아닌 원인이라는 진단이다. 외모 중심주의는 여성이 자기 몸에 대한 중심성을 확보하지 못하고 자기로부터 소외되는 문제를 심화하기 위해 동원되는 아주 효과적인 수단이다. 달리 말하면 여성이 꾸며야 한다거나 예뻐야 한다는 압박을 정말로 용케 피하고 이로부터 무관한 일상을 산다고 하더라도 외모 중심주의만 문제

삼았다가는 여성이 자신의 몸을 일그러지게 인식하는 문제로부터 도망칠 수 없다는 경고이기도 하다. 게다가 주영은 획일화된 미의 기준이 결국 모든 여성을 실패한 존재로 전락시키는 문제에서 그저 집착 대신 외면을 선택한 경우였다. 거울을 끊임없이 들여다보며 자신의 결점에 집착할 때나 혹은 절대로 거울을 보지 않고 자신의 얼굴을 그저 상상할 때나 여성은 두 경우 모두 자기를 타자화한다. 이 문제는 이어지는 또 다른 이야기와도 무관하지 않다.

"주짓수를 하고 근육의 기능을 알게 된 것도 당연하지만, 가장 큰 수확은 땀 흐르는 몸을 혐오하지 않게 됐어요. 그전까진 내 몸이든 남의 몸이든 땀을 흘리는 게 싫었어요. 물론 지금도 약간 역하긴 해요. 헬스할 적에도 땀나는 몸에 익숙해지긴 했었는데 혐오감이 사라지지는 않았었거든요. 그에 비하면 (주짓수를 하고 나서는) 혐오감이 확 줄어들었어요. 그리고 땀 나는 게 안 두려워요. 그게 자연스러우니까요. 땀이 싫은 이유는…… 냄새나니까? 제가 원래 몸에 대한 혐오감이 좀 심해요. 예전에는 '내가 지나갈 때 냄새나면 어떡하지?' 이런 걱정을 했어요. 누가 앉아 있는데 제가 그 앞을 지나가기만 해도 저한테서 냄새가 날 것 같은 거예요."

나는 주영의 자기혐오가 여성을 더럽고 비천한 존재,
남성을 오염시키는 존재로 취급하는 여성혐오 서사와 맞닿
아 있는지 물었다.

"맞아요. 보지 냄새 같은 것. 그런 냄새가 실제로 있는
지 없는지 모르겠는데 너무 싫어했죠. 무슨 냄새인지
내가 맡을 기회도 없었으면서 왜 그랬는지 모르겠어요.
그런 식으로 나의 몸을 혐오했어요."

주영이 가진 혐오감 역시 여성이라는 성별과 분명하
게 연관되어 있지만, 스스로를 혐오스럽게 느끼게 된 구체
적 사건은 등장하지 않는다. 사회 저변에 존재하는 여성에
대한 멸시와 혐오는 삶에서 구체적 폭력이나 모욕의 경험
으로 직접 들이닥치지 않은 경우에도 개인에게 강력한 힘
을 발휘한다. 해당 사회에서 여성으로 살아가는 일상을 유
지하는 것만으로도 혐오감을 학습하기에는 충분한 것이다.
나는 주영에게 운동을 거의 하지 않았던 이전까지는 몸을
어디에 썼느냐고 물었다.

"그냥 가만히 있었어요. 안 썼단 말이 맞아요. 예를 들
어 목이나 어깨가 아프면 운동을 해야 하는데 마사지

를 받고 싶은 거예요. 그런데 또 절대 택시는 안 타요. 제 몸을 편하게 하면 안 된다는 신경증적 강박이 있거든요. 제가 몸을 움직인다는 것엔 그런 방식의 학대도 있었어요. 모든 면에서 절대로 제 몸을 편하게 하는 선택을 하지 않는 거예요. 또 뭐가 있을까요? 예를 들면 이런 거. 치과 가서 신경 치료 같은 걸 많이 받았는데 사실 너무 아팠거든요? 그런데 의사 선생님들이 애닯지 않게 잘 참는다고 엄청 칭찬해주시는 거예요. (그 칭찬 때문에) 전 치료를 일종의 고행이라 생각하게 되는 식이죠. 이런 사례들은 계속 있어요. 지금 생각하면 되게 징후적인 거죠. (고통을) 참고, 그걸 칭찬받으면서 (참는 행동을) 강화하고. 그런 방식으로 살아왔어요."

앞서 꾸밈으로 인해 고통을 유발할 뿐 아니라 고통을 꾸밈의 일종으로 여기게 하는 문화를 언급할 때에도 이야기했지만, 해당 문화에서는 여성이 고생하고 인내하여 신체에 가해지는 고통을 감내하는 서사를 '착한 아이'부터 '숭고한 어머니'까지 다양하게 구사하면서 미덕으로 칭송하여 강화한다. 주영이 스스로를 학대한다고 일컫은 상황은 혜인이 앞서 자신을 학대했다던 상황과 전혀 무관해 보이지만 결코 무관하지 않은 것이다. 탈코르셋에 참여한 여성들은 자신의 몸에 가하던 학대를 중단하고 감각을 회복한다. 이 과정은 감각의 민감화로도, 둔감화로도 설명될 수 있다. 주영에게 탈코르셋 이후 민감해진 것이냐고 물었을 때 그는 이렇게 답했다.

> "음…… 감각은 오히려 덜 민감해진 거죠. 내가 실제로는 남에게 영향을 줄 수도 있고, 주고 나서 웃을 수도 있는 존재인데, 이전까지는 ('그러면 안 된다', '그러지 못한다' 하고) 너무 과민하게 생각했으니까요. 정확해졌어요. 감각과 실재가 맞아가는 방식이에요. 신경이 살아나는 거죠."

여성이 주체가 아닌 타자라는 인식은 사회에서도 그렇지만 자기 자신의 몸에서도 일어난다. 여태까지 평면적 이미지로 취급하는 과정에서 소외되었던 몸의 입체적 감각을 되찾거나 생전 처음 찾게 한다는 점이다. 입체적인 몸이 자신의 중심에 위치하는 순간은 각기 다른 계기로 탈코르셋에 참여하는 이들이 공통으로 언급하는 인식과 감각의 전환점이다. 꾸밈에 대한 문제의식을 가진 뒤로는 여성의 얼굴을 만드는 데 동원되는 꾸밈이 눈에 들어오지 않던 시기로 되돌아갈 수 없듯이, 부피를 가진 입체적인 몸에 대한 감각은 한 번 가진 이상 그것을 갖지 못했던 상태로 돌아갈 수가 없다. 입체적인 몸을 가지면서 누군가는 몸을 잊고, 누군가는 몸을 느끼고, 누군가는 몸에 와닿는 느낌을 알아차린다. 모순된 듯 보이지만 몸에 신경을 끄는 일과 몸의 신경이 살아나는 일은 동시에 일어나고 또 그래야만 한다. 몸에 와닿던 감시가 떨어져나가는 전자와 실재하는 몸의 부피감을 느끼는 후자는 이전까지 겪은 문제가 자기대상화로서 설명될 수 있다는 점에서는 더욱 그러하다. 몸이 쉴 새 없이 의식되었던 자와 몸에 대한 감각과 실재가 불일치했던 자는 타인의 시선을 통해 '보이는 몸'이라는 대상의 자리에서, 나의 시선을 가지고 '보는 몸'인 주체의 자리로 이동한다. 주영 역시 이와 같은 주체적 시선을 얻는 과정을 경험했다.

"전에 탈코르셋의 장점에 관해 이야기할 때, 여성이 주체가 될 때 가지는 육중한 시선에 대해 말했잖아요. 정말 그런 면이 있어요. 대상화되는 여성상에서 멀어짐으로써 그 육중한 시선을 가질 수 있게 해주기도 하고 다른 젠더 프레임을 가능하게 만들기도 해요. 요즘에는 일부러 지하철에서 남자들을 공격적으로 쳐다보거든요. 주짓수 도복 바지를 입고 지하철을 타는 거예요. 제가 긴 머리였으면 달랐을 텐데, 쇼트커트를 하고 도복 바지를 입고 나간다는 것이 어떤 의미에서는 완전히 시선의 레이더망 밖에서 벗어났다는 느낌을 들게 하거든요. 그 시선의 레이더가 단순한 대상화이든 폭력적 방식이든 간에 남성 중심적으로 생성됐던 만큼, 되게 해방감이 커요. 탈코르셋이 남자가 되고 싶은 거랑 같은 거냐고 묻는 사람도 많던데, 그보다는 남자의 시선에서 벗어나고 싶은 거죠."

나는 탈코르셋을 한 여성에게 던져지는 '남자가 되고 싶냐'는 세간의 질문이 직관적으로 '주체가 되고 싶냐'는 물음이기도 하다고 답했다. 그는 끄덕이며 답했다.

"'안 보이고 싶어요'라는 말이요. 우리가 몸을 숨겨야 시선을 가질 수 있다는 거죠. 무대의 안이 아닌 밖에 있고 싶은…… 여전히 남자들이 나를 바라본다고 생각하지만 그걸 알고 마주 쳐다볼 때랑 알면서도 무서워서 피할 때랑은 정말 달라요. 제가 역으로 노려보면 남자들이 눈을 깔기도 하거든요. 탈코르셋은 응시당하다가 맞응시countergaze를 하는 순간을 만드는 거죠."

페미니즘을 통해 생겨난, 여성이 남성을 비추어주는 거울이며 주체인 남성에 대한 타자이자 대상으로 존재한다는 발견들은 여성의 신체가 인격이 부여되지 않은 낱장의 이미지로 유통되는 문제와, 남성과 달리 여성에게는 시선이 결여된 문제를 동시에 지적한다. 자기대상화를 타개하는 과정에서 몸에 대한 입체적 실감을 얻어내는 일과 시선을 확보하는 일이 함께 일어나는 것은 그 때문이다. 탈코르셋에서 말하는 주체란 여성이 자기대상화를 선택할 때 발휘되는 '주체성'이 아니라는 지적은 그것이 꾸밈에 수반되는 고통을 간과한다는 문제로부터 비롯된다. 그리고 그 지적은 응시되는 자에서 응시하는 자로의 위치이동과 더 깊이 관련된다. 탈코르셋을 한 여성은 여성으로 식별되지 않는다는 것만으로 갑자기 감시망에서 벗어나는 경험을 하기도 하고, 규범을 벗어났기 때문에 오히려 더 응시당하는 경험을 하기도 한다. 이 문제에서 남성의 시선이 줄어드는 문제는 부수적이다. 핵심은 이전까지 외부로부터 내 몸에 꽂힌다고 상상되던 시선을 내부에서 외부로 향하게 만들 수 있음을 깨달았을 때의 감각이다. 이 감각은 부동자세를 취하던 몸이 어떤 가책 없이 활보하기 시작할 때의 운동성과 만난다.

한참 동안 이어진 자리를 정리하고 일어나는데, 주영

은 무언가 생각난 듯 "아!" 하면서 깔깔거리고 웃더니 갑자기 말문을 열었다.

"아! 제가 탈모인 줄 알았거든요? 이건 쓰지 말아주세요. 제가 탈모인 줄 알고 탈모 약을 발랐어요. 머리숱이 많이 빠졌거든요. 그런데 그 이유가 머리를 묶고 있으면 두피가 계속 당기잖아요. 그러면 두피가 뜨거워져요. 매일 그래요. 그런데 탈모에 걸리면 두피 발열 증상이 있는 거 아세요? 그런 게 있어요. 그래서 실제로 머리가 많이 빠지기도 하니까 탈모인 줄 알아서 탈모 약을 발랐죠. 그런데 머리를 자르고 나니까 두피 발열이 없어진 거예요. 그때 알게 되었어요. 병이라고 생각했던 것들이 사실은 제가 만들어낸 것들이었단 걸요. 실제로 머리가 아팠거든요. 머리를 묶고 있었으니까. 그런데 활동성 없이는 살 수 없으니 머리를 묶는 건 제게 꼭 해야 하는 일이었어요. 그러니까 제가 문제인지도 몰랐던 어떤 문제들을 알게 되는 것. 그리고 거기에서부터 벗어나는 것. 그게 탈코르셋인 것 같아요. 선택지가 3번까지 있는데 4번을 추가하는 게 아니라, '내가 대체 왜 이 1, 2, 3번을 가지고 있었지?' 하는 물음을 던지는 거요. 세계를 완전히 3D로 보다가 4D가 된 거죠.

1, 2, 3, 4번이 생기는 게 아니라요. 그게 아닌 거죠.

아! 제가 탈모인 줄 알았다는 거, 써도 돼요."

6.

미관에서

기능으로

"이제는 다 너무 인형 옷 같아요"

반격의 문화에 기여한 다른 공로자들처럼 패션계 상인들은 현대 여성은 여성성을 고갈시킨 과잉 평등 때문에 고통받고 있음에 틀림없다는 생각에 집착했다. (…) 하지만 여성들이 옷장 속을 들여다보면서 맞닥뜨린 '정체성 위기'는 1980년대 패션업계가 날조한 것이었다.

수전 팔루디, 《백래시》

탈코르셋에 참여한 이들은 코르셋을 벗은 몸을 만들어가는 동시에 코르셋을 '놓는' 혹은 '버리는' 과정을 거친다. '버린다'는 말은 유지해오던 습관을 버린다는 표현이기도 하지만, 실제로 꾸밈 수행에 동반하던 도구와 옷, 장신구를 쓰레기통에 버리고 다시 입거나 사용하지 않는다는 말이기도 하다. SNS상에는 탈코르셋 운동 시작 초반에 내가 처음 보았던, 화장품을 부수는 행위를 담은 사진뿐 아니라 여태까지 입던 여성복을 가위로 잘라낸 사진도 자주 올라오곤 했다. 온라인을 통해 코르셋에 대한 세세한 기준을 놓고 토론을 벌여가는 일련의 과정과, 여성이 탈코르셋을 한 이후 갖게 되는 엇비슷한 외양은 탈코르셋 운동 외부로부터 '그런 방식으로 모든 걸 금지해서는 운동을 할 수 없다'는 비판을 받곤 한다.

그런데 주영은 카페를 나오기 직전, 탈코르셋을 스타일을 만드는 문제가 아닌 새로운 축의 발견이라고 했다. 그렇다면 평면으로 인지되던 몸을 입체적으로 느끼게 하는 축의 발견이 코르셋 버리기와 어떻게 연관되어 있는지 진선에게 듣기로 했다. 그가 인스타그램에 코르셋을 버린 과정을 게시했기 때문이다. 게시물을 보고 진선에게 연락을 취하니 기꺼이 만남에 응해주었다. 진선을 만나기 위해 서울 중부 3호선 안국역에 위치한 한 솥밥집으로 향한다.

진선은 미대생이다. 페미니즘에 관심을 가지면서, 옳다고 여기는 대로 직접 실천할 계획으로 탈코르셋 운동에 동참했다. 본격적으로 탈코르셋을 시작한 계기는 교생 실습이었다.

"제가 모교로 교생 실습을 갔거든요. 모교가 예술계 특성화고등학교라 그런지 학생들이 꾸미는 걸 좋아해요. 그런데 제가 학교 다닐 때는 그 정도로 심하진 않았는데 지금은 정말 한 반에 40명 있으면 세 명 정도 빼고는 다 화장을 해요. 그렇다고 화장을 하지 말라는 이야기도 잘 못하겠어요. 제가 혹시라도 학생들이 생각하는 고리타분한 선생님이 될까봐요."

교생인 진선은 자신이 학창시절에 들었던 "너희 나이에는 화장 안 해도 예쁘다"는 이야기를 하는 선생님이 되고 싶지 않았다.

"그렇게 말할 게 아니라 '외모 때문에 스트레스 받을 필요가 없다'라고 말해야 하는 거잖아요. 학생들이 다들 얼굴에 마스크를 쓰고 와요. 마스크 끼는 학생들이 한 반에 다섯 명 넘는 거 같아요. 저는 학생들이 아파서 그러는 줄 알고, 어디 아프냐고 물어봤어요. 혹시 미세먼지 때문에 그러느냐고 했는데, 알고 보니 얼굴에 뭘 안 발라서 그래요. '쌩얼'이라 마스크를 썼다고 하더라고요. 놀랐어요. 제가 그전까지는 쿠션에 눈썹 화장까지만 하고 다녔어요. 그것도 화장을 많이 줄인거예요. 그런데 학생들이 그러는 걸 보고 나서부터 피부 화장까지 줄이고 눈썹만 그리고 다녔어요. 일부러 안 했어요. 오늘도 그냥 왔어요."

화장을 하지 않고부터 진선은 자신이 늘 겪던 문제
가 사라졌음을 깨달았다.

"제가 사실 눈이 엄청 예민해서 다래끼가 엄청 많이 났
어요. 그때까진 제 체질인 줄 알았죠. 근데 화장을 안
하고 나서부터 다래끼가 안 나더라고요. 몇 년 내내 고
생을 했는데. 생각해보니 마스카라 같은 게 저한테 너
무 독해서 그랬던 것 같아요. 수정화장 안 하는 거, 거
울 안 보는 것도 달라진 점이에요. 원래 (외출할 때) 거
울 안 들고나오면 불안했거든요. 수정화장 해야 되니까
화장품 파우치를 안 들고나오면 멘탈이 붕괴되는 거예
요. '어, 나 립스틱 발라야 하는데. 수정화장 해야 하는
데' 하면서. 지금 떠올려보니까 그렇네요. (그런데 아예
화장을) 안 하니까 전혀 신경 쓸 일이 없죠. 거울 볼 일
도 없어요."

자신이 겪던 문제가 사실은 만들어진 것이었다는 이
야기는 앞에서 나온 주영의 자각과 똑같다. 많은 여성들이
꾸밈을 중단한 후에야 자신이 당연시하던 문제가 함께 사
라졌음을 깨닫는다. 혹은 미처 깨닫지조차 못한다. 불안함
이 사라진 것을 말하는 도중에 문득 깨달은 진선처럼 말이

다. 진선은 화장을 불필요하게 느낀 이후로 그것이 초래하는 불편을 감각하게 되고 나서, 학교에 지각했는데도 화장하는 친구를 바라보며 느꼈던 기분을 말해주었다.

> "친구 집에서 잔 적이 있어요. 꾸밈을 좋아하는 친구였어요. 그런데 그애가 늦잠을 자서 수업에 늦었는데도 화장품을 쫙 펼쳐놓고, 화장을 부리나케 하는 거예요. 그냥 가면 어때요, 수업 가는 건데. 친구에게 그냥 가자고 했는데 친구가 '어, 잠시만' 하더니 화장을 하는 게 너무 속상했어요."

나는 왜 속상한 마음이 들었느냐고 물었다.

> "아무튼 간에 사람 꼴로 나가야 한다는 게 우선순위여서 지각할 수밖에 없는 상황에서도 화장하고 있어서요."

여성의 이동성이 제한되는 상황은 불편한 신발을 신을 때뿐만이 아니다. 기본 상태로는 바깥에 나갈 수 없는 기본값 자체가 곧 여성의 이동을 막는 걸림돌이 된다. 꾸밈에는 시간이 소요되기 때문이다. 물론 시간은 무한정 존재하지 않고 여성은 잠을 줄여 꾸밈 시간을 확보해 이 문제를 보이지 않게 만들 뿐이다. 진선의 친구 사례처럼 평소와 달리 늦잠을 잤거나 갑작스레 외출해야 하는 일이 생길 경우, 즉 평소에는 일상적으로 소모되어 눈에 잘 띄지 않던 시간 자원이 한정적으로 주어질 때, 이 문제는 여실히 드러난다. 이전에 만났던 혜인 역시 같은 문제로 탈코르셋 이전에는 절대 즉흥적으로 외출을 할 수 없었다고 이야기했다.

"누가 집 앞에 찾아오는 걸 제일 싫어했고 갑자기 만나자고 하는 것도 싫어했어요. 엄마랑 동생이랑 심야영화 보러 나갈 때도 화장을 다시 하고 나가야 하나 싶었고요. 그래서 마스크 쓰고 나갔어요. '누가 나 알아보면 어떡하지' 이러면서요."

진선의 이야기에서 언급된 마스크가 혜인의 이야기에서 다시 등장한다. 마스크로 가린 기본 상태의 얼굴은 드러내기에 부끄러운 것, 결점인 것, 실패한 것이 된다. 아무도 바라보지 않는데 감시자의 시선이 와닿는다. 여성에게 수치의 감각을 씌우던 기준이 꾸밈 유무로 옮겨간 지는 이미 오래되었다. 결이 고르지 않거나 트러블이 난 피부가 아니라 화장하지 않은 피부가 그 자체로 실패한 것이 되어버린 상황은 매일 아침 여성의 발목을 잡는다. 시간이라는 차원에서도 그렇고 자신감이라는 차원에서도 그러하다. 진선은 이 문제를 안타깝게 생각한다.

> "제가 지금 대학생이잖아요. 학교에 가면 꾸미지 않은 자신의 모습을 스스로 수치스러워하는 친구들을 너무 많이 봤어요. 원래 말 잘하는 친구들도 화장을 안 하면 자신감이 없어져버려요. 예전엔 그냥 웃어넘겼는데 지금은 그게 심각하게 여겨져요. 말 정말 잘하는 친구가 화장을 하고 사회적 얼굴이 되었을 때만 주저하지 않고 말을 해요. (그러지 않고) 사람들 앞에 있으면 쑥스러워해요. 화장이 심리적 방패막 기능을 하나봐요. 저도 좀 그랬죠. 여자를 예쁘다고 평가하는 게 권력인 걸 알면서도, 속으로는 '내가 이렇게 꾸미고 있을 때 내 말을 더 잘 들어주지 않을까?' 하는 생각을 했어요. 누군가가 페미니즘이나 성차별 얘기를 할 때, 인터넷에서 '못생긴 것들이 나와서 뭐 하냐' 하는 얘기를 괜히 하잖아요. 그럼 '중요한 건 그게 아니다. 누구나 말할 수 있는 당연한 문제를 제기하는 것뿐이다. 당연한 문제를 문제라고 말하는 데 외모가 뭔 상관이야'라고 말하면서도, 막상 저도 엄청 치장을 한 거죠."

진선의 이 말은 온라인을 기반해 확산된 페미니즘이 대중에게 받아들여지는 과정에서 속칭 '예쁜 메갈' 시기를 거친 페미니스트들로부터 공통으로 나온 고백이다. 그러나 인정 투쟁을 그만두면서 그때 당시 공들여 했던 화장도 이 제는 옛일이 되었다. 진선에게 한창 꾸밈을 할 때 어떻게 화장을 했는지 물었다.

"일어나면 우선 머리를 감고 말려야죠. 그런데 밤에 머리 감고 자면 머리가 눌리니까 아침에 감고 화장해요. 화장을 엄청 열심히 해요. 피부 화장을 하고, 눈 화장하고, 눈썹을 그려요. 눈 화장은 아이섀도 바르고, 아이라인 그리고, 마스카라 칠해요. 속눈썹을 여러 개 붙이거나 하지는 않았어요. 필수로 한 건 피부 화장, 눈썹, 블러셔, 립스틱이었어요. 저는 이게 되게 간단한 화장이라고 생각했어요. 그렇게 화장 20분, 머리 말리는 데 15분 정도 걸렸어요. 그렇게 하면 매일 총 한 시간 정도 걸렸죠."

진선에게 코르셋을 버린 순서대로 말해달라고 했다.

"원래 긴 머리였는데 일단은 제일 쉬운 것부터 하자는

생각에 머리부터 잘랐어요. 막상 머리를 자르니까 화장도 안 어울리고 해서 이상하더라고요. 브래지어도 안 입었어요. 근데 아르바이트 할 때는 브래지어를 못 벗겠더라고요. 셔츠에 바지를 입고 일해야 하는 곳이었는데 그때 빼고는 일상생활 할 땐 브래지어를 거의 안 입었어요. 요즘도 웬만하면 입은 적이 없는 것 같아요. 이것도 익숙해지니까 신경이 쓰이지 않고요. 그렇게 하나하나 버렸어요. (전에 입던) 옷도 이제 입을 수가 없어요. 옷장에 있는 옷들이……"

짧은 머리를 한 진선은 셔츠에 바지 차림을 하고 나왔다. 그가 탈코르셋 이전에 어떤 옷을 좋아했을지 상상이 잘 되지 않았다.

"저는 시폰 같은 여성스러운 재질을 원래 안 좋아했어요. 대신 몸에 달라붙는 옷만 입었죠. 크롭티도 많았고. 모든 티가 대부분 몸에 딱 붙는 것들이었어요. 바지도 스키니진이나 핫팬츠만 입었어요."

진선에게 이전까지 옷을 구매할 때 가진 기준에 대해 물었다.

"몸매가 드러나는 옷을 샀어요. 몸의 라인이 보이는 옷을 주로 입었죠. 그게 예쁘다고 생각했거든요. 제가 몸에 근육이 별로 없거든요. 우리나라가 강요하는 예쁜 몸매 있잖아요. 제가 그 몸매에 부합한다고 생각해서 더 보여주려고 했던 것 같아요. 제가 옷을 사기로 결정할 때 고려한 건 대부분 그 이유였던 것 같아요. 몸매가 잘 보이는 옷……"

진선에게 또 고려한 것이 없었는지 물었다. 진선은 곰곰이 생각하는 표정을 지었다.

"고려한 거요? 있었나…… 땀 흡수가 전혀 안 되는 것, 폴리 재질 같은 건 안 입긴 했어요. 그런데 면으로만 된 옷은 몸에 안 붙잖아요. 결국엔 폴리가 한 7, 80퍼센트 혼방됐겠죠? 아, 진짜 웃겼던 게 있어요. 제가 원래 겨드랑이에 땀이 진짜 많이 나요. 그런데 그런 혼방 옷을 입으면 다 젖잖아요. 그러면 통풍이 잘되게 해서 땀을 흐르게 하면 되는데, 땀이 나는 제가 싫은 거예요. 그래서 땀 억제하는 수술을 받을까 고민했어요. 더운데 겨드랑이 사이가 붙어 있으면 당연히 땀이 나잖아요. 그런데 몸매를 보여줘야 되니 붙는 옷을 입고는 싶은데 땀이 나니까, '왜 이 옷을 입지?'라고 생각하는 게 아니라 '나는 왜 땀이 나지?'라는 생각을 한 거예요. 땀 억제제 같은 것도 발랐어요. 근데 그게 부작용이 좀 있어요. 엄청 간지러워요. 그래도 붙는 옷 입어야 되니까 참았죠. 거참, 지금 생각하니까 진짜 웃기네. 그랬었어요, 아무튼."

여태까지 '몸매가 잘 보이는가'를 기준으로 옷을 샀던 진선이 탈코르셋 이후 옷장을 한 차례 교체한 것은 의도적이라기보다는 필연적이었다.

"처음에는 원래 있던 옷들을 의식적으로 안 입었어요. 그런데 여자 옷을 보면, 이제는 다 너무 인형 옷 같아요. 사람이 입을 것을 염두에 두고 만든 옷이 아니라는 생각이 들어요. 제가 바지를 일부러 이만큼 짧은 것밖에 안 입었었거든요. 핫팬츠요. 진짜 민망하네요. 제가 키가 안 크니까 차라리 바지를 짧은 걸 입으면 다리가 많이 보여서 키가 커 보이지 않을까 싶었죠. 어중간한 길이의 바지를 입으면 그게 안 예쁘다고 생각했죠. 올 겨울에 윗도리는 우선 갖고 있던 맨투맨을 입고 다녔어요. 그러다가 여름이 되니 바지도 새로 사야겠는데, 죄다 불편한 핫팬츠밖에 없어서 일단 유니클로에 가봤어요."

그런데 유니클로에 간 진선은 '몸매가 잘 보이는가'라는 자신의 유일한 구매 기준 외에도 자신의 옷장이 사람이 입은 상태를 염두에 두고 만들어지지 않은 '인형 옷'으로 채워졌던 또 다른 이유를 찾아낸다.

"아니, 여자 옷 코너를 가니까 제가 찾는 옷이 거의 없는 거예요. 저는 밑위가 꽉 끼지 않고 낙낙한 바지를 찾았는데, 밑위가 다 짧은 바지였던 거예요."

외부의 시선에 비추어 자신이 어떻게 '보이는가'만을 고려해 옷을 골랐다던 진선의 말은 자기대상화가 심각한 상태였음을 보여준다. 평면적 이미지로 인식한 몸에서 고려할 기준이란 겉으로 보이는 것 말고는 없다. 거울에 반사된 모습을 통해 대상화된 신체를 인식하는 시선은 스스로를 옷을 입힐 인형처럼 바라본다. 자기대상화를 통해 바라본 신체 이미지와 인형 옷의 공통점은 평면성이다. 여성들이 여성복을 불편하게 느끼는 이유는 재질이나 디자인보다도 상당 부분이 평면성에서 기인한다. 이 평면성에 기준하면 옷이 입체적 인체에 착용된다는 생각은 옷을 만들 때 건너뛰어도 무방하다. 어차피 이를 입는 여성 역시 자신의 몸을 거울에 비춘 평면으로 인식할 것이기 때문이다.

그러니 진선이 '인형 옷'만을 사들였던 이유는 그가 매대에서 평면적 인형 옷을 골라내는 데 특화된 시선을 지녔기 때문이 아니다. 매장에서부터 '입은' 몸 대신 옷 '입히기'만을 고려해 만들어진 옷이 진열되기 때문이다. 각 매장은 소비자의 요구를 파악하고 이에 맞추었을 뿐이라고 말하겠지만, 자본주의 사회에서는 자본을 가지고 제품을 생산하는 이들이 제시하는 기준대로 소비자의 욕망이 추동되는 측면을 결코 간과할 수 없다. 유행과 아름다움이라는 기준이 결부된 패션 산업은 특히 그러하다. 자본주의의 모든 산업이 그렇듯 패션 산업에 연관된 디자인, 유통을 비롯한 업계의 자본을 전부 남성이 소유하고 있다. 외부의 시선으로 자기 신체를 인식하며 '잘 보이는가'를 기준 삼아 매장에 들어선 여성 소비자는 남성 중심적 기준으로 생산된 옷 가운데 자신에게 입힐 옷을 고른다.

옷이 만들어지는 과정의 결정권을 가진 남성은 남성의 시각으로 자신이 입지 않을 옷을 만들고, 여성은 남성의 시각으로 만들어진 옷을 대상화된 자기에게 입히는 '인형 옷 입히기' 놀이에서, 중심은 옷이다. 이때 몸은 옷을 입히기 위해 부차적으로만 존재하기에 마치 옷걸이와 같다. 어떤 옷에 대한 욕망을 부추길 것인지에서부터, 어떤 옷을 만들어 판매할 것이며, 어떤 옷을 구매할 것인지에 이르기까지, 옷을 입는 여성의 몸은 딱 그만큼 소외된다. 인형에게 옷이 잘 맞는지 묻지 않듯 아무도 여성의 몸에게 묻지 않는다. 여태 보았듯 여성의 몸으로부터 고통이 소외되고 꾸밈 행위에 들어가는 시간과 이동성이 누락되는 것과 동일한 맥락이다.

몸 내부의 감각이 아닌 외부의 시각을 기준으로 이루어지는 옷의 제작과 구매 과정의 중심에 몸이 아닌 옷이 놓인다는 말은 곧 불변하는 것은 옷이고 유동적인 것이 몸이라고 상상된다는 뜻이다. 그 결과 몸에 맞는 옷을 만들고 찾고 고르는 대신 옷에 몸을 맞추는 일이 발생한다. 매장에 걸린 작은 옷을 입어보고 잘 맞지 않아 수치심을 느껴 살을 빼야겠다고 결심하는 일, 드레스를 돋보이게 만들기 위해 갈비뼈를 뽑는 일이 끊임없이 일어난다. 그런데 사람의 몸에 맞는 인형 옷은 애초에 나올 수가 없다. 바깥에서 입은 모양을 바라보고 만들어진 옷은 평면적으로 제작되기 때문에 바지는 밑위가 너무 짧고 팬티는 엉덩이 밑 살을 튀어나오게 하거나 가랑이로 말려 들어간다. 옷이 불량이라는 생각을 해본 적 없는 동안, 잘못 만들어진 옷이 안기는 불편감은 여성으로 하여금 스스로의 몸을 불량으로 여기게 하고, 잘못 만들어진 옷에 맞추어 평면적 몸을 선망하는 방향으로 이끈다. 이미 자기대상화를 통해 스스로의 신체를 이차원적 이미지로 인식하는 여성이 몸의 입체성을 느낄 때란 평면적으로 만들어진 옷이 자신에게 실패한 몸이라는 신호를 줄 때뿐이다. 탈코르셋 운동이 만들어내고 많은 여성의 공감을 얻은 '몸에 옷을 맞추어야 한다'는 간단한 주장은 이 과정에 대한 문제 제기로부터 나왔다.

여성복이 인형 옷이라는 발견은 여성 소비자가 바깥으로부터의 시선에서 내 몸이 느끼는 감각에 맞춰 옷을 사려 한다 해도, 즉 더는 몸을 옷에 맞추어 재단할 수 없도록 기준을 바꾼다 해도 입을 옷이 없는 문제가 금방 해결되지 않는다는 뜻이다. 현재 여성복 코너에는 입체적 부피감을 느끼는 사람이 입은 상태를 고려해 인체의 기능을 뒷받침할 목적으로 만든 '사람 옷'이 없기 때문이다. 그런데 '사람 옷'은 이미, 그것도 가까이 존재한다. 여태까지 여성들이 자연스럽게 향하던 코너 바로 곁에 나란히 존재하는 남성복 코너이다. 진선 역시 그리로 향했고 새로운 발견을 한다.

"그래서 어쩔 수 없이 남성복 코너에 갔죠. 거기에서 제일 작은 반바지, 무릎 살짝 위로 올라오는 반바지를 입어봤어요. 그런데 밑위가 여자 것보다 두 배 길고, 주머니가 그렇게 큰지 전혀 몰랐어요. 입어보니까 너무 편한 거예요. 앉았다 일어났다도 해봤는데 절대 밑위가 안 끼더라고요. '아, 얘네는 이렇게 편한 걸 입고 다녔구나' 충격받았어요."

　진선의 말은 탈코르셋에 참여한 여성들이 남성복을 입고 '광명을 찾았다'고 표현하는 이유를 설명해준다. 이들은 더 이상 여성복 코너를 들르지 않고 지나친다. 매일같이 지나다니던 '사람 옷' 코너에는 더 싼 가격에 더 나은 재질로 만들어진 옷이 있기 때문이다. 그들이 남성복 코너에서 고르는 옷은 팬티에서부터 바지까지 다양하다. '사람이 입을 수 있는 옷'은 현재 남성복 코너에만 있다. 이 사실은 한 사람이 몸을 이차원에서 삼차원으로 인지하면서 입체적 부피감을 되찾고 옷에서 몸으로 구매 결정 기준을 이동함으로써 끝나는 문제가 아니다. 오히려 남성 디자이너가, 남성의 자본을 통해 만들어진 옷이, '여성이 좋아하는 옷'이라는 이름을 달고 여성 소비자에 의해 팔려나가며 유지되는 남성 주도의 산업에 맞서는 대대적인 시작점이다.

　여성에게 입힐 인형 옷을 만드는 남성이 사람 옷을 입는다는 발견은 탈코르셋 운동의 확산과 더불어 또 다른 문제를 제기했다. 패션 산업의 구조가 애초에 여성복을 입을 일이 없는 남성 디자이너들이 가학적으로 디자인된 옷을 유행으로 만들어 여성의 욕망을 불러일으켜 유지된다는 것이다. 남성이 여성에게만 의도적으로 사람 옷을 입히지 않는다는 사실은 미국 사회에서 패션업계가 여성에게 추동하는 욕망을 다룬 《백래시》에서 무척 노골적으로 드러난다. 《백래시》에 따르면 1980년대 미국의 남성 디자이너들은 대놓고 페미니즘에 대한 전쟁을 선포했다. 그리고 '여성들에게 자신들이 원하는 옷을 입히고 싶어 했다'. 《백래시》의 저자 수전 팔루디는 "패션업계는 반격의 나팔을 울릴 때마다 가혹하게 몸을 구속하는 옷을 토해냈고 패션계 언론은 여성들에게 이런 걸 입어야 한다고 요구했다"고 거침없이 적었다. 규범적 여성성 수행에 동반되는 다른 꾸밈 행위가 그러하듯이 패션은 의도적으로 여성의 신체를 통제하고 구속하는 장치로 쓰인 것이다. 그러니 여성복이 인형 옷이라는 진선의 지적은 옷이 사람을 인형으로 만드는 기제라는 측면에서도 적절하다.

생명력이 없는 신체에 대한 비유로 주로 쓰이는 인형의 원래 용도는 장난감이다. 장난감의 디테일은 사람의 눈이 닿는 부분까지만 확보되기 마련이다. 그러므로 인형 옷과 가장 어울리지 않는 요소는 아마 주머니일 것이다. 인형 옷과 주머니라는 두 단어의 조합은 너무나 어울리지 않는 나머지, 그저 불필요할 뿐만 아니라 도발적이기까지 하다. 인형 옷에 주머니를 달아주는 디테일만으로도 인형을 다른 존재로 상상하게 만들기 때문에 인형놀이는 다채로워진다. 주머니를 얻은 인형은 대번에 주머니에 무엇을 넣고자 결정할 수 있는 존재, 소지품을 가진 존재, 소지품을 가질 만한 재산이 있는 존재, 소지품을 넣고 갈 곳이 있는 존재, 소지품을 사고 고르고 넣고 어딘가에 갈 만큼 사적인 삶을 가진 존재, 즉 생명을 가진 존재로 재탄생한다. 바로 그 이유로 여성복에는 대체로 아직도 주머니가 없다. 여성을 의도적으로 인형으로 만드는 기제와 여성복을 장난감의 일종으로 취급하는 태도가 동시에 결부된 결과이다. 여성복에 달린 주머니의 깊이가 얕거나 주머니 자체가 아예 없는 데에는 여성의 재산, 이동성, 사적인 삶, 주체성과 관련된 정치의 역사가 모두 들어 있다. 일례로 1954년, 남자 디자이너인 크리스티앙 디오르는 남성용 옷에 달린 주머니는 무언가를 넣기 위함이나 여성용 옷에 있는 건 그저 장식용이라고 말했다. 그를 비롯한 많은 남자 디자이너들은 인형 옷에 주머니가 달렸을 때 놀이가 풍부해질 수 있음을 아주 잘 알았다.

　　인형 옷에 불필요한 것은 옷으로서의 기능이고 필요

한 것은 미관이다. 여성용 교복 재킷에는 남성용 교복 재킷에는 없는 허리 라인이 들어간다. 반면에 남성용 교복 재킷보다 평면적으로 제작되고, 같은 사이즈임에 불구하고 크기는 더 작다. 여학생과 남학생의 체격 차이가 크지 않은 나라인데도 그러하다. 여성복의 경우, 처음부터 옷을 입는 사람 대신 그 옷을 입은 사람을 보는 시선을 중심으로 제작되다보니 옷으로서의 기능이 형편없을 수밖에 없다. 기능이 떨어져도 여성이라는 표식을 다는 것만은 포기하지 않는다. 심지어 여성 수형복에도 허리 라인이 들어가 있다.

탈코르셋에 참여하는 이들이 여성복을 부르는 '사탕껍질'이라는 단어는 여성을 사탕처럼 포장해야 하는 대상으로 상정하는 남성 중심주의적 시각과, 몸을 감싼 옷이 화려하기만 할 뿐 쓸데없다는 지적이 모두 포함된 직관적 명칭이다. 그러니 남성복 코너를 향하던 여성들이 직접 쇼핑몰을 열어 옷을 만들게 되는 귀결은 무척이나 자연스럽다. 여성복이냐 남성복이냐를 두고 논쟁할 문제가 아니라 여성복은 아직 만들어지지 않았다는 결론에 봉착하기 때문이다. 남성복은 사람이 입을 수 있는 옷을 원하는 여성들이 임시로 머무르는 단계일 뿐이다.

그런데 인형 옷처럼 만들어진 여성복에는 미관이라는 기능이 첨가되어 있다. 옷을 입는 사람이 감각을 가졌다

@HO_II34

—
여성용 교복 상의가 아동복과 비슷한 크기로 만들어졌다는 영상이 화제가 될 만큼 교복 상의 크기는 여남의 체격과 무관하게 여성용이 현저히 작게 만들어 졌다.

는 사실과 그 몸이 입체적이라는 사실, 그리고 몸을 가지고 하루 종일 움직인다는 생각을 깜빡 잊고 만들어진 여성용 교복 재킷에는 틴트 주머니가 있다. 남성용 교복 재킷에는 같은 자리에 핫팩 주머니가 있다. 여성의 의복이 미관을 위해 기능을 포기하는 이유는 여성의 신체가 미관을 위해 기능을 포기하는 존재, 혹은 기능이 불필요한 존재로 규정되기 때문이다. 인형에게 주머니가 필요 없듯 마네킹에게는 핫팩이 필요 없다.

여기에서 '포기'라는 단어는 기능을 누락한 문제가 제작상에서 일어난 불찰일 뿐만 아니라 분명한 의도로 일어난다는 의미이기도 하다. 외관을 중심으로 제작한 옷이 제 기능을 할 수 없는 문제에 더하여, 미관과 기능 중 마치 하나의 필요를 위해 다른 필요가 포기되어야 한다는 논리가 여성복을 이유 없이 인형 옷으로 만든다. 미관에 치중하느라 기능을 포기했다는 변명은 그럼에도 불구하고 널리 받아들여진다. 여성복이 불편하다는 인식은 널리 공유되었지만 여성복과 불편함이 무슨 상관인지는 설명되지 않은 채 그저 감수되는 문제인 것이다. 아름답기 위해서는 정신적·신체적 고통을 감수해야 한다는 논리와 마찬가지로 전혀 어쩔 수 없지 않은 것을 어쩔 수 없다고 여기는 것이다. 무관한 것을 유관하다고 여기는 동안 목적과 결과는 뒤바뀐다. 이를테면 아름다움에 당연히 고통이 따르는 줄로 알았지만, 사실 그 말은 아름다움에 고통이 따르는 상황을 합리화하기 위한 기제로 동원되는 것처럼 말이다. 여성은 미관을 중시하느라 기능을 간과할 뿐 아니라, 기능을 잃은 몸에 기능이 없는 옷을 입었을 때에도 미관을 포기하지 않은 존재로 승격한다. 스스로를 몸의 기능을 제한해야 하는 대상 또는 부차적인 대상으로 보아왔던 진선은 이제 자신이 입었던 속옷을 '쓰레기'라 일갈한다.

> "속옷도 엄청 신경 썼거든요. 가슴이 납작해 보이는 게 싫었어요. 여자의 예쁜 몸매라는, 이상적인 마네킹에 대한 고정관념이 생겨버려서요. '내가 예쁘려면 이런 몸매여야 해'라고 생각하면서 더 붙는 옷을 입었어요. 속옷도 가슴을 더 받쳐줘서 올려주고 모아주는 옷이 많았거든요. 지금 보면 완전 쓰레기죠."

진선이 자신이 입던 옷을 '인형 옷'이라고 언급한 데에는 많은 이유들이 존재한다. 자신의 몸 대신 외부의 시선을 기준으로 삼아 생겨난 평면성을 비롯한 각종 하자들, 남성복에 비해 유난히 알록달록하고 장식적인 외관에 훨씬 빨리 유행이 바뀌어 특정한 시기에만 소비할 수 있는 스타일,

여성을 수동성—규범적 여성성이 높은 가치를 부여하는 태도—을 갖춘 인형으로 존재하게끔 하는 옷을 만들고자 하는 패션업계의 의도, 예뻐 보이는 기능(미관)에 치중하느라 기능을 포기해야만 한다는 기이한 연결고리가 바로 그것들이다. 탈코르셋 이후 진선은 더 이상 인형 옷을 입을 수 없는 사람의 몸을 가지게 되었다. 이제 그 사실은 몸을 통해 즉각적으로 깨달아진다.

> "예전에는 몰랐는데 긴 치마를 입고 지하철을 탔더니 걸리적거리고 힘들더라고요. 계단 올라갈 땐 끌리고, 바람이 쌩 불면 날리고요. 짧은 치마는 당연히 힘들죠. 치마를 입어야 하느냐 마느냐 논쟁이 있는데, 바지가 제일 편한 것 같아요. 일단 제가 겪은 큰 변화는, 예전에는 다른 변명을 하면서 불편한 옷들을 입었다면, 지금은 불편하면 (변명의 여지 없이 그 불편함이) 확 와닿는다는 거예요. 몸이 불편해서 못 입겠다 하고."

결론적으로 코르셋을 버리는 행위는 입체감을 자각한 몸, 무너진 경계를 회복한 몸, 기능으로 돌아온 몸에 더 이상 착용할 수 없는 옷가지를 자연스럽게 정리한 결과라고 이해된다. 자신이 몸담은 세계와 세계에 놓인 자신의 몸에 새로운 차원이 더해져 입체적인 몸을 중심에 놓고 나면 여태까지 몸에 가해지던 불편감과 고통을 느끼게 된다. 고통스러운 것을 아름답다고 말해왔다는 것도 알게 된다. 그러고 나면 자신이 코르셋을 버려 포기하고자 하는 것이 그저 고통임을 깨닫는다.

할 수 없는 건 또 있다. 자신을 포함한 여성의 몸을 바라보고, 재단하고, 꾸미고, 몸에 입힐 옷을 고를 때 삼았던 기존의 기준을 더 이상 유지할 수도 없어진다. 남성 중심의 패션업계가 여성복을 만들 때 중시하는 기준을 더는 참아줄 수 없게 된다. 그 결과 가지고 있던 옷 가운데 입을 수 있는 옷과 없는 옷을 분류하는 기준 역시 새로워진다. 탈코르셋 직후, 옷장을 바라보며 내뱉은, "입을 수 있는 옷이 없다"라는 말은 이전까지 "입을 옷이 없다"며 내뱉던 푸념과 유사한 중얼거림이지만, 그 시각은 전혀 다르다.

이렇게 자동으로 분류가 이루어지는 데 더하여 여성들이 코르셋을 구별해나가는 데 적용하는 기준은 '남성도 하려고 들 것인가?'이다. 예를 들어 미모를 위해 살을 들어내고 뼈를 깎는 성형수술을 여성은 흔히 고민하는 한편, 남성은 금세 거부한다. 미가 중시되는 성별에 속하지 않기 때문에 그럴 필요가 없다고 느껴지거니와 치러야 할 대가가 즉각 너무 크게 느껴지기 때문이다. 탈코르셋 운동이 남성이 되려는 것이냐는 물음에는 여성도 사람의 형태가 되려는 것이라는 답으로 충분하지만, 한 번도 자신의 몸을 중심에서 치워본 적이 없고 기능을 포기해본 적도 없다는 면에서 남성은 실제로 탈코르셋을 통해 온전한 몸이라는 미지의 상태에 다다르고자 하는 여성의 탁월한 모범이다. 몸을 찾아와야 하는 과정 중이기 때문에 몸에 와닿는 불편함과 고통에 대한 신호가 확실하게 작동하지 않는 여성이 모르는 것을 남성은 이미 알고 있다. 태어나 단 한 번도 성별을 이유로 몸의 경계를 무너뜨리거나 불필요한 인내를 요구받거나 고통을 감수하거나 선망하도록 길러지지 않은 상태이기 때문이다. 진선은 이 기준을 옷뿐만 아니라 행동이나 꾸밈에 대해서도 적용한다.

"여자한테만 요구하는 애교라든지 하는 거요. 그런 것들을 요즘 말로 '하타치', 그러니까 하찮거나 허접스럽다고 이야기하잖아요. 처음에는 '여자들이 하는 행동들을 이렇게까지 얘기해야 되나?' 싶었는데, 남자 정치인 사진에다가 화장한 모습 합성해서 올리고 하는 걸 보면 이해가 가는 거예요."

진선은 이어 자신이 남자친구를 만날 때 취하던 태

도가 얼마나 '하타치'였는지도 이야기했다.

"저는 남자친구를 만날 때 마초적인 사람만 만났어요. 권력자 옆에서 대외적으로 트로피가 됐죠. 그 사람이 저에게 '나 떠나면 좋은 사람 못 만난다'고 했던 말에 세뇌되어서 헤어지질 못했어요. 연애 관계가 권력 관계라고 생각하지 않았으니까 오랫동안 끌려다녔죠. 대화할 때도 끊임없이 반응적이었어요. 괜찮은 여성처럼 보이고 싶어서, 좋은 여성 역할을 수행하면서 자기 의견을 내지 않고 주체성을 드러내지 않았거든요. 객체로서 대화에 참여하고 예쁜 여성으로 존재했어요. 내 안의 소리를 듣지 않고 행동하면서도 내가 했다고 착각한 거예요."

진선은 코르셋과 연애를 결부지어 이야기하면서, 자신이 남성과의 연애를 유지하면서 그렇게 행동한 까닭을 말해주었다.

"이성애 규범 속에서 과도한 여성성을 수행했을 때 주어지는 대리 권력에 심취해서 그게 마치 제 권력인 양 착각하고 수행했어요. 남성으로부터 인정받고 있다고

생각하는 거였죠. 외모 강박이 그로부터 강화되거든
요. 자기대상화는 무척 중독적이에요."

진선은 남성이 오히려 탈코르셋을 한 여성의 변화를
즉각적으로 알아차린다고 말했다.

"제가 한참 과도한 여성성을 수행할 때 알고 지냈던 한
남자친구가 저를 보고 대뜸 레즈비언이 되어버렸냐고
하더라고요."

페미니스트를 레즈비언이라고 단정하거나 레즈비언
에게 폭력을 행사하는 남성은 늘 있어왔다. 탈코르셋을 한
여성에게도 남성은 비슷한 반응을 보였다. 진선에게 그가
탈코르셋과 레즈비언을 연관짓는 이유가 무엇일지 짐작하
느냐고 물었다.

"남자에게 소비되는 이미지를 구사하지 않는달까요? 자
기의 잠재적 애인이 될 수 없다는 거, 성욕을 분출했을
때 반응을 얻을 수 없는 몸이 되었다, 뭐 그런 거 아닐
까요? 단순히 못생겨졌다는 문제보다도 자기랑 똑같은
남자처럼 보이는 데 충격을 받아서 거부반응이 엄청났

어요. 저를 기존의 여성상처럼 성애화해서 상상하고 싶은데 전면으로 거부하는 모습을 보니까 싫었겠죠."

탈코르셋이 타파하고자 하는 규범적 여성성은 이성애 규범 속 여성성과도 같은 말이다. 진선은 이 부분을 다시 언급하면서 이성애 규범에서의 탈피가 여성성 수행과 얼마나 긴밀히 연관되어 있는지 말했다. 그리고 여성을 대상으로 상정하는 규범적 여성성으로 유지되는 연애 관계 속에서 여성이 인격으로 존중되기가 쉽지 않은 현실을 비판했다.

"여성성을 수행하는 한, 이성애 규범에서 벗어나기가 엄청 어려워요. 저도 그랬고 여성들이 그 관계 내에서 통제력을 발휘할 수 있을 거라고 생각하는데 쉽지가 않아요. 탈코르셋을 하니까 신기하게도 그 영향권 밖으로 나가서 관계를 바라보게 되더라고요. 탈코르셋 한 여성을 남성이 정말로 사랑한다면 인격적으로 사랑하는 것일 수도 있지만, 그런 관계는 흔하지는 않잖아요. 이성애 연애 속에서 여성이 성애화되어 소비되는 건 인격적 관계를 맺는 게 아니에요. 남성이 여성을 성애화하는 과정이 폭력적이고 왜곡되어 있으니까 탈코르셋을 통

해 그런 비인격적인 관계성으로부터 탈피하겠다는 것인
데, 코르셋을 버리고도 이 남성과의 사랑에 문제가 없
으면 상관이 없지만 남성들이 이미 이상한 두려움을 가
져요."

탈코르셋은 여성의 사회경제적 위치상 눈에 보이는
변동이 없더라도, 없던 혹은 없었다고 여겨졌던 힘을 찾게
한다. 여성을 성적 대상으로 만드는 이성애 규범을 탈피하
는 것만으로도, 주체의 자리에서 시선을 가지는 것만으로
도 얻게 되는 힘이다. 진선은 자신이 그러했듯이 비인격적
성적 대상으로 취급당하는 연애 관계를 유지하는 여성들에
게 이렇게 말했다.

"차라리 여성들이 눈치를 보면서 여성성을 수행하는 대
신 규범을 벗어났을 때 남성이 나한테 어떻게 반응하는
지를 보고서 그동안 어떻게 대상화되었는지를 알면 좋
겠어요. 유지하던 각본에 틈을 내고 좀 기다려보라고
말하고 싶어요."

7.
남성의 타자에서

여성 동일시된 여성으로

"듣기 좋은 여자 말하는 거예요"

이성애란 여성의 예속화에 기초해 우리가 살고 있는 정치 체제이다.

모니크 위티그, 《이성애적 사유》[o]

통제 성향의 남자친구와 맺던 관계가 비인격적이었음을 뒤늦게 깨달은 경험에서 우러나온 진선의 말처럼, 주영은 실제로 탈코르셋 이후 얼마 지나지 않아 일어난 몸의 변화로 인해 그동안 데이트폭력 관계에 놓여 있었음을 깨닫고 관계에서 탈출했다는 후일담을 전해주었다. 진선의 말이 주영의 경험과 이어지듯이, 옷장을 정리하면서부터 관계의 폭력성을 깨닫고 이를 정리하는 과정은 연결되어 있다.

　　나는 이 과정을 하나로 꿰는 영어 단어를 발견했다. 한국어로는 '이타성', '헌신', '욕심 없음'으로 번역되는 이 하나의 단어는 영어로나 한국어로나 훌륭한 여성의 자질을

[o]　　Monique Wittig, 《La pensée straight》. 국내 미번역.

가리키는 데 주로 쓰인다. 바로 'selflessness'이다. 단어의 구성을 그대로 보자면 '자아가 없는 상태'라는 뜻이다. 내부의 감각을 비운 외형, 자아를 비운 신체, 시선을 비운 몸을 소름 끼칠 정도로 잘 드러내는 단어이다. 이 단어는 영어권에서 규범적 여성성이 전제하는 모성과 연관된 채 궁극의 사랑을 의미하며 미화하거나, 남성 연인에 대한 이성애 여성의 태도로 낭만화하는 데 주로 쓰인다. 인형 옷을 입은 마네킹에서 시작해 자아를 드러내지 못한 연애를 고발하는 귀결로 이어지는 것이 무리가 아닌 셈이다.

여성이 탈코르셋을 통해 시선을 가진 주체로 등장하는 문제에서 남성이 두려워하는 점은 '맞응시'이다. 탈코르셋을 했다고 해서 여성의 사회경제적 위치가 변하는 것도 아닌데 느닷없이 힘이 생기는 까닭은 여태까지 여성은 신체가 가진 힘을 키우도록 길러지지 않았다는 발견, 고통스럽고 번거롭게 자신을 옭아맸던 행위로부터의 해방에 더하여 이성애 각본에서 탈출하는 결정과 맞닿아 있다. 서울의 한복판, 시청 근처 인도 커리 집에서 만난 태주는 탈코르셋이라는 꾸밈 중단 행위가 여성의 힘이라는 문제와 연애 각본과 얼마나 밀접한지 몸소 느꼈다.

태주는 2017년 여름, 내가 서울 마포구의 한 아카데미에서 5주 연속으로 맡았던 페미니즘 세미나의 수강생으로 처음 만났다. 태주는 당시 자신보다 훨씬 나이가 많은 남자친구를 만나고 있었는데, 그 남자친구와의 관계가 엉망임을 알면서도 헤어지기가 어렵다고 말하면서 울었다. 테니스 스커트를 입고 울던 태주의 모습이 얼마나 불안했던지 나마저 덩달아 불안할 정도였다. 그로부터 1년이 지나 다시 만난 태주의 얼굴에는 불안한 기색이 하나도 없었다. 그의 변화를 보고 놀라워하는 내게 태주는 내가 기억하지 못하는 이야기를 들려주었다.

"한참 (페미니즘) 세미나 다닐 때 남자 없이 한 번만 살아보자는 게 인생 목표처럼 된 상태였거든요. 정말 연애 안 하고도 살아보려고 투쟁을 했어요. 그때 민경 님께서 '해도 그만 안 해도 그만이면 해도 되지만, 안 하면 안 될 것 같을 때는 하지 말아야 한다'고 하셨잖아요. 당시에 저는 연애하지 않은 상태를 견딜 수가 없었는데…… 그 이후로 하루도 연애 안 하고 있어요."

페미니즘이 여성을 바꾸어놓는 일이라지만 태주의 변화는 고무적이었다. 그는 원래 화장을 하다 안 하다 했기 때문에 탈코르셋을 통해 꾸밈에서 개인적 변화를 이룬 것은 아니라고 말했다. 그보다는 연애와 코르셋을 연결지어 말했다. 규범적 여성성을 수행한다는 의미로 보자면, 남성과 관계를 맺으며 수행하는 '연애'와 몸을 치장하고 관리함으로써 수행하는 '꾸밈'은 그 영역의 차이만 있을 뿐이다.

> "사실 페미니즘 운동에 참여하는 이유는 여러 분야 중에서 저를 가장 잘 설명해줄 수 있어서예요. 내가 가진 고통이나 우울함, 기쁨을 설명해줄 수 있으니까요. 책에 다 있으니까. 그래서 처음 (탈코르셋을) 시작한 거예요. 제가 대학생이다보니 더더욱 제 문제를 잘 설명해주는 게 연애와 코르셋인 것 같아요. 게다가 이 둘이 진짜 얽혀 있어요."

태주가 스스로를 연애하지 않고도 불안하지 않은 상태로 만들기로 결심하고 투쟁에 임한 계기 역시 코르셋과 얽혀 있었다.

> "제가 워낙 말랐는데 코르셋에 가슴은 또 커야 된다는 게 있잖아요. 그 코르셋 때문에 제가 뽕이 엄청 큰 브라를 하고 다녔던 거죠. 여름에도 맨날 하고 다녔어요. 완전히 에어백을 메고 다니는 거죠. 세미나를 들을 즈음에 이건 아니라는 걸 깨닫고 브라를 바꿨어요. 제가

살색 브라를 하거든요. 근데 어느 날 다 빨아서 없는 거예요. 살색 브라가. 그래서 어쩔 수 없이 레이스가 달린 걸 입었어요. 그런데 그날 남자친구가 '오늘은 예쁜 거 입었네' 이러는 거예요. 그게 칭찬이잖아요. 뭐, 자기도 아무 생각 없이 했겠지. 그런데 그 말 듣고 헤어졌어요. 그게 결정적이었거든요. 칭찬이죠. 칭찬인데…… '네가 날 평가해?' 이런 기분이 들었어요. 개는 한 번도 속옷에 신경 써본 적 없던 사람이잖아요. 그러면서 내 속옷에 대해서 알게 모르게 평가하고 있었다는 얘기잖아요? 다른 때는 안 예쁘다고 생각을 했으니까, 그렇게 (그 말이) 튀어나왔겠죠. 그것도 짜증 났고, 그애의 속옷을 평가할 권리가 저한테는 없는데 개한테는 주어진다는 것에 짜증이 났어요. 그리고 결정적으로 그 말을 듣고 나니까, 레이스 속옷을 다시 입고 싶은 거 있죠. 그런 저한테 화가 나는 거예요. 그래서 연애를 쉬어야겠다, 내가 진짜 당당하게 내가 편한 걸 입고, 누가 내 속옷 안 예쁘다고 해도 상관없이 입을 수 있을 때 연애를 해야겠다, 그때까지 기다려야겠다고 생각했어요."

연애를 하는 동안에 기억나는 모습이 있느냐고 물었다. 태주는 진저리를 치면서 손을 모아 쥐었다.

"고양이처럼 손가락 둥글게 말아서 '꾹꾹이' 하고 그랬어요."

자기대상화란 자신에 대한 대상화된 이미지를 만들어내는 데 적극 동참한다는 의미이기도 하다. 진선이 이야기한 대로 자기대상화는 여성을 남성에 대한 타자로 만들어내는 효과를 낳지만, 여성 개인에게 무척이나 중독적이기도 하다. 수동적 대상이 된 여성이 능동적 주체인 남성과 맺는 관계가 이미 각종 서사와 이미지를 통해 낭만화되어 있기 때문이다. 낭만화된 이성애 관계에는 수직적 위계가 작동한다. 전형적 이성애 관계 속 여성에게 주어지는 위치란 수동적일 뿐만 아니라 어리고, 약하고, 작다. 주체를 비추어주는 거울이기 위해서 타자화된 여성은 태주가 손가락을 말듯 몸을 안으로 말아야 한다. 태주는 자신의 경우와 비슷했던 친구의 일화를 예로 들었다.

"제 친구도 저랑 비슷하게 남자친구한테 자꾸 애교를 부렸는데요. 헤어지고 나서 다시 (남자친구를) 붙잡고 싶다고 할 땐 제가 말려도 말을 안 듣더니, 그 친구가 하필이면 저보다 더한 페미니스트 친구랑 같이 영국을 3주 동안 간다는 거예요. 그 3주 동안 엄청 스파르타식으로 교육을 받았는지 어쨌는지 완전 바뀌어서 왔더라고요. 저랑 같이 있으면서 자기가 먼저 이야기를 꺼내는 거예요. 탈코르셋에 대해서 어떻게 생각하냐고. 저는 깜짝 놀랐죠. 그 친구가 입던 옷도 다 코르셋이었거든요? 그런데 걔가 어느 드라마를 봤대요. (드라마에서) 비서로 나오는 박민영이 리본 블라우스를 입고 나오는데, 팀장 역할인 박서준이 그 리본을 푼 거예요. 그걸 보고, 꼭 선물 포장이 풀어지는 느낌을 받았대요. 그러면서 자기가 입던 옷을 버리고 싶단 생각이 들었다고 하더라고요."

태주의 이야기에서 나오는 코르셋이란 개별적 아이템이라기보다도 여성이 스스로에 대해 형성하고 싶은 자아 이미지를 위해 쓰이는 도구로 이해될 수 있다. 진선과 태주가 이야기한 중독적 자기대상화란 스스로를 주체가 아닌 대상의 자리에 놓는 문제이자 자기 자신을 인격이 부여된 자아로 여기는 대신에 특정한 대상으로 만들어내는 데 골몰하는 문제이다. 나는 태주에게 어떤 자아 이미지를 만들고 싶어 했는지 물었다.

"전 스트레스 받으면 엄청 마르는 타입이었어요. 늘 '난 왜 이렇게 말랐지' 생각하곤 했어요. 그런데 오히려 대학에 들어와서 '나는 마르고 작아', '난 손도 작고 발도 작아' 하면서 남자애들한테 어필했어요. 막 남자애들한테 '손 대보자' 하고. 남자들이 그런 거 진짜 좋아하잖아요. 그런데 그런 행동이 영 아니라는 걸 깨닫고……이제는 안 하죠. 제가 지금 손 작다고 자부심을 부릴 때가 아니라고 생각했어요. 그래서 과에서도 '나 69킬로까지 찌울 거다'라고 말하고 다녔어요. 저희 과에 '69킬로까지 찌우자'는 모임이 있어요. 서로 몇 킬로 쪘냐면서 물어보고 그래요. 제가 작년 여름보다 7킬로가 쪘거든요. 그래서 자랑하고 다녀요. 제 주변에는 다 비슷한 애들밖에 없으니까 저한테 '너무 좋아 보인다', '이제 너무 괜찮다' 그러죠. 저는 무조건 살을 찌워야겠다고 생각해요. 싸워서 이기고 싶으니까요."

몸무게 증량에 대한 태주의 관점 변화는 탈코르셋 이후 내가 겪었던 변화와도 같았다. 앞서 이야기한 '남성이 하려고 들겠는가?'라는 코르셋 판별의 기준은 몸의 크기에도 적용될 수 있다. 패션업계가 갈비뼈가 보이는 몸을 숭배하는 문화를 만들어내고, 거식증을 취향으로 삼고, 허벅지 사이의 틈을 재서 인증하는 문화인 '사이 갭thigh gap 챌

린지'가 생겨나는 가운데 큰 몸을 가진 여성은 스스로를 수치스러워하기 마련이다. 그러나 나는 탈코르셋 이후 처음으로 짐짓 '몸은 큰 게 낫지 않나?'라는 생각을 가지게 되었다. 큰 몸이어도 괜찮다는 위로를 넘어 오히려 그편이 삶을 유지해나가는 데 유리하다는 인식에서였다. '몸을 평가해서는 안 된다'거나 '모든 몸이 아름답다'는 생각 대신, 여성이 마른 몸을 선망하는 동안 남성은 어떤 몸을 선망하는지를 떠올렸을 때에 가능한 생각이었다. 그 이후로는 인간의 몸이 가지는 미적인 기능은 차치하더라도 살아가는 데 불리한 몸을 선택하고 싶지 않아졌다. 태주 역시 그동안 선망받았던 자신의 몸과 구현하고자 했던 자아 이미지가 '약함'으로 수렴한다는 데 생각이 미쳤다. 미관을 위해 기능을 저해하고 있었을 뿐 아니라, 기능이 저해된 상태를 선망하고 있던 자신을 깨달은 것이다. 계기는 현실 사회를 뒤집은 설정으로 여성 중심 세계를 다룬 소설이었다.

"결정적으로 바뀐 건 《이갈리아의 딸들》을 읽고 나서였어요. 거기서는 여자들이 다 체력이 엄청 강하고, 남자들과 (상태가) 뒤바뀌잖아요. 그걸 읽고 바뀐 거예요. 그러고 나니까 체력이 훨씬 나아졌어요. 이제 운동도 해야겠다고 생각해서 운동도 해요. 아까 말한 그 모임의 다른 친구도 일부러 운동하면서 살을 찌웠어요. 마른 여자를 좋아한다는 건요, 들기 좋은 여자 말하는 거예요. 자기가 이렇게 휘두르면 휙휙 휘둘리고, 벽치기 하면 '어머' 하면서 당하는 걸 좋아하는 여자요. 저도 그래서 묘하게 제 몸무게에 자부심이 있었거든요. 제가 마른 체질이라는 걸 알고 스트레스 받으면서도, '내가 이만큼 말랐어, 내가 이만큼 왜소해' 하는 게 있었어요."

몸무게를 체중계에 찍힌 숫자로 인식하는 태도는 자신의 몸을 평면으로 바라보는 관점에서 비롯된다. 나 역시 대학에 다니는 내내 168센티미터의 키에 몸무게는 48킬로그램에 달하고 싶어 했다. 그러나 이 숫자는 평면적으로 제작된 팬티만큼 현실의 인체와 무관하다. 53킬로그램이 그토록 되고 싶었던 민주가 자신의 적정 몸무게를 60킬로그램이라 말하게 된 것처럼, 탈코르셋 이후 여성들은 제 적정 몸무게를 삶의 유지에 맞추어 생각할 수 있게 되었다. 마찬가지로 현재 65킬로그램인 나는 지금보다 5킬로그램 이상 빠지면 몸이 제 기능을 하기에 불리하다고 여긴다. 같은 맥락에서 태주처럼 말랐던 여성은 이제야 남성들이 "살을 찌운다"고 말하던 용법대로 몸무게의 증량을 바라보기 시작했다. 기력, 정신력, 체력, 근력과 같이 기능을 뒷받침하는 '힘'의 관점에서 몸을 바라볼 수 있게 되었기 때문이다. 태주가 고등학교에 다니는 동안에는 한 번도 주어지지 않았던 관점이었다.

"고등학교 때 애들이 저한테 와서 '네 허리가 그렇게 얇다며'라고 말했어요. 너무 부럽다고요. 그런데 얇으면 뭐 하냐고. 기능을 못하는데. 왜 미국 드라마 중에 〈오렌지 이즈 더 뉴 블랙〉에 나오는 배우가 엄청 글래머러스한데 '나는 내 몸이 너무 좋다. 지금 몸이 기능을 100퍼센트 잘하고 있다. 뛰기도 너무 잘 뛴다'라며 수영복 입은 자기 모습을 SNS에 올렸거든요. 제 생각에도 이게 사실은 전부 기능의 문제 같은데, 자꾸 일부러 기능을 못하도록 마르려고만 하니까 문제예요…… 마르면 몸이 제 기능을 잘 못해요. 어깨도 허리도 팔도 다요. 뭐가 다 안 돼요. 서 있지도 못해요. 화장도 똑같아요. 이게 결국은 얼굴이 제 기능을 할 수 없게 막는 거랑 같아요. 땀 배출이라든지…… 그러니까 코르셋은 자기 몸의 기능을 100퍼센트에서 소수점대로 줄이는 거예요. 그러니까 남자들을 이길 수가 없지."

기능하는 데 불리한 방향이 되어야 추앙받는 여성의 몸과, 기능이 잘되는 상태를 추앙하는 남성의 몸은 '성차'라는 이름으로 명백히 반대 방향을 향해 달려간다. 그리고 이 두 몸은 각각의 유불리를 따져볼 새도 없이 연애라는 각본 속에서 낭만적으로 만난다. 이때의 핵심은 남성은 결코 자신의 몸에 대해 여성과 똑같은 선망을 가지지 않는다는 점이다. 마르기까지 들이는 수고와 고통을 감내하고 싶어 하지 않을뿐더러, 고통을 감내하고 만든 결과가 자신에게 전혀 유리하지 않다는 것을 잘 알기 때문이다. 남성은 여성의 몸을 그저 멀찍이 두고 보고 싶어 한다. 혹은 나란히 섬으로써 자신이 가진 힘을 부각하고 싶어 한다. 같은 맥락에서 탈코르셋에 참여한 여성들이 남성과 같은 몸을 선망하는 문제는 여성혐오에서 비롯된 것이 아니다. 오히려 남성의 타자로 남았던 여성이 이제야 자신을 여성 동일시하면서 발생하는 결과로 보아야 할 것이다.

그러나 태주가 탈코르셋을 해방으로 받아들이기만 한 것은 아니었다.

"탈코르셋의 의의는 좋은데, 제가 몸담았던 커뮤니티에서 이 문제로 편 가르기가 심했어요. 제가 만일 화장을 안 해서 이편에 들어갔다고 한들, 나중에는 또 버

려지겠다는 생각이 들더라고요. 다른 전선이 형성되면
요. '내가 화장을 안 하더라도 나중에는 또 다른 걸로
뭐라고 하겠지. 마치 체가 걸러지듯이······ 그러면 소수
밖에 안 남겠구나' 하는 생각이 들었어요. 탈코르셋을
전선으로 이용하는 건 싫었던 거죠. 일단 연애를 안 해
야겠다고 목표를 정했어요. 제가 (페미니즘) 커뮤니티에
서 하라는 대로 열심히 따르니까, 실제로 학점이 높이
뛰었어요. 그래서 저번 학기랑 이번 학기에 학점이 4.0
점을 넘었어요. 그랬는데, 막상 너무 힘이 드는 거예요.
남자도 안 만나고 혼자 잘 살아가는 아주 멋진 여자가
돼야 하는데, 탈조선을 해야 하는데······ 그걸 또 다 따
르려니까 너무 힘들더라고요. 고등학교 때 그런 게 너
무 싫어서 재수해서 교대 온 건데, 여기서 이렇게 또 강
박이 생기니까요. '남자를 이기고 말겠어, 투쟁!' 이러니
까······ 또 다른 종류의 힘듦이 생겼다고 생각했어요."

나는 한국 사회에서 여성들이 살면서 지켜야 할 기
준표와 같은, 가장 쉬운 방식으로만 상상할 경우, 몸이 놓
이는 상태는 판이하게 바뀔지언정 몸에 붙은 강박 자체는
이 내용에서 저 내용으로 옮겨가기만 하게 될 것이라고 말
했다.

"저도 강박에 습관이 들었다는 게 맞는 것 같아요."

그렇지만 태주는 커뮤니티 내부에서 탈코르셋 여부가 일종의 잣대로 이용되는 데에 피로감을 느낄 뿐, 현실에서는 탈코르셋이 제시하는 관점에 동의했다. 그리고 그 관점대로 기준을 가지고 탈코르셋을 실천하고 있었다.

"제가 탈코르셋에 대해 가지는 나름의 기준은, 제가 화장할 시간에 남자애들은 공부를 하고 있다면 절대 화장 안 하는 거예요. 특히 교대생들은 교생 실습 때가 코르셋이 가장 심한 시기예요. 왜냐하면 아이들은 무조건 머리 길고 리본 맨 여자 선생님을 좋아하거든요. 그런데 이번 교생 실습 때 전 화장도 안 하고 바지만 입었어요. 이번 학기에는 일부러 노력했어요. 실습도 어떻게 보면 일이고, 해야 할 게 엄청 많단 말이에요. 그런데 '이 시간에 남자애들은 수업 준비 할 텐데 내가 왜 화장을 해?' 이런 생각이 들었죠."

태주는 교대생이다. 태주와 마찬가지로 교생 실습을 나갔던 진선 역시 남성이 기본 상태로 활동할 때 누리는 편안함뿐 아니라 그들이 기본 상태 그대로를 규범으로 인정받기 때문에 활용할 수 있는 시간 자원에 대해 생각하게 되었다.

"여자 교생 선생님들은 아이들에게 갖춰진 모습을 보여주고 싶다는 마음에 정말 열심히 꾸미고 오세요. 갖춘 것과 꾸밈은 사실은 다른데. (교생 실습을 가면) 스무 명에 한 명 정도만 남자 교생이고 다 여자 교생이었어요. 그런데 전 일부러 매일 남자 교생이 어떻게 하고 출근하는지를 봤어요. 그 남자 교생을 보고 동료 여자 교생들 보잖아요? 그러면 동료들이 열심히 꾸미는 동안 남자 교생은 셔츠에 슬랙스 바지 입고 그냥 와요. 화장을 왜 하겠어요. 정말 샤워하고 세수만 하고 온 거예요."

태주는 교사가 활동성이 많은 직업이지만 규범적 여성성을 수행해야 한다는 압력이 높은 직무 환경 때문에 기능을 제한하는 차림으로 아이들을 대하고 있다는 문제를 지적했다.

"H라인 블라우스 정장을 입으면 어떻게 이걸 입고 선생님 일을 할 수 있다는 건지 잘 모르겠어요. 급식 지도도 못하겠고 뛰어다닐 수도 없어요. 옷을 편하게 입

어야 아이들을 잘 가르칠 수 있잖아요. 원래 스튜어디
스나 간호사 같은 직업군이 되게 꾸밈노동이 심하잖아
요. 교사도 비슷해요."

통번역대학원을 나온 나 역시 비슷한 문제의식을 가
지고 있었다. 실력을 통한 경쟁을 중시하는 프리랜서 직종
에서 '하이힐은 전투복'이라는 말처럼 몸의 기능을 최대한
으로 제한해 몸을 긴장시켰을 때 직업의식이 발동된다는
논리가 유통되어버리면, 업무와 관련 없는 추가 노동과, 노
동을 통해 유발되는 악영향을 개인의 신체가 불필요하게
감내해야 한다. 여성에게만 적용되는 '꾸밈도 실력'이라는
흔한 언설은 애초에 실력 경쟁에 포함되지 않았던 종목을
여성에 한해 스리슬쩍 추가시킨다.

꾸밈을 실력이라고 여기는 논리와 유사하게 여성들
의 꾸밈을 추동하는 것은 다이어트를 하면서도 '멀쩡한' 일
상을 꾸려가는 자기관리 신화이다. 다이어트는 탈코르셋에
참여한 이들이 다래끼나 탈모처럼 병이라고 생각한 문제가
사실은 스스로 만들어낸 것이었음을 깨닫게 해주는 가장
큰 영역이다. 신체 기능을 유지할 수 없게 만드는 식습관은
당연하게도 여성을 짜증 나게 하고, 기력 없게 하고, 우울
하게 하고, 죄책감 들게 한다. 다이어트를 하는 여성들은 예

민하고 짜증스러운 기질로 알려져 있던 전족을 한 중국 여성과 유사하게 묘사된다. 자신의 몸과 정신에 유발되는 문제의 원인을 성격이나 기질, 정신병 혹은 나태함 때문이라고 설명하던 이들은 다이어트를 그만둔 뒤에야 사실상 자명하던 그것을 수행하는 도중에는 알 수 없었던 문제의 원인을 제대로 지목하게 된다. 몸과 관련된 문제는 몸을 바꾸어야만 알 수 있기 때문이기도 하지만, 다이어트가 유발하는 문제를 얼마나 더 잘 감춰서 멀쩡하게 보일 수 있는지가 자기관리 능력의 척도로 통용되기 때문이다. 꾸밈이 실력경쟁 종목에 난입한 것처럼, 신체에 문제를 유발한 뒤 문제가 없음을 증명하거나 완벽히 감추는 기예가 어느새 또 다른 종목으로 추가된 것이다.

다이어트를 하고도 완벽한 상태를 유지하는 이들의 일화로 인해 다이어트로 인해 생기는 문제를 감추지 못한 개인들은 스스로를 실패자로 낙인찍는다. 격렬한 춤을 추고 놀라운 노래 실력을 선보이는 여자 가수의 볼품없는 식단이 완벽한 자기관리의 증거로 제시될 때 낙인은 뚜렷해진다. 그러나 윤아가 수치심의 방향을 뒤집었듯이 소진된 신체를 감추기 위해 정신 자원을 고갈시키는 문제에서, 결국 '자기관리'에 장기적으로 처참히 실패하는 쪽은 기예의 승리자들이다. 탈코르셋 이후 밥을 적게 먹고도 '할 수 있다'

201

는 것을 어디에 왜 보여주는지 알 수 없어진 뒤로는 완벽한 자기관리의 교본으로 제시되는 연예인들의 이야기가 더 이상 경탄을 자아내지 않는다. 그저 그들이 밥을 더 먹었다면 노래를 더 잘했겠다거나 정신 자원의 고갈을 감당하지 않아도 되었겠다는 심드렁하고도 우려스러운 마음이 든다. 일단 기능을 저하시킨 뒤에는 기능이 저하되지 않았다고 증명하는 과정에서 추가적으로 기능이 저하되지 않을 도리란 사실상 없기 때문이다. 멀쩡함을 넘을 수 있는 제한된 잠재력이나 멀쩡함을 유지하기 위해 소모되는 또 다른 기능이 있을 뿐이다. 초등학교 아이들을 상대하는 태주는 이 문제를 무척이나 우려스럽게 바라본다. 신체 기능이 제한된 상태를 선망하고, 여성이 스스로를 고갈시키고자 달려가는 기예에 참여하지 않는 이를 실패자로 여기는 경향이 이미 교실에서 강력한 문화로 자리잡았다고 지적한다. 교실의 절반, 오로지 여자아이들 가운데서만 말이다.

"여자아이들만 다이어트에 대한 강박이 엄청 심해요. 화장보다 훨씬 심해요. 화장은 그나마 5, 6학년 수준에서의 이야기일 텐데요. 다이어트 얘기는 3, 4학년부터 하고 앉아 있어요. 실제로 다이어트를 하든 안 하든 말버릇인 거예요. 아이들 사이에서 유행이니까요. '아,

나 다이어트해야 되는데'라는 말이 그냥 나오는 거예
요. 습관처럼요. 그럼 저는 가서 귓속말로 그러거든요.
'너 옆에 저 남자애 봐. 쟤가 너보다 훨씬 뚱뚱한데 쟤
다이어트하는 거 본 적 있어? 절대 하지 마.' 그러면 또
(애들이) 어려서 알겠다고 그래요."

한 초등학교 교사가 트위터를 통해 학급에서 실시한
'자신의 눈에 대해 설명해보자'는 활동의 결과를 공유한 적
이 있다. 여자아이들은 '눈이 작다', '쌍꺼풀이 없다' 등으로
적은 반면, 남자아이들은 '0.3이다'라고 적었다고 한다. 누
가 누구의 눈으로 누구를 어떻게 바라보는지가 태어난 지
10년 남짓 된 모든 아이들에게 이미 너무나 뚜렷하게 내면
화된 것이다. 몸을 기능 측면에서 바라보고, 딱히 특정한
외형을 선망하지 않고, 선망한다면 자신에게 최적의 기능
을 주는 형태를 선망하는 심리는 남성에게만 허락되어 있
다. 태주는 이 점에 분개하고 또 심히 우려한다.

"사실 1, 2학년 반을 가서 보면 남자애들이 더 예쁘게
생겼어요. 진짜요. 그러니까 약간 이런 생각이 들어요.
'아니, 이렇게 예쁜 애들이 있는데 우리나라 평균 남자
외모는 왜 그래?' 하는 생각이요. 1, 2학년 교실에 가

서 보면, 우리나라 기준에 맞춰서 얘기하자면 오히려 여자애들이 더 못생겼어요. 그런데 얘네들이 중고등학교 때 미친 듯이 꾸며서 예뻐져요. 그래서 여남 성인 외모 분포가 이렇게 되는 거예요. 남자애들은 점점 안 꾸미죠. 여자아이들은 자기를 (건강하게) 지킬 수 있는 기회가 존재하는데도 끊임없이 발로 계속 차내는 거잖아요. 만일 이 아이들이 청소년기에 운동하고 잘 먹고 하면 건강해지겠죠. 그런데 어렸을 때부터 (외모) 강박이 형성되니까 여자애들이 점점 약해지는 거예요. 요만해지고요."

여자아이들은 자신이 선망하는 신체의 방향이 어디로 치닫는지 알기 이전부터 자신의 몸이 실패했다는 신호를 충실히 학습한다. 이제야 그 신호의 의미를 깨달은 태주는 예쁘다는 말을 들어도 그리 달가워하지 않게 되었다.

"오히려 예쁘다는 말을 들으면 기분 나빠요. 여자애들한테 들어도요. 남자애들이야 어차피 절 예쁘다고 할 사람도 없죠. 뭐라고 해야 할까…… 예쁘다는 말에 담긴 씁쓸한 뉘앙스라는 게 있죠."

태주에게 이제는 어떤 말을 들을 때 기분이 좋은지
물었다.

"글쎄요, 너무 많아서요…… 음, 저는 '너 되게 성장했
다'라는 말. 그리고 '잘한다'라는 말. 그래서 조별 과제
할 때 엄청 열심히 해요."

여성의 인정 욕구는 오로지 외모라는 영역에서만 채
워지도록 허락된다. 여성은 자신이 선망하는 바가 어디를
향하는지 미처 깨닫지 못했거나, 외모의 영역에서만 유일하
게 인정 욕구를 채울 수 있음을 일찍부터 깨달았기 때문에
모든 자원을 이 영역에 쏟아버린다. 그러나 남성의 시선을
경유해 자신을 바라보기를 멈추고, 탈코르셋에 임한 뒤로
여성은 자기 자신의 편이 된다. 자신의 눈을 '0.3'이라고 묘
사할 수 있게 된 것이다. 그 부가적 효과로 태주는 저축이
늘었다고 했다.

"돈이 생겨요. 엄청 생겨요. 화장품을 안 사니까요. 무
조건 화장해야만 나갈 수 있다, 이런 건 아니었는데 그
래도 화장하는 걸 좋아했죠. 화장품에 살 돈을 이제
안 써요. 화장품이 비싼 것도 핑크 택스pink tax 때문이

에요. 남자가 (화장품을) 썼다고 생각해보세요. 이렇게 비싸게 값이 매겨질 일이 있었겠는지. 그리고 저는 이제 연애도 안 하잖아요. 거기다가 옷도 안 사요. 그래서 혼자 많이 다녀요. 요즘은 또 '혼자 사는 나'에 취하긴 했어요."

태주는 키득거리며 자신이 새로 발견한 자아 이미지에 대해 이야기했다. 자아 이미지란 인간이 외양을 통해 구현하기 마련인 모습이다. 태주의 마지막 말은 오히려 다양한 이미지를 만들어낼 수 있는 자아에 대한 인간의 보편적 욕망이 어째서 한결같이 한곳을 향하도록 고정되었는지 생각하게 했다. 그가 이야기 도중 지적한 핑크 택스는 여성용품에만 추가로 붙는 요금을 일컫는데, 같은 기능을 가졌음에도 '여성용'이라는 이름이 붙으면 용량이 더 적거나, 금액이 비싸진다는 문제가 있다. 반대로 남성의 생활필수품에는 더 싼 가격이 매겨지거나 더 좋은 재질을 쓴다는 문제도 있다. 그 일례로 탈코르셋을 시작할 때 여성들이 여성과 남성의 커트 비용이 다르다는 데 문제를 제기했다. 미용실은 한결같이 '여성의 머리를 커트할 때에는 손이 더 많이 가기 마련'이어서 더 비싸다는 이유를 내놓았다. 그러나 탈코르셋에 참여하러 미용실에 가는 이들의 핵심은 손 가는 여성용 커트와 무관한 머리 스타일을 하는 것이다. 이 문제에 대한 항의의 의미로 집에서 직접 머리를 잘랐다는 이야기도 많이 나왔다.

연애부터 저축까지, 1년 새 놀라울 정도로 변화한 태주를 보며 궁금해지는 인물이 있었다. 바로 혜민이었다. 태주는 "혜민 씨도 잘 지내요, 한번 연락해보세요"라고 말했다. 태주에게 혜민의 인스타그램 아이디를 전해받고 헤어졌다.

8.
획일한 일과에서

다양한 일상으로

"'탈코상'은 미인상을 부수는 무기예요"

아름다움의 의식을 잊기에 너무 이른 나이도 너무 늦은 나이도 없다면, 여성은 삶에서 어느 때든 죄책감에서 벗어날 수 없다.

나오미 울프, 《무엇이 아름다움을 강요하는가》

혜민 역시 태주가 들었던 페미니즘 세미나의 수강생이었다. 당시 나는 책을 두 권 내고 갓 활동을 시작한 페미니스트 활동가로서 단발성 강연만 다녀보았지 단독으로 연강을 맡은 건 처음이어서 잔뜩 긴장했었다. 여성들이 삶에서 맞닥뜨린 문제에 대한 답을 몸으로 부딪히며 찾아가고 있었다는 점에서는 지금과 똑같았지만, 당시의 나는 아무래도 훨씬 어설펐다. 그때 혜민은 내게 꾸밈 문제를 어떻게 바라보면 좋겠냐고 물었다. 더불어 꾸밈을 줄여야 한다고 생각은 하지만 자꾸만 외모에 집착하게 된다면서, 슈퍼에 갈 때도 거울 앞에서 두 시간씩 옷을 고르는 자신이 너무나 괴롭다고 말했다. 혜민의 말을 들은 나는 놀란 동시에 의아해하면서 혜민의 고민을 태주가 했던 말과 묶어 "해도 그만 안 해도 그만이면 해도 되지만, 안 하면 안 될 것 같을 때는 하지 말아야 한다"고 답했다. 개인의 의지라는 것도 결국 사회적으로 만들어진다고는 하지만 그런 본질적 차원으로 모든 문제에 접근할 수는 없었다. 그러므로 이 대답은 당시 내가 무언가에 중독된 상태와 자유 의지가 발동할 수 있는 상태를 크게 구분할 때 사용하던 기준이었던 것이다. 이 대답을 하면서 나는 꾸밈 자체는 별문제가 되지 않는다는 설명도 덧붙였다. 당시 나는 내가 말할 수 있는 만큼 대답했지만, 꾸밈 강박이 사회문제라는 익숙한 말이 실제로 어떻게 경험되는지, 개인이 그 사회문제를 어떻게 경험하는지 생각도 실감도 해본 적이 없어서 그가 질문한 맥락을 공유하지는 못했다. 그렇지만 혜민의 말을 오래도록 간직하고 있었다.

2018년 봄, 탈코르셋 운동이 확산되는 모습을 보면서 이 운동이 발산하는 메시지를 열심히 청취하고, 나에게 주어진 지면에 탈코르셋 이야기를 자주 쓴 이유도 개인적으로는 혜민을 종종 떠올렸기 때문이었다. '좀 더 나은 대답을 했다면 어땠을까', '그 당시에 조금 더 적극적으로 이 문제에 연루되고자 했다면 어땠을까' 하는 부채감이 나에게 있었던 것이다. 탈코르셋 운동이 진행되는 동안 그가 어떻게 지내고 있을지도 궁금했다. 그래서 시간이 지나 2019년 봄,

그를 다시 만났다. 태주에게 연락처를 건네받고 곧바로 혜민에게 연락을 취했지만, 원고 작업을 하느라 한동안 새로운 만남을 가지지 못하다가 드디어 만날 약속을 잡았다. 페미니즘 세미나를 했던 아카데미에서 멀지 않은 한 카페에서였다.

대략 반년쯤 대외적 만남을 쉬는 동안, 나의 일상에는 자연스럽게 찾아온 변화가 여러 가지 있었다. 하나는 다양성에 대한 관점이 변화했다. 그동안 나는 '탈코르셋이 좋은 취지를 가졌지만, 우리가 추구할 수 있는 다양성이 제한되지 않느냐'는 질문을 받았다. 처음에 나는 선택의 자유와 마찬가지로 절대로 다양성을 해치지 않아야만 한다는 전제, 갈등은 오로지 다양성을 인정하지 않을 때에만 일어난다는 봉합의 서사가 일종의 이데올로기와 같이 강력하다고 해서 탈코르셋이 불러올 수 있는 긍정적 변화를 보지 않는 누를 범해서는 안 된다고 답했다.

그러나 이후 국내외 미디어를 지켜보면서 나는 오히려 다양성의 결여에 숨이 막히게 되었다. 광고든 드라마든 예능 프로그램이든 기본 상태로 등장하는 여성이 한 명도 없었기 때문이다. 여성이 기본 상태로 등장했을 때는 그럴 만한 이유가 있어야만 했다. 특히 서구에서는 하이힐을 신지 않고 나오는 여성이 거의 없었다. 넷플릭스에서 흑인 여

성의 미용 문제를 다룬 〈어느 날 인생이 엉켰다〉를 보는 도
중에는 카메라 초점 바깥에서 조연으로 출연하는 여성들
까지 하이힐을 신고 나오는 바람에 가슴이 답답해서 보다
가 꺼버렸다. 하이힐을 신고 걸을 때 여성들이 당연하다고
느끼며 지나쳐버리거나, 당연하지 않다고 느껴도 감수하는
고통이 이제야 눈에 들어온 까닭도 있었지만, 미국에서 직
장을 얻은 여성이 어떤 연유로 전부 다 집에서 하이힐을 신
고 나오게 되었는지가 머릿속에 그려졌기 때문이었다. 그래
서 한 광고회사에서 곧 내보낼 맥주 광고를 젠더 관점으로
바라봐달라는 자문 일을 맡겼을 때에는 하이힐을 부각하
는 장면을 전부 빼야 한다고 말했다. 하이힐을 일하는 여성
의 자신감과 연관지어 특정한 고정관념을 재생산하고자 할
때, 그리고 외모에 관심을 가지는 여성은 일을 못한다는 또
다른 고정관념을 깨고자 역으로 하이힐을 신고 출근하는
여성의 모습을 연출하는 시도 모두, 여성에게 하이힐을 신
기려고 들기 때문이다.

그러다가 가수인 앨리샤 키스가 메이크업을 하지 않
고 등장했던 무대를 보았을 때, 그제야 획일성에 금이 간
듯이 느껴졌다. 꾸밈을 통해 온갖 색조와 재질로 변주한
스타일의 다양화는 더 이상 다양성의 확대로 여겨지지도
신선함을 더해주지도 않았다. 인식의 범주가 꾸밈으로 구

사한 다양성과 탈코르셋으로 인한 획일성으로부터, 획일적으로 꾸밈을 한 상태와 꾸미지 않은 상태가 만드는 다양성으로 천천히 재편된 것이다. 다양성을 파악하는 기준이 꾸밈의 결과로 만든 스타일 대신 꾸밈 유무로 바뀌고 나니, 꾸민 여성의 얼굴로부터는 차이가 잘 느껴지지 않고 거꾸로 탈코르셋을 한 여성 간의 차이가 더 두드러지게 느껴졌다. 그리고 나니 남성을 다른 남성과 구분할 때에는 처음부터 꾸밈을 통해 만들어낸 스타일이 큰 역할을 하지 않는다는 데까지 의식이 미쳤다. 여태까지는 여성의 다양성을 외적인 스타일에 한정해서 느낀 것이다. 짧은 머리를 하고 까만 정장을 입은 채 시상식장에 앉아 있는 남자 영화배우들을 한 번도 구분하기 어렵다고 생각해본 적 없는 것과 같은 문제이다.

　　결국 무엇을 '다 똑같다'고 느끼는지는 누구에게서 무엇을 통해 차이를 발견하고자 하느냐와 깊은 관련이 있다. 그런 만큼 오랜만에 만나는 혜민으로부터는 어떤 다채로운 이야기를 들을 수 있을지 궁금했다. 외양이야 여느 탈코르셋에 참여하는 사람들과 비슷할 것이었다. 거의 2년 만에 보는 혜민에게 반갑게 인사를 하고 자리에 앉았다. 그는 이 주제에 대해서 하고 싶은 말이 아주 많다고 말했다.

"그동안 변화가 엄청 있었어요. 2년 정도 지난 셈인데, 그사이에 고민을 엄청 많이 했어요."

독특한 스타일로 기억했던 혜민에게 스타일이 많이 달라졌다는 인사를 건넸더니 그는 이렇게 답했다. 혜민에게 는 탈코르셋이 무척이나 괴로운 실천이었다고 했다.

"제가 생각하는 올바른 길과 그동안 제가 해왔고 제게 어울렸던 모든 스타일이 전부 반대 방향이라서 엄청 괴 로웠어요. 머리로는 아는데 몸이 안 움직이니까요. 그 런데 또 탈코르셋을 통해서 이야기를 듣고 나니까……
페미니즘처럼 꾸밈에 대해서도 알고 나면 그전과 똑같 은 마음으로 할 수 없거든요."

혜민은 괴로운 시간을 거친 이후로 지금은 많이 편 해진 상태라고 했다.

"제가 많이 바뀌었다고 생각한 게, 몸무게에 대한 거예 요. 저는 여태까지 한 번도 50킬로를 넘어본 적이 없었 어요. 몸무게에 집착하게 되면 사실 살이 불어날수록 '이제 50킬로가 넘으면 관리해야 하나' 하고 생각할 법

하거든요. 제가 지금 53킬로가 됐어요. 근데 옛날 같았으면 '이게 어떻게 말이 되냐, 나도 나이가 드나보다' 하고 관리를 했을 거예요. 위험하니까요. 그런데 지금은 아무렇지 않은 느낌이에요. 그래서 스스로 넘어서지 못하리라고 생각했던 부분을 넘었구나 하는 기분이에요. 체념은 아니고 덤덤해요. 패닉 상태가 아니니까요. 당장 살 빼야겠다는 마음이 크게 들지 않아요."

그는 자신의 몸무게가 마음속으로 정한 '50킬로'라는 기준을 넘었어도 아무런 마음이 들지 않는 자신이 '체념'한 것은 아니라고 말했다. 수치심뿐 아니라 체중이 늘었을 때 여성이 가질 법한 경각심을 느끼지 않는 마음 역시 현실에서는 '포기'라는 실패의 일종으로 여겨지기 마련이기 때문이다. 나는 그에게 체중이 늘고 난 지금도 마른 사람을 부러워하는 마음이 있는지 물었다.

"초반에는 그랬어요. 탈코르셋 서사를 접하고 각성을 했다고 해도 그 상태를 계속 유지하면서 제가 저랑 같이 살아야 하잖아요. 그럼 저를 설득하는 시간이 엄청 필요해요. 이게 드라마가 아니니까. 한순간에 관점이 딱 바뀌었다고 해도 이후에 모든 걸 내려놓아야 하는

과정이 있는데, 그게 또 제 사생활, 사회생활과 연관이
되어 있잖아요. 이 운동은 당장 외적인 것과 상관이 있
으니까요. 기본적으로 신경이 쓰이죠. 그 부분에서 제
가 어떻게 타협점을 찾느냐를 두고 오래 싸웠어요."

그는 항간에 유통되는 탈코르셋 서사에서 개인이 겪
는 갈등이 잘 드러나지 않는 부분에 대한 아쉬움을 표했다.

"탈코르셋 서사에서 타협점을 찾는 이야기도 나와야
할 텐데…… 이 운동이 개인적인 이야기를 나누면서 일
어나는 운동이고, 누가 앞서서 주도하는 사람이 없어
서 그렇겠지만, 탈코르셋 후기가 다 극단적이었어요. 탈
코르셋이 좋다는 말만 있으니까요. 아무리 생각해도
한국에서 탈코르셋이 그렇게 쉽게 될 리가 없는데, 다
들 각성 이후 좋아진 부분만 이야기하니까 현실성이 떨
어졌어요."

나는 그에게 왜 극단적 방식으로 탈코르셋 서사가
유통되었을지 물었다.

"뒷통수를 빡 때리는 느낌이잖아요. 외모에 대한 주문

이 워낙 강력한 사회에 사니까 그렇게 정신을 딱 차리고 나서야 이후에 생각을 할 수 있는 거 같아요. 온건하게 말하면 '아, 그래?' 하고 그냥 계속 꾸밈을 합리화하게 돼요. 일상에서 탈코르셋이 제시하는 기준을 완전히 따라 할 필요는 없지만, 그리로 가고자 해야 하는 건 맞는 것 같아요. 우리 몸매가 완벽할 수 없다는 걸 알고도 완벽해지려고 노력하는 것처럼요. 궁극의 미에는 어차피 도달할 수 없다는 걸 다 알고 있어요. 그런데 다 같이 이걸 향해서 노력 중이고, 그 궁극이 어떤 건지 알고 있잖아요. 그러니까 서로 다른 수행과 경로를 거쳐서 도착하려는 정형화된 미가 어디에 있는지 우리가 알고 있듯이, 탈코르셋도 똑같다는 거죠. 모습은 다른데 이데아는 같은 거예요. 정형화된 바를 설정했다는 거죠. '어차피 그 외양이 똑같을 수는 없다'고. 우리 눈코입이 다 다르게 생겼는걸요. 레이스를 바꾼 거죠. 그렇게 타협하다보면 죄책감도 들고, 포기하고 싶어지잖아요. 그런데 포기하면 안 되는 것 같아요. 우리는 탈코르셋이 제시하는 방향을 추구하는 거지, 완전히 똑같은 모습이 되어야 한다는 건 아니죠. 그럴 수도 없고요."

나는 혜민에게 특정한 하나의 규범을 타격하는 운동이 왜 다른 규범을 제시하는 방식으로 진행되었을지 물었다. 그는 여성들이 너무 옭아매여 있어서 탈출할 수 없는 강박을 끊어내는 데 효과적인 방식을 찾아야 하기 때문이라고 답했다.

"우리가 알고 있는 미인상을 부쉈다고 해서 그게 정말로 부서질 수가 없잖아요. 그 미인상이 탈코르셋상, 그러니까 '탈코상'으로 그렇게 간단히 바꿔치기될 수가 없어요. 그러니까······ 탈코상은 미인상을 부수는 무기예요."

내가 혜민의 설명에 감탄했던 이유는 탈코르셋 운동이 규범에 반대한다면서 왜 또 다른 규범을 만드느냐는 비판에 이보다 더 간단히 답할 수 없기 때문이었다. 혜민의 대답은 수치심이라는 감정을 통해 규범 달성에 실패했다는 신호를 여성에게 안김으로써 유지되는 규범적 여성성을 분석하고 해체하려 한다. 그러나 개인이 규범에 의해 통제되는 방식을 분석한다고 해서 개인을 통제하는 모든 규범이 나쁘다는 접근을 취하지 않는다. 부수어야 할 상을 뚜렷하게 설정하지 않고 모든 상이 만들어지는 방식을 비판하면 그것을 부술 수 있는 어떤 무기도 만들 수가 없어져버린다. 탈코르셋은 규범이 작동하는 방식을 분석하지만 더불어서 명백히 '규범적 여성성'을 겨냥한다. 혜민은 이어 탈코르셋이 이토록 강력한 실천을 강조하는 이유를 설명했다.

"아름답지 않아도 된다는 말이 기만이니까요. '너도 애도 아름다워.' 그게 기만이죠. 우리 모두 현실에서의 불합리를 알고 있잖아요? 길거리만 다녀보세요. 당장 눈에 보이는 커플들만 봐도 외모 차이가 엄청나잖아요. 전부 다 '미녀와 야수'잖아요. 그런데 여태까지 기존에 있었던 이야기들은 '예쁜 건 중요하지만 미를 너무 추구하지는 말고 조금만 추구하자'고 하잖아요. 이미 이 사회가 미를 추구함에 있어 극단에 다다랐는데 '그렇게까지는 하지 마' 하고 개인의 선택에 맡긴다면, (그 주장은) 그 즉시 합리화의 도구가 돼요. 게다가 이 말을 페미니즘의 이름으로 하는 순간 그조차 페미니즘의 일부가 되니까 '아, 계속 이 정도는 꾸며도 되는구나' 하고 '나는 그렇게까진 꾸미지 않으니까'라면서 합리화를 하죠. 한국에서 나보다 심한 사람이야 얼마든지 찾을 수 있잖아요. 뭐, 먹토를 한다거나 그렇게까진 하지 않아야겠다고 생각하지만, (그런 합리화를) 끊고 나올 수가 없어져요."

혜민이 말한 '먹토'는 '먹고 토하기'를 일컫는다. 섭식 장애 질병인 폭식증의 증세인 먹고 토하기는 이렇게 이미 줄임말이 되어서 쓰일 정도다. 탈코르셋이 예외를 용납하지 않는 강경한 태도를 일관하는 이유가 바로 이 부분과 맞닿아 있다. 한국 사회에서 여성들이 겪는 외모 강박은 일종의 이상 증세이며, 이 증세의 가장 큰 특징은 자신의 몸이 의지대로 움직이지 않는 상태이기 때문이다. 다양한 강박증과 마찬가지로 외모 강박 역시 외모와 관련된 생각이나 행동을 멈추고 싶지만 멈출 수 없어 고통받는다. 탈코르셋 운동이 꾸밈을 '줄이라는' 권유 대신 '전격적으로 중지하는' 강경한 접근을 취했기 때문에 여성들이 일종의 중독 상태로부터 집단으로 탈출하는 성과를 만들 수 있었다. 여성이 남성 중심 사회로 인해 빠져버린, 더 이상 스스로의 의지를 발휘할 수 없는 중독의 늪으로부터 스스로의 힘으로 탈출하는 것은 기적과도 같은 일이다. 그렇기 때문에 나는 늘 탈코르셋 운동을 바라보면서, 이 운동이 참여자 사이에 서로를 격려하는 움직임이 원대한 사회운동일뿐만 아니라, 구체적인 문제를 해결하기 위해 모인 일종의 느슨하고 거대한 자조 집단과도 같다고 여겼다. '여성이 여성을 돕는다'라는 페미니즘의 메시지는 실질적인 치료가 필요하지만 의지박약이나 선택의 문제로 축소되어버리는 병증에 맞선 구체적인 위로이자 도움이기도 했던 것이다.

물론 여성이 겪는 질병은 의술의 발전에도 불구하고 항상 소외된다는 문제 자체가 페미니즘의 오랜 의제이기도 했다. 임신과 출산 과정에서 여성이 겪는 문제가 은폐되거나, 여성 ADHD(주의력 결핍 및 과잉 행동 장애) 환자는 남성에 비해 진단을 받기가 어렵거나, 심근경색 증상을 보였을 때 여성이 남성에 비해 적극적으로 치료받지 못하거나, 모든 약이 남성을 기준으로 실험되기 때문에 여성에게 더 많은 부작용이 생기는 등, 보편 인간의 위치를 남성이 독점하기 때문에 발생하는 또 다른 문제들처럼 말이다.

실제로 왜곡된 자아상을 가지고 외모의 작은 단점을 과도하게 받아들이는 증상은 질병 항목 가운데 '신체이형장애'로 분류되어 있다. 신체이형장애는 전 세계 인구 중 1~2퍼센트가 가지고 있다고 보고되지만, 나를 포함해 앞선 모든 인터뷰이와 앞으로 나올 모든 인터뷰이가 가지고 있는 증상이다. 강박증은 뇌에서 어떤 행동과 생각을 지속시키는 안와전두엽 회로가 과잉 활성화된 상태이다. 강박증은 부정 평가뿐 아니라 긍정 평가를 받아도 강화된다. 그렇기 때문에 강박증은 증상을 해결할 것으로 기대되는 행동을 더 추가해서 목표라고 여겨지지만 사실은 허상인 어느 지점에 도달할 때 해결되지 않는다. 활성화된 회로의 스위치가 내려갈 때만 비로소 해결된다. 외모 강박증에 시달리는 90퍼센트는 우울증을 겪는다. 외모 강박증은 자살 충동이나 공황장애와 같은 부차적 질병도 야기한다. 혜민은 외모 강박으로 인한 중독 증세만 유독 다른 중독에 비해 적극적으로 개입되지 않고 방치되는 상황을 지적한다.

> "만일 누가 도박을 하면 뜯어말릴 텐데, 이 문제는 워낙 흔하고, 다들 어떤 마음으로 하는지 아니까 그냥 내버려둬요. 그저 그 사람의 선택이라고 생각하니까 적극적으로 말리지 못해요. 건드리지 말아야 할 개인적 부분이기도 한데다가 너도 나도 다 하니까 개입을 할 수 없어요. 정도의 차이일 뿐이지, 모두 가담하고 있기 때문에 모두 공범인 거예요. 나도 외모에 집착하는 그 기분이 어떤지 아니까, 극단적인 상황은 말리고 싶지만 비슷한 생각을 하지 않는 건 아니니까요."

이는 탈코르셋에 대해 '꾸밈이 반드시 나쁜 것만은 아니다'라는 반박이 온라인상에서 유독 첨예한 싸움을 낳았던 이유이다. 그 배경에는 우선 분노가 있었다. 알코올중

독에 맞서는 문제에 대해서는 '술을 마시는 것이 나쁘지만
은 않다'는 말을 하거나 적은 양의 술을 권하는 일이 유혹
을 불러일으키기 때문에 부적절하다는 것을 알 수 있을 텐
데도, 외모 강박 문제는 결코 이와 비슷한 심각도로 받아
들여지지 않았기 때문이었다. 동시에 '자조 집단'이라는 설
명처럼 모두가 같은 문제를 겪고 있기 때문에 서로의 방어
기제를 잘 알아보는 만큼, 계속 반복되는 행동을 멈추기 위
해 적극적으로 문제에 개입하면서 충돌이 일어난다. 꾸밈
강박으로 오래도록 힘들어했던 혜민은 이 개입이 반드시 필
요하다고 말하며 온라인 친구와의 일화를 들려주었다.

"친구가 외모 집착이 심한 사람이었는데, 자기도 벗어
나려 노력했어요. 그 사람이 괴로워하는 상태에는 달라
진 게 없는데 탈코르셋 운동 이후로 제가 그 사람을 말
리는 말은 달라졌어요. 전에는 그냥 '건강 해치니까 걱
정이 된다'고 조심스레 말했어요. 인도적인 차원에서요.
그런데 이제는 '아름다울 필요가 없는데 왜 그러냐'고
말하고, '힘든 걸 말하라'고 해요. 혼자 끌어안고 있어
봤자 혼자 하면 합리화도 더 할 수 있고요. 이 운동의
좋은 점은 설득하는 사람에게 언어가 부여되었다는 거
예요. 더 적극적으로 개입하는 거죠. 이건 실제로 개입

해야 할 문제예요."

    탈코르셋 운동이 문제에 맞서 직접 행동하자는 2015년 이후 페미니즘의 기조를 이어받은 운동이라는 점은 이 부분에서 특히 시사적이다. 가부장제 사회가 안기는 고통으로부터 움직일 수 있는 유일한 것이 자신의 마음밖에 없어 마음먹기를 달리함으로써 문제를 받아들이던 여성은 2015년 이후 기존의 접근을 버리고 직접 행동을 취했다. 이와 같은 행동주의는 규범적 여성성에 대해 사유를 확장하는 방식을 고수하던 페미니즘 내부에서의 접근 대신 탈코르셋이라는 외부의 실천을 만들어냈다. 실제로 강박증 치료에는 행동치료가 쓰이고 있다. 지속적 행동으로 일어나는 문제는 행동으로 맞서야 하기 때문이다. 강박증 치료에서는 강박행동을 다르게 생각하는 대신 강박행동을 참는 반응예방법과 두려움을 직면하는 노출치료의 결합이 가장 효과적인 것으로 알려져 있다. 탈코르셋이 치료를 의도하지 않았다고 하더라도 페미니즘의 기조로 일어난 행동주의가 여성 개개인이 일상에서 겪는 문제를 치료하는 데 가장 적절한 접근이었다고 설명될 수 있는 까닭이다. 혜민은 두려움을 직면하는 이야기에 대해서도 말해주었다.

"사실 이 운동이 중간이 없는 데에는 이유가 있어요. 주변 여자들이 꾸밈을 하나둘씩 내려놓는 상황을 두려워해서 그래요. 여자 여럿이 모이면 열에 아홉은 꾸며요. 그런데 만일 여기에서 다섯 명이 안 꾸민다고 쳐요. 만일 이 플로우가 없었으면, 안 꾸민 여자를 보면서 드는 생각을 밖으로 말하긴 부끄럽지만, 그냥 '안 꾸미는 애구나' 하고 별생각 없이 넘어갈 거예요. 그랬을 텐데 이제는 안 꾸민 사람을 보면 '의지를 가지고 안 꾸미는 걸 선택했구나'라고 느끼게 되고, 자기합리화로 해온 꾸밈이 그 앞에서 좀 부끄러워져요. 나도 꾸밈을 멈춰야 할 것 같은 죄책감이 들고, '쟤는 저걸 했구나, 나는 용기를 못 냈는데'라는 마음이 들어요. 직면하는 게 무섭죠. 이걸 알고 있으면 그런 사람이 내 옆에 내 일상에 계속 간간이 보이는 게 무섭죠. 나도 내려놔야 할 것 같으니까요."

실제로 한 대학교에서 강연을 마치고 뒤풀이 자리에서 탈코르셋 이야기를 했을 때, 탈코르셋을 한 학생이 친구들과의 모임 자리에서 탈코르셋을 강요하지 말라는 말을 들었다고 억울해했다. 그가 억울해했던 이유는 자신은 탈코르셋과 관련된 말은 전혀 하지 않고 그저 그 자리에 앉아만 있었기 때문이었다. 당시에 우리는 "네 존재가 강요냐" 하고 일순간에 웃음을 터뜨렸다. 하지만 외모/꾸밈 강박의 문제가 보다 심각하게 다루어져야 한다고 했을 때, 이 일화 역시 가볍게 넘길 일은 아니다. 탈코르셋을 한 타인의 외형은 그것만으로도 여성들의 외모/꾸밈 강박을 직면시킨다. 그 직면에 대한 강한 거부감을 언어로 표현할 만큼 외모/꾸밈 강박의 힘이 강력한 것이다. 혜민은 자신의 외모/꾸밈 강박이 강력해진 계기가 페미니즘을 접한 시기와 맞닿아 있다고 했다.

> "오히려 페미니즘 때문에 센 화장을 했어요. 그전에는 귀찮아서 그리 꾸미지 않았어요. 당시에 센 화장 어쩌고 하면서 원래는 대충하던 화장을 더 하게 됐어요. 귀걸이도 치렁치렁 달고, 눈도 눈썹도 진하게 칠했고요. 그땐 그게 주류였어요. 그때 왜 그랬냐면 여자가 어떤 말을 공식적으로 할 때나 자기주장을 크게 할 때 외적으로 흠이 없어야 그런 말을 할 수 있다고 생각했으니까요. 맨얼굴보다는 그 사람(의 외양)을 보고, 무슨 말을 하는지 들으니까."

강박은 강화되기는 쉽지만 벗어나기는 어렵다. 꾸민

상태를 좋아했느냐는 질문은 원하지 않는 행동이 반복되는 문제를 겪은 이에게 그다지 의미 없는 질문이었지만, 어쨌거나 혜민에게 꾸미고 나가던 때의 심정을 물었다.

"꾸며서 예쁜 건 좋았지만 그사이에 드는 모든 고민의 시간들은 좋아하지 않았어요. 귀찮았어요. 늘 현타가 왔죠. 스스로 짜증이 나요. 정말 원해서 흥분해서 너무 좋아서 고민하는 게 아니었어요. 난 흠 없이 티 없이 잘 꾸며서 잘 맞춰서 코디하고 나가고 싶은데, 그래야만 나갈 수 있는데, 막상 거울을 보면 자꾸 뭔가 맘에 안 들고, 부족한 것만 보여요. 절대 만족할 수가 없고 남의 시선을 엄청 신경 썼어요. 많이들 하는 얘기지만, 안 꾸몄다면 뭘 뒤집어쓰고 얼굴 가리고 나간다고 하잖아요. 아예 제대로 꾸미거나 아예 가리거나 하는 거예요. 추레한 모습으로 밖에 나갈 수는 없으니까요."

추레한 모습이 무엇을 의미하느냐 물었더니 혜민은 '맨얼굴'이라 답했다. 꾸민 상태를 좋아해서 항상 완벽함을 유지했다던 혜인과 비슷한 서사이다. 규범적 여성성이란 궁극의 미인상처럼 애초에 완벽히 달성할 수 없다. 그러나 주변으로부터 찬사를 듣는지 조롱을 듣는지 여부는 강박증으로부터의 탈출과 전적으로 무관하다. 혜민은 강박이 학습되는 과정을 이야기해주었다.

"학습이 되는 거 같아요. 초등학교 때까지는 별생각 없이 어울려 놀았어요. 그런데 중학교 때부터 스마트폰이 생기기 시작하면서 '얼짱'이란 게 생기고, 싸이월드에 얼굴 가리고 사진 찍고 하는 걸 자연스레 접했죠. 그러면서 '어떤 건 예쁘고 어떤 건 그렇지 않다' 하는 기준을 알게 되었어요. '애는 예쁘고 쟤는 덜 예쁜 애다' 하는 기준이 점점 세워져요. 여자애들끼리도 그런 얘기를 늘 하게 되죠. 그렇게 한 번 물꼬가 트이면 품평을 해요. 맘에 안 드는 애를 욕할 때도 항상 '걔는 뭐를 어떻게 입더라, 어떻게 생겼더라' 하는 식으로 인신공격이 끼게 되니 나도 욕먹은 애처럼 하면 안 되겠다고 생각하죠. 제가 좀 겁이 많은 성격이어서 그런 말들을 자연스레 듣고 접하면서 '나는 저런 기준에 부합하는 사람이 되면 안 되겠다' 생각하고 계속 노력하게 된 거예요."

앞서 여러 여성의 이야기에서 계속해서 등장했던 '노력'이란 사실상 원치 않는 행동의 지속을 의미한다. 그는 알 수 없는 시선으로부터 피하려고 노력을 일삼다가 지쳐

버렸다. 화장을 매일 하기 때문에 피로감은 매일의 단위로 쌓인다.

"피로감이 알게 모르게 있죠. 일단 아침에 일어나면 씻고 로션 바르듯이, 나가려면 화장을 해야 하니까요. 메이크업 스펀지 매일 빨죠. 이게 일상이라고 생각하면 정말로 피곤하고 소모적인 일이에요. 화장을 했다가 지우고, 했다가 지우고. 아마 탈코르셋 아니었으면 아직도 그러고 있을걸요. 다행히 도대체 왜 화장을 해야 하느냐는 자괴감이 생겼어요. 이를테면 페미니즘 이야기를 나누는 커플이 있는데 페미니즘을 말하는 여자는 얼굴이 예쁘고 파운데이션 바르고 섀도도 발랐는데, 그 말을 듣는 남자는 그냥 맨얼굴로 있어요. 점점 뭔가 이상하다고 생각했어요."

기본값이 화장한 얼굴에 맞추어지면 운신을 하는데 반드시 일정한 시간이 소요된다. 혜민은 이를 '시간을 통제할 수 없는' 문제라고 말했다.

"친구랑 만날 때도 서로 준비하는 시간을 두고 약속을 잡아요. 그런데 뜻대로 안 돼요. 내 시간을 내가 통제

할 수 없는 거예요. 만일 화장을 하다가 아이라인 그리는데 약간 이상하게 그려지면 다시 면봉으로 살살 지우고 그려야 되니까 시간이 들어요. 그런 패턴이 약속할 때마다 매번 반복돼요. 화장은 당일에 하고 전날엔 옷을 골라둬요. 약속이 있으면 여동생이랑 서로 '내일 뭐 입지?' 해요. 그런데 또 아침에 화장하고 나서 옷을 입었는데 마음에 안 들면 시간이 지체돼요. 다시 새로운 걸 골라야 하니 정신 자원이 엄청 소모돼요. 서로 '너 이거 안 어울려. 너 이 신발 신을 건데 이거 입으면 안 되잖아' 하는 걸 계속하는 거예요. 혼자 해도 한 시간 반 걸리는데 둘이 하면 더 걸리죠. 밖에 잠깐 나가는데도 그러니까 지쳐요."

꾸밈을 고민하는 데 들어가는 것은 시간 자원뿐만이 아니다. 한정된 주의력과 정신 자원 역시 집중적으로 소모된다. 이 자원은 꾸미는 동안에만 들어가는 것이 아니라 꾸미는 도구를 마련하는 동안에도 들어갔다. 이때는 돈도 들어간다.

"돈을 엄청 써요. 수치로 딱 나타낼 수는 없지만 보통 여자들이 쓰는 만큼 썼을 거예요. 매번 인터넷 쇼핑을 해요. 유행하는 옷이 있으면 모든 쇼핑몰에 비슷한 옷이 올라와요. 그럼 또 가격 비교를 해야 하니까 쇼핑을 제대로 잘하려면 정말 많이 봐야 해요. 그럼 비교가 또 몇 시간이에요. 고르고, 담고, 빼고, 결제를 몇만 원씩 하죠. 한 번 할 때마다 10만 원 들 때도 있고…… 겨울에는 더 들어요. 돈이 어디서 났냐고요? 없는 돈 쪼개서 하는 거죠. 옷만 보는 게 아니라 화장품도 봐야 하니까 한 달에 한 번씩 로드숍 다 다니고 신상품 체크해요. 웜톤이니 쿨톤이니 하면서요. 발색이 대박이라면서 누가 추천해주면 그거 체크하러 가서 테스트해요. (옷 사고 화장품 사느라) 돈이 항상 간당간당했는데 이제는 시간도 돈도 여유가 있어요."

강박으로부터 탈출한 이후 혜민의 삶은 전면적으로 재편되었다. 대대적인 변화는 옷장에서부터 시작되었다.

"탈코르셋 옷을 따로 사진 않았는데요. 일단 계절이 바뀌니 옷을 사야 하긴 하잖아요. 집에 있는 옷 중에 무난한 거, 언제 입어도 이상하지 않은 옷들만 남겼어요. 이젠 편한 걸 신경 쓰게 됐죠. 가지고 있던 옷이 다 불편하거든요. 정말 옷에 몸을 맞춰왔다는 생각이 들어요. 옷이 다 불편해요. 크롭티도 엄청 껴요. 뱃살에 신경을 써야 하고요. 오프 숄더도 그렇고, 통 넓은 소매도 너무 싫어졌어요."

또 하나의 변화는 거울을 가지고 다니지 않는다는 것이다.

"손거울이 항상 있었죠. 없으면 엄청 불안하니까요. 혹시 뭐가 묻었나 볼 수 없으니까요. 수시로 확인을 해야만 안정이 됐어요. 집에서 나오기 전에 본 얼굴이 있는데 그게 흐트러지면 안 된다는 강박이죠. 잃어버리면 바로 새로 샀어요. 지금은 거울 안 보고, 가지고 다니지도 않아요. 이제는 그냥 가끔 지나가다 거울 있으면 뭐가 묻었나 봐요."

그는 자신이 원래 운동을 싫어하지 않았다는 사실도 알게 되었다.

"이제는 밖에 나갈 때 화장을 하거나 집에 돌아왔을 때 지우지 않아도 되고, 옷이 불편하거나 작아서 계속 신경 쓸 필요도 없어졌어요. 제가 화장을 했더라면 운동

을 할 생각을 할 수 있었을까요? 이전까지는 몸을 기능
으로 본 적이 없거든요."

혜민이 탈코르셋을 통해 얻은 가장 큰 소득은 자아
통제력을 회복했다는 것이었다. 그의 일상은 완전히 바뀌어
있었다.

"시간을 컨트롤할 수 있는 게 제일 좋아요. 그동안 무직
으로 지냈는데, 직장을 얻고 차도 생겼거든요. 내가 내
손으로 목적지를 정해서 차를 타고 가는 것, 일이 끝나
면 다시 내 차를 타고 가서 운동하고 하루를 정리하는
게 좋아요. 책을 본다거나, 다른 언어를 공부한다거나
하면서 하루하루 사는 일이 저에게 성취감을 줘요. 제
가 여태 건강을 생각해본 적이 없는데 요즘은 내가 건
강하게 잘 사는구나 하는 마음이 들어요. 한 번도 스
스로를 건강하게 하는 일을 해본 적이 없었는데, 그렇
게 하면서 거기에서 성취감을 얻고 일상을 사니까 만족
스러워요. 이를테면 정해진 시간에 일어나서 괜찮은 아
침을 먹는 일이요."

혜민에게 이제는 어떤 옷을 입는지 물어보았다.

"편한 슬랙스에 티도 그냥 기본템 입어요. 흰 티, 검은 티, 회색 티요. 고민 없이 입을 수 있는 옷이요. 뭘 주 워 입어도 무난한 거요."

혜민은 수많은 여성의 삶에서 획일적으로 중심을 차 지하고 있던 꾸밈으로부터 탈출했다. 매번 다른 옷을 입고 독특한 스타일로 페미니즘 세미나에 오던 때보다 훨씬 더 다양한 일과로 채워진 삶을 살고 있었다. 규범적 여성성이 자아가 없는 상태를 추구한다는 점을, 규범적 여성성으로 부터 이탈해 시선을 가지고 자아를 드러내는 여성을 남성 이 두려워하는 현상과 결부지어 생각해볼 때, 여성에게 자 아는 오히려 꾸밈을 중지하면서부터 드러난다. 나는 더 이 상 옷차림과 메이크업을 통해 혜민을 기억할 필요가 없어졌 다. 굳이 영화배우의 사례까지 가지 않아도, 여태까지 내가 알고 지낸 어떤 남자도 옷차림과 외양은 기억나지 않거나 그저 부차적이었음을 생각해보면 이제야 기본값이 맞추어 졌다는 생각이 든다. 탈코르셋 이후 외적 스타일이란 것은 개인으로 존재하거나 집단으로 모여 있는 여성으로부터 다 양성을 느끼는 데에 불필요하거나 그저 부차적 문제가 된 것이다.

9.
순응에서

위반으로

"가본 적 없는 곳으로 가본다는 불안인 거죠"

흑인 여성은 자신의 일상생활에 대한 의식을 바꿀 때 스스로의 힘을 기를 수 있다. (…) 의식의 변화를 체험한 개인이 자신과 비슷한 여정을 경험하고 있는 다른 이들을 운 좋게 만날 수 있다면 다른 이들과 따로 또 함께 자신을 둘러싼 세상을 바꿀 수 있다.

패트리샤 힐 콜린스, 《흑인 페미니즘 사상》

그런데 혜민은 원래 쇼트커트를 할 생각까지는 없었다고 했다.

"쇼트커트로 자르게 된 게…… 원래는 단발에서 만족하려고 했어요. 거기가 끝이고 더는 못할 거 같았거든요. 단발은 그래도 머리가 얼굴을 가려주는데, 쇼트커트는 도전해본 적이 없는 영역이었으니까요. 그래서 이런저런 핑계를 대면서 미뤘어요. 머리가 느리게 자라는 편이라서, 쇼트커트를 하고 나면 감당을 못한다고 합리화를 했어요. 그런데 이수역 폭행사건 때문에 너무 충격을 받았어요. 그 사건이 엄청난 분노를 자아내더라고요. 대체 어떻게 그럴 수가 있나 싶었죠. 그 사건을 계기로 기호를 떠나서 머리를 잘라야겠다고 결심했어요. 연대한다는 느낌으로 잘랐어요. 그렇게 막상 처음으로 머리를 자르고 나니까 엄청 편했어요."

이수역 폭행사건은 2018년 11월 13일에 일어났다. 사건이 보도된 15일은 내가 어느덧 길어진 머리를 자르려고 2주 전쯤 미용실을 예약해둔 날이었다. 그런데 우연히 뉴스를 통해 한 술집에서 머리가 짧다는 이유로 여성이 남성에게 폭행을 당한 사건을 접하게 되었다. 이 사건이 일어난 장소의 이름을 딴 '이수역 폭행사건'은 청와대 청원을 하루 만에 30만 건 이상 달성하면서 탈코르셋 운동에 다시 한 번 불을 붙였다. 나 역시 적당히 자르려던 머리를 훨씬 더 짧게 잘랐다. 여성이 머리를 잘랐다는 사실이 표적이 될 수 있는 세상에서 여성이 머리를 자를 수 있다는 사실을 더욱더 드러내지 않고는 폭력에 맞설 수 없기 때문이다.

젠더폭력은 성별 규범을 위반한 자에게 주어지는 폭력이다. 사소한 잔소리나 조롱과 마찬가지 효과를 낳지만 훨씬 더 직접적 폭력을 통해 위반자를 처벌해 규범 안에 넣고자 한다. 여성이 그저 여성의 전유물이라 여겨지는 긴 머리를 고수하지 않는 것을 넘어서 통상적으로 남성의 영역으로 여겨지는 길이 넘어서까지 머리를 자르면 주어진 자리를 이탈하는 것을 넘어 더욱 적극적 위반을 감행하는 셈이 된다. 여성이 긴 머리를 자를 때 주변에서 만류하는 경우는 단발이 아닌 투블럭 커트일 때이다. 즉, 여성이 자르고자 하는 머리 스타일의 길이와 모양이 바뀜에 따라 그에 대한 반응들도 질적으로 변화한다. 짧아진 머리를 아까워하거나 실연당한 여성으로 취급하며 말리는 대신 규범을 위반한 데 대한 언짢음과 불쾌감을 드러내는 식이다. 심한 경우, 여자가 남자가 되려 한다는 위반의 신호가 여성의 수직적으로 낮은 위계와 결부되어 '감히'라는 분노를 일으킨다. 이수역 폭행사건은 탈코르셋이 규범적 여성성을 강화하는 젠더폭력에 대한 저항운동인 이유를 몸소 보여준 사건이었다.

상민은 개인적으로 탈코르셋을 실천할 뿐만 아니라 이 사건을 계기로 교내에서 탈코르셋과 관련한 캠페인을 벌였다. 그를 만나기 위해 서울역에서 기차를 타고 대전의 유성역에서 내려 충남대학교 근처의 한 태국 음식점으로 향한다.

"캠페인은 11월에 했었어요. 탈코르셋을 한 여성이 폭행당한 사건에 대한 연대의 의미이기도 하고, 이 운동을 학우들에게 알려야겠다는 의미도 있었어요. 탈코르셋이 어떤 건지, 왜 해야 한다고 생각하는지에 대한 내용, 한국 사회가 얼마나 코르셋을 강요하고 있는지에 대한 시각 자료를 패널로 만들어 전시하고, 스티커를 만들어 배포했어요. '나는 인형이 아니라 인간이다'라는 말을 영어로 써서요. 아, '탈코르셋이 아니고 이것이 디폴트다'라는 말도 있었네요."

그러나 상민의 캠페인은 학우들로부터 썩 좋은 반응을 얻지 못했다.

"다른 활동보다 반응이 썩 좋지는 않았던 것 같아요. 아무래도 날씨도 춥고, 사안 자체도 그렇고…… 반응이 좀 적었던 것 같다는 생각을 했어요. 에브리타임에서는 반응이 좀 있었지만요. '오늘 행사 장소 앞에 있던 사람들 메갈이냐. 다 투블럭이더라. 머리 짧더라.' 뭐, 이런 내용이 올라왔어요."

'에브리타임'은 전국 대학교의 강의 시간표와 함께 커뮤니티 기능을 지원하는 온라인 서비스를 말한다. 상민은 충남대학교 여성주의 실천 동아리 '빅웨이브'의 회장이다. 그는 탈코르셋 이전에 '무해하고 귀여운' 자아 이미지를 만드는 데 주력했다. 상민을 마주한 나로서는 전혀 상상할 수 없는 이미지였다. 상민 역시 과거와 지금의 차이를 만드는 부분이 화장 자체에 있는 것이 아니라고 답했다.

"만일 제게 손재주가 더 있었더라면 '흑역사'를 남겼을 거라는 얘기를 했어요. 옛날 사진을 봤을 때 애들이 네가 아니라 너의 전생 같다고 얘기할 정도로 지금과 좀 많이 다른데요. 엄청 많이 꾸며서 다른 게 아니라, 포즈나 표정 같은 게 달라서 달라 보이는 것도 있었어요. 옛날 사진 좀 가져올 걸 그랬네요. 충격적인 게 많은데…… 탈코인들끼리 모이면 서로 과거 사진 보잖아요. 사진을 보다보면 옷차림에서 놀란다기보단 표정이나 포즈에서 주로 놀라더라고요. 저도 놀랐고. 어떤 친구는 저한테 '언니는 정말로 표정이 '아에이오우'네요'라는 거예요. 하나같이 귀엽고 무해해 보이려고 노력했다는 뜻이죠. 그렇다고 해서 제가 그렇게 많이 꾸미고 다니지는 않았거든요. 화장을 지우면 못 알아볼 정도도 아니었고요. 손재주가 없어서 그런 거였는데…… 손재주가 있었다면 화장을 훨씬 열심히 하고 다녔겠죠. 옷은 화려하거나 짧게 입고 다니지는 않아도, 신경 쓰는 게 심했어요. '속탈코'가 중요하다고 하잖아요. 길을 걷게 되면 가던 길을 그냥 못 지나가고, 건물 창이나 거울에 비치는 저를 확인하고 가야 했어요. '혹시 지금 반바지 입은 내 다리가 뚱뚱해 보이나?' 이런 생각이 드니까요. '내 모습이 지금 어떤가?' 하는 검열이요."

'흑역사'란 돌이켜 생각하니 창피한 기억이 되어버린 과거를 말한다. '속탈코'는 외양뿐 아니라 규범적 여성성을 만들어내는 내적 기제를 의미한다. 거울에 비친 무해하고 귀여운 자아 이미지는 남자친구와의 연애에서도 유지되었다. 그런데 상민은 탈코르셋을 하고 나타났을 때 남자친구로부터 충격적인 발언을 들었다.

"남자친구를 만나던 중 탈코르셋을 했거든요. 투블럭을 딱 치고 걔를 만났는데, 걔가 '나는 네가 좋지만, 사실 나는 인생의 동반자를 만나고 싶은 게 아니라 여성적인 여자친구를 만나고 싶은 거다'라는 말을 했어요. 돌이켜보면 말도 안 되는 소리인데 그때는 그 말에 되게…… 속상했어요. 나는 되게 정치적인 의미로 탈코르셋을 한 건데……. '이 미친 새끼야'라면서 바로 헤어졌

어야 했는데, 그때 바로 헤어지진 못했지만 곧 헤어졌어
요."

상민의 말을 들은 나는 각본에 틈을 내고 기다려보
면 남자친구가 자신과 맺고자 하는 관계가 어떤 것인지 알
게 된다는 진선의 말을 상민에게 전해주었다. 남자친구에게
페미니즘 책을 선물하며 '개념남 만들기'에 열을 올렸던 상
민은 이후 비혼을 선언했다. 그는 '더 이상 남성과 살 수 없
는 몸이 되었다'고 말했다. 상민의 이야기는 규범적 여성성
이 이성애 정상성 강화를 목적으로 하는 규범이라는 설명
과 맞아떨어진다. 규범적 여성성 수행을 중단한 뒤로 이성
애를 통해 유지되는 정상성에도 의문을 제기하게 된 것이
다. 규범적 여성성 수행의 중단 이후 상민은 자신이 가졌던
상상력을 톺아보기 시작했다.

"이전까지는 약간 한심한 남자를 가르치면서 사는 상
상을 했어도, 아예 어떤 동반자 없이 사는 상상은 못
해봤어요. 어떤 존재가 없이 사는 건 아직도 상상을 못
하는 거 같아요. 그 존재가 고양이든 뭐든……"

'여자 머리'에서 '남자 머리'로 넘어갔을 뿐인데, 탈코

르셋은 이후로도 끊임없이 그에게 새로운 상상력을 부추기며 선을 넘는 법을 가르쳐주었다.

"탈코르셋을 하고 나니까 더 이상 바깥에서 보이는 것에 대해 에너지나 정신력을 쏟지 않게 되었고, 그때부터는 다른 가능성을 더 고민하게 되었어요. 그리고 사회에서 당연히 해야 한다고 생각하는 것들 있잖아요. 남성과의 결혼, 남성과의 연애처럼 당연히 여성으로서 수행해야 한다고 여겨졌던 것들로부터 벗어나니까 다른 것들도 못 벗어날 게 없겠다는 생각을 하고, 다른 가능성을 더 고민하게 되었어요. 탈코르셋을 하면서 비혼이라는 단어를 접했는데, 그렇게 더 많은 가능성을 고민하는 시작이었던 것 같아요. 다른 경계선도 더 넘어봐야 되겠고, 넘어볼 수 있겠다고 생각하게 되었어요."

상민은 선을 넘고 나면 어떤 일이 일어나는지 알기 때문이 아니라 넘기 전에는 알지 못하므로 선을 넘어야 한다고 말했다.

"남자가 입으면 어울리고 여자가 입으면 이상한 옷이 있다거나, 남자 머리 길이, 여자 머리 길이, 이런 게 다

허상이라는 걸 알게 되었어요. 그게 허상이라는 걸 생각해서 자른 게 아니라, 자르고 나서 허상이라는 걸 알게 된 거예요. 여성성이라는 환상이요. 자르고 나서 제가 뭘 알게 된 건지 알았어요. 자르기 전까지만 해도 '얼마나 내 삶이 달라질까?' 이런 고민 없이 그냥 잘라봐야겠다고 생각하고 잘랐는데, 제 세상이 그 뒤에 오히려 바뀌었던 거죠. 돌아보니까 그전에는 단발 같은 머리였는데, 그때는 화장을 하나도 안 해도 틴트만은 발랐어요. 입술 색은 못 놓았던 거죠. 그런데 투블럭을 하고 나서 틴트를 바르니까 제 얼굴이 진짜 우스꽝스러운 거예요. 꼭 무슨 광대 같은 거예요. 그때 틴트를 보면서 '아, 이게 정말 허상이구나' 했어요. 틴트를 발라야 얼굴이 완성된다는, 그래야 밖에 나갈 수 있다는 생각, 입술에 색을 칠해야 사람 같다는 생각이 있어서 못 놓았거든요. 틴트는 진짜 못 버렸는데…… 투블럭을 치니까 그냥 옷도 투블럭에 어울리는 걸 고르게 되었어요. (투블럭 하고 나서) 집에 있는 옷을 다 입어봤는데 제 머리에 어울리는 옷이 하나도 없는 거예요. 그때 되게 깜짝 놀랐어요. 저는 여전히 전과 똑같은 여잔데 고작 머리 때문에 갑자기 여자 옷이 안 어울리잖아요. 그때 되게 충격을 받았고 이후로 선을 넘는 사람이 되어야겠다고 생각한 거예요. 그래서 탈코르셋을 한 주변 사람들을 보면 이게 힘들다는 게 충분히 이해가 돼요. 특히나 열심히 꾸미다가 탈코르셋 한 사람이요."

상민에게 탈코르셋을 고민하는 이들이 가장 힘들어하는 게 무엇일 것 같은지 물었다.

"선을 넘어보려고 도전하는 거요? 왠지 그러면 안 될 것 같은 마음이 들잖아요. 가본 적 없는 곳으로 가본다는 불안인 거죠."

여성이 외양에 주어진 규범을 위반함으로써 자신 앞에 그어진 선을 넘는 문제는 인간으로 취급받지 못했던 여성이 오래도록 이어온 투쟁의 방식이다. 탈코르셋 운동이 단순히 몸을 답답하게 하는 브래지어와 같은 도구들로부터 몸을 편안하게 풀어준다는 의미에서의 해방이나, 여성에게 강요되는 꾸밈 압박으로부터의 해방이라는 의미를 넘어 '여성해방'을 위한 운동이라고 설명되는 이유이다. '탈코르셋은 편하려고 하는 것이 아니다'라는 말은 탈코르셋을 했다고 해서 여성이 곧장 편해질 수 없는 현실을 지적하기도 하지만, 애초에 이 운동에 여성의 영역 내에 존재하는 불편함을 제거하기를 넘어 규범을 위반할 때 생겨나는 불편함을 유발하려는 의도가 담겨 있음을 주지하기도 한다. 탈코르셋에 참여하는 여성들은 여성의 영역 내부에서 규범적 여성성을 유지하느라 스스로에게 가했던 학대와 강박을 벗겨낼 뿐 아니라 남성의 전유물이라 여겨지는 영역에까지 적극 침범한다. 단발 대신 쇼트커트, 쇼트커트 대신 투블럭으로, 굳이 '남자 머리'로 보이는 머리 스타일을 함으로써 선을 넘어 유발하는 긴장감과 언짢음이란 탈코르셋 운동이 겨냥하는 효과이다.

이 운동은 강제된 것을 하지 않음으로써 규범을 달성하지 않는 투쟁에 더하여, 허락되지 않은 것을 하면서 금기를 어기는 투쟁, 즉 이전까지는 여성에게 절대로 허락되지 않은 영역으로 적극적으로 넘어갔기 때문에 오늘날 여성에게 할당된 영역을 만들어낸 지난 투쟁의 맥과 직접적으로 이어져 있다. 그중 하나는 바지를 입고자 했던 메리 에드워즈 워커의 투쟁이다.

남성과 여성이 지배와 복종의 상하관계로 맺어진 역사는 각 계급에게 주어진 바지와 치마라는 복식에도 상하관계를 만들어놓았다. 그러니 오늘날 여자가 바지 자체를 입는 데 큰 문제가 없어진 상황이란 하층이 상층의 전유물에 도전하는 투쟁이 없었다면 아직도 얻을 수 없었을 결과

일 것이다. 이 상황이 문제없어지기까지는 여성이 바지를 입는 일이 명백히 불가능한 와중에 위반을 감행한 문제적 인물들이 나와야 했다. 결혼 서약에 남성에게 복종한다는 표현이 포함되어 있던 시절에 미국 최초의 여성 외과의였던 메리 에드워즈 워커가 한 예였다. 그는 바지를 입고 결혼했고, "나는 남자의 옷을 입은 것이 아니라 내 옷을 입었다"라고 말하며 비위생적인 치마를 거부했으며, 죽을 때도 검은 정장을 입은 채로 묻혔다. 오늘날 여자에게는 바지가 허용되고 남자에게만 치마가 금기시되는 상황은 여자에게만 바지가 금기였던 과거로부터 나왔다. 그런데 성별 의복 규범에 적용되는 금기란 같은 금기라도 전혀 다른 의미를 가진다. 한쪽은 하층의 반역 때문에, 다른 쪽은 상층의 굴욕 때문에 금기시되었기 때문이다. 메리 에드워즈 워커를 보았던 남자들에게서 일었을 감정이자, 이수역 폭행사건이 유발한 분노의 표현인 '감히'는 오직 한쪽에만 붙는다. 여성에게 과거 남성의 전유물이던 의복 규범이 이미 허락된 상태라고 하더라도 위반의 역사는 분노가 일지 않을 때까지 계속될 수밖에 없다.

유사한 맥락에서 일어난 또 다른 투쟁은 조선에서 일어났던 단발투쟁이다. 조선에서 1920년경에 차미리사를 비롯한 인물들로부터 여성해방 사상이 퍼지자, 뒤이어 기생과 교사를 비롯한 각계각층의 여성들이 단발운동을 벌였다. 여성들은 간편함과 위생성을 이유로 들면서 단발을 해나갔다. 당시 유학을 마친 지식인 독립운동가이자 여성단체를 조직한 여성운동가로 이름이 높았던 허정숙은 단발운동에 동참하고 이를 주도한다. 여성을 중심으로 확산된 이 운동이 1921년부터 1924년까지 계속되다가 1925년 사그라들자 그사이 대중에게 친화되고자 머리를 다시 길렀던 허정숙은 또다시 공개 단발을 한다. 그는 편리성을 주장했을 뿐아니라 '한갓 남성의 희롱물이 되지 않겠다'는 의지를 담은 글을 함께 발표했다. 그가 1925년 8월 잡지 《신여성》에 '단발호'를 특집으로 실으며 운동을 확대하는 동안 당시 〈조선일보〉의 남기자를 비롯한 남성들은 여성의 단발을 '해괴하다', '패륜이다', '불효이다'라고 비난하고 단발한 여성들을 '모단걸°'이라며 희화화하는 데 그쳤다.

1924년 11월, 단발운동이 한창 일어날 무렵 허정숙은 〈동아일보〉에 다음과 같은 글을 실었다.

°   본래 '신여성(modern girl)'을 뜻하는 말이지만, 발음의 동일성 혹은 유사성을 이용해 '머리가 짧은 여자(毛 + 短 + girl)'이자 '못된 여자(못된걸)'라는 의미를 담은 표현이기도 하다.

"우리는 남의 아내와 남의 며느리가 되어가지고 한갓 그 집안 시부모와 그 남편 한 사람만을 지극히 정성으로 받들고 공경하는 것보다도, 오히려 사람으로서의 우리의 개성을 살리우고 우리의 인권을 차지하는 것이 무엇보다도 먼저 우리 눈앞에 급박한 큰 문제이다. 만일에 우리가 사람에게 의뢰하여 사는 기생충이 아니고 완전한 사람이며 한 세상의 인간살이가 남을 위함이 아니고 오직 나를 위함이라 하면 우리는 먼저 남과 같이 완전히 자유롭게 살 것을 요구할 것이며 노력할 것이다."

100년 전 허정숙의 말은 앞서 상민이 바뀐 몸으로 위반을 계속해나가는 생애 기획을 해나가기로 결심했다며 들려주었던 계기와 위화감 없이 공명한다.

"남자 없이 산다는 건 많은 걸 감수해야 하는 일이지만 어쨌든 나답지 못하게 살아야 하는 부분이 있으니까요. 남성 또는 남성 배우자의 가족과 상호작용을 하면서 살아가는 건 제게 저답지 못한 순간이에요."

100년의 시간 차를 뛰어넘어 허정숙과 종으로 연결

단발을 하고 청계천에서 물놀이를 하는 허정숙, 주세죽, 고명자.

된 상민은 이야기 도중 자신과 동시대에 횡으로 연결된 또다른 여성으로서 불쑥 나를 언급했다.

"언젠가 카이스트에서 강연하실 때, 저도 거기 갔었거든요. 그때 그게 저를 다시 구성하는 데 도움이 됐어요. (당시에 민경 님이) 내가 살았던 경험들을 페미니즘적으로 다시 재구성해봐야 한다고 말씀하셨었는데, 제가 그걸 제 문제로 체화한 것 같아요."

나는 2016년 5월 17일에 일어난 강남역 살인사건을 계기로 페미니스트 활동가가 된 이래 끊임없이 강연을 다녔다. 이날의 만남은 상민이 대학교에서 진행했던 캠페인에 대한 게시물을 보고 인스타그램을 통해 내가 요청한 것이지만, 사실 그가 나를 처음 만난 것은 2016년 대전에서였다. 상민은 그 무렵 자신의 변화를 다음과 같이 회고한다.

"말하기 부끄러운데, 제가 사실은 여성의 언어를 스무 살 끝자락에 접한 이후로 그렇게 말하고 행동한다고 생각은 해왔지만…… 막상 지금 생각해보면 그러지 않았던 것 같아요. 제가 지금 스물넷인데, 스물둘 후반 내지는 스물셋 초반에야 제 언어로 말하기 시작했던 것 같거든요. 그전까지는 페미니즘을 제 문제이기는 하지만, 여성으로서의 제 문제라기보다는 정의의 문제로 생각하고 접근했던 것 같아요. 내 관점을 다시 보고, 내 삶을 재구성했던 게 아니고, 저기 멀리 있는 정의를 따라가는 그런 느낌처럼 전에는 받아들였어요. 페미니즘 공부도 열심히 하긴 했는데, 이전까지는 다른 여성을 위해 공부하다가 그제야 제 문제라는 걸 알았어요. 그때부터가 진짜 페미니스트로서의 삶이었던 것 같아요."

2015년부터 시작된 페미니즘의 대중화는 2016년 강남역 살인사건을 통해 당시 여성들에게 인식의 대전환을 불러왔다. 책을 냈기 때문에 강단에 섰을 뿐, 나 역시 상민과 비슷한 시기에 비슷한 태도로 타인의 문제를 마땅히 함께하겠다는 의지를 가졌다가, 또다시 비슷한 시기에 이 문제가 여성이라는 분류체계를 벗어나서는 결코 투쟁할 수 없는 문제임을 깨달았다. 내가 줄곧 대대적으로 여성들에게 2015~2016년 무렵을 '나도 여자다'라는 주제 파악이 시작된 출발점이라 설명하는 이유는 그 시기에 이르러 여성문제에서 더 이상 제3자처럼 굴 수 없어졌으며, 우리 각자의 몸이 이미 세계에 연루되었다는 자각이 비로소 내게 찾아왔기 때문이다. 상민이 말했듯 당시는 체화된 여성주의 지식이 생성되고 운동을 대하는 여성들이 일제히 바짝 당겨 앉는 자세로 몸을 바꾸던 무렵이었다. 각계각층의 여성들로부터 여성주의가 퍼져나가고 그 후로 1년 뒤부터 시작되어 3년째 전파되고 있는 페미니즘 운동이 각자의 몸을 통해 이루어지는 탈코르셋 운동인 것은 결코 우연이 아니다. 탈코르셋 운동은 그동안 여성들이 스스로의 몸을 바꾸고, 그럼으로써 타인의 몸을 바꾸어가면서 도달한 페미니즘의 또 다른 출발점인 것이다.

내가 여성들로부터 영향을 받아 다른 여성들에게 영향을 주기 위해 분투하는 가운데 나도 모르던 사이에 상민을 만났듯이, 그는 앞으로도 더욱 적극적으로 자신을 '전시'하겠다고 말했다. 몸과 생애에 대한 규범을 위반한다는 의미에서 개인이 홀로 탈코르셋을 결심하는 일이 도무지 쉽지 않다는 것을 알기 때문이다.

"페미니즘을 만났을 때, 물론 그때에도 주변 사람들을 한 차례 잃었지만, 그때는 이게 내 문제가 아니고 그저 진보적 의제처럼 생각됐었어요. 사실 탈코르셋을 하고 나서 친구를 잃는 사람들이 되게 많은데 다행히 저는 아무도 안 잃었어요. 이미 그때 제 주변은 여성주의 의제에 관심이 있는 사람들로만 구성되어 있었으니까요.

다만 제가 그냥 조금 더 적극적으로 실천하는 사람이었던 거고요. 그런데 탈코르셋을 하고 제가 변하는 걸 느끼면서 제 모든 여성적 실천을 전시해야겠다는 생각이 들더라고요. 제 영향을 받아서 페미니즘을 접하는 사람이 생기고, 탈코르셋을 하는 사람이 생기고 그러는 걸 보면서 그런 마음이 들었어요. 꼭 저 혼자만 영향을 주었다는 말이 아니라, 주변에 만나는 사람 중에 머리 긴 사람이 별로 없어요. 간혹 지금 머리가 길다고 해도, '언제 자르지?'라고 생각하는 사람들만 있어요."

만남이 끝나고 상민은 탈코르셋에 관한 단행본 준비 소식을 진작부터 인스타그램을 통해 알고 있었다는 이야기도 들려주었다.

"저 그때 여름에 (민경 님이) 탈코르셋 책 준비해보려고 한다는 얘기 들었을 때, 되게 반가웠어요. 이 흐름을 따라서 기록하는…… 우리의 역사를 기록하는 언어가 더 나와야 하니까요."

내가 이 이야기를 나 혼자만의 것으로 여기지 않았기에 집필을 마음먹을 수 있었듯이 상민 역시 같은 시기를 살아가는 페미니스트 동료로서 나의 책이 어떤 의미를 담고 있을지 이미 알고 있었다. 탈코르셋은 규범적 여성성을 이탈해 금기를 위반한다는 분명한 기치를 담고 있되 주동자가 없는 익명의 여성들로 이루어진 운동이다. 영향력을 확산시켜나가는 과정에서 앞에 영향을 준 자가 뒤에 영향을 받기도 하고 영향을 옮긴 자가 영향을 만들어내기도 하는 머리와 꼬리가 없는 이 운동은 돌연하게 등장했지만, 여성의 해방을 외칠 때마다 언제나 존재했던 투쟁의 명맥을 분명히 잇고 있다.

10.
분열에서

통합으로

"차라리 내가 찍어 바르느니…… 쳐맞고 말지"

그러므로 나는 여성은 여성 자신으로서는 단발하는 것이 어떠한 의미로 보든지 당연한 일이라고 생각합니다.

허정숙, 《나의 단발과 단발 전후》

해방을 위한 여성의 투쟁은 시공간을 뛰어넘어 서로 닮는 법이라지만, 여성해방 사상이 전파된 다음 해부터 단발운동을 일으킨 조선의 여성들과, 페미니즘이 확산된 이듬해부터 탈코르셋 운동을 일으킨 한국의 여성들은 유독 더 닮았다. 같은 땅, 주동자 없이 각계각층의 여성이 삶에서 몸으로 일으킨 운동의 발단, 머리를 자르는 운동의 방침, 남성들의 비방과 조롱, 편리성에 대한 예찬부터 더 이상 남성의 희롱물로 살아가지 않겠다는 비장한 각오에 이르기까지 운동에 동참하며 터져 나온 여성들의 외침, 이 외침을 동시대를 살아가는 서로가 주고받으며 퍼뜨렸다는 점에서도 그러했다. 그러니 탈코르셋 운동이라는 현장에서 재치 있고 효과적인 전략을 시시각각 고민하고 운동의 지향을 공유하며 각오를 다지는 여성들의 모습을 보고 난 뒤라면 나뿐만이 아니라 그 누구든 축약된 설명으로만 남아 있는 지나간 투쟁의 현장이 눈앞에 그려질 것이다. 실제로 상민에 이어 대전에서 활동하는 세 명의 페미니스트를 만나 그들이 나누는 대화를 듣고 있는 동안, 단발운동에 참여했던 여성들의 이제는 들을 수 없는 대화를 각색한다면 아마도 이런 대본이 나오지 않을까 싶은 생각이 들었다.

혜경, 지현, 사랑은 각각 충남대학교 여성주의 소모임 '빨간맛', 반성매매 단체 '여성인권티움', 여성주의 잡지 《보슈》에서 활동하고 있다. 셋은 전부 다 정도는 다르지만 여느 여성들이 그러하듯이 자신의 몸을 마치 화폭처럼 사용했다. 타인에게 보이기 마련인 자신의 이미지를 오로지 미감을 담는 데만 썼다는 의미에서이다. 혜경은 심각한 외모 강박에 시달린 축이었다. 나는 그에게 단풍의 이야기를 전해주었다.

"저는 엄마가 집 앞 슈퍼에 장 보러 가자고 할 때도, 두시간 정도 풀 메이크업을 하고 갔어요. 화장 안 하고서는 아예 밖을 안 나갔어요. 단풍 씨 아이라인 이야기를 들으니 생각난 건데, 저는 아이라인을 짝짝이로 그려서 화장을 새로 하고 가느라 수업에 30분 지각한 적도 있었어요. 무슨 마음이었는지는 생각이 안 나요. 그때 당시에는 그게 예의라고 하니까…… 시험 기간에도 화장했어요. 요즘요? 요즘은 다른 애들 화장하고 올 시간에 글자 하나 더 보고 가고, 아침밥 챙겨 먹고 시험 치러 가야겠다고 생각하죠. 그리고 전에는 마스크 쓰는 걸 되게 싫어했어요. 화장 묻으니까요. 컴퓨터 할 때 안경 쓰면 자국 생기니까 안경도 안 썼어요. 가족끼리 바닷가 여행을 간 적이 있었는데, 살 타고 화장이 지워질까봐 스노클링을 안 하고, 배에서 혼자 가만히 몇 시간 동안 앉아 있기만 했어요. 화장 때문에 안 했던 게 많았어요. 세부에 여행 갔을 땐 내내 숙소에만 있었죠. 더우면 땀 나서 화장 지워질까봐요. 흰 원피스 입고 셀카만 엄청 찍었죠."

지현도 마찬가지였다. 그는 혜인처럼 칭찬으로 인해 규범적 여성성에 부합하는 데 성공한 경우였다. 그러나 이때의 '성공'이란 '성공적인 구속'의 줄임말이다.

"저는 어렸을 때부터 예쁘다는 말을 집안 어른들이나 사람들한테 많이 듣고 자랐거든요. 제 피부가 잘 타는 피부여서 어렸을 땐 되게 까맸어요. 엄마가 '깜댕이'라고 놀렸으니까요. 근데 중학교, 고등학교 올라가서는 햇빛을 볼 새가 거의 없잖아요. 그래서 피부가 하얘지니까 애들이 '너 진짜 피부 좋다, 하얗다' 했죠. 그 칭찬이 저의 인정 욕구를 충족시켜주었어요. 많은 인정 욕구 중에서 외모에 대한 칭찬이 제게는 가장 크게 느껴졌어요. 그 욕구가 잘 충족되니까 행복했고. 외모는 그때부터 나를 완성시켜주는 하나의 장치가 된 거죠. 그렇게 피부도 하얗고 나름 스스로에 대한 자신감이 있었는데, 스무 살 때 친구가 어느 날 '넌 왜 화장 안 하고 다녀? 화장하면 예쁠 텐데' 이러면서 화장을 시켜줬어요. 그러고 밖에 나갔는데 다들 '와~ 너무 예쁘다'라는 거예요. 전에 받았던 예쁘다는 칭찬보다 더 큰 칭찬을 받으니까 '아, 이렇게 하고 다녀야겠다' 싶었어요. 제가 넉넉하지 않은 집에서 자랐거든요. 그래서 옷을 사려면 용돈을 엄청 아껴서 먹고 싶은 걸 다 포기해야 했어요. 스무 살 되고 나서 엄마가 달마다 생활비를 주면, 밥을 굶고 옷을 샀어요. 그렇게 해서 옷장이 차 있으면 기분이 너무 좋았어요. 사람들이 '너 옷도 잘 입는다'라고 하니까 그게 또 인정 욕구를 채워줘서 옷도 더 사고, 화장도 열심히 하고 그랬죠. 칭찬이 저를 구속되게 만든 거예요."

이어 지현은 몸무게를 숫자로 바라보는 여느 여성과 똑같은 일화를 전해준다.

"지금 몸무게가 46킬로 정도 나가거든요. 162센티미터에 46킬로그램이면 진짜 마른 거잖아요. 예전에는 44킬로가 적당하다고 생각했어요. 한번은 3일 정도 아무것도 못 먹을 정도로 너무 아팠는데, 그다음 날 몸무게를 재니까 44킬로가 되어 있었어요. 그때 너무 만족스러운 거예요. 당장 난 너무 아픈데……"

사랑은 정도는 약하지만 이들과 비슷한 방식으로 자신의 몸을 인식했다. 그러나 그는 다른 여성들과 축구를 하기 시작하면서 몸으로 해야 하는 일과 일을 하기에 유리한 몸에 대해 생각하기 시작했다.

"제가 다리가 좀 얇은 편이었는데도 허벅지가 더 가늘었으면 좋겠다는 생각을 예전부터 꾸준히 했어요. 근데 이제는 (축구를 하니까) 많이 뛰어야 하고, (공을) 더 세게 차야 하니까 허벅지 근육이 많을수록 유리하잖아

269

요. 그렇다보니 근육이 많은 다리를 가지고 싶어진 거
죠. 내 몸을 이제는 미의 기준이 아니라 기능적 측면에
서 봐요. 건강했으면 좋겠다, 운동을 잘하는 몸이 되었
으면 좋겠다, 하고요. 몸을 기능적으로 인식한 순간부
터 내 몸을 운용하는 방법에 대해서도 관심이 생겼고
요."

사랑의 말처럼 '몸으로 쓸 수 있는 힘은 많을수록 좋
다'는 당연한 인식은 남성들한테는 미리부터 공유되었지만
여성들은 탈코르셋 이후에야 접근이 허락되었다. 여성의 몸
에 대한 '건장하다', '튼튼하다'는 평가는 '편해 보인다'와 마
찬가지로 글자에 담긴 긍정적 가치와는 달리 부정적 의미로
통용된다. 여성은 자신의 몸에 대해 긍정적 가치를 부정적
으로, 부정적 가치는 긍정적으로 느끼도록 학습된다. 지현
의 이야기는 부정적 가치를 칭찬으로 받아들이는 다른 일
면을 보여준다.

"남자애들이 '넌 한 대 툭 치면 부러지겠다, 쓰러지겠다'
하고 얘기하면, 기분 나쁜 척했지만 속으로는 되게 기
분이 좋았어요. '날 그렇게 여리게 보는구나?' 하면서
요."

사랑은 한마디 거들었다.

"생각해보면 그것이 바로 하타치인 것을."

탈코르셋 이후에야 그동안 여성이 무엇을 부정하고 무엇을 긍정해왔는지 깨달았음을 요약한 멘트였다. 지현은 사랑의 말에 수긍하며 이제는 그런 말이 대번에 분노를 부른다고 말했다.

"오늘 시합을 했는데, 제가 너무 한 방에 쓰러지고 하는 게 짜증이 나는 거예요. 그래서 근력 운동을 해야 하나, 그런 생각을 하게 돼요."

여성은 규범적 여성성에 부합하는 '쓰러질 것 같은' 자아 이미지를 긍정적으로 여기도록 학습했을 뿐, 실제로 쓰러졌을 경우 스스로에게 이로울 것은 어디에도 없다. '튼튼한' 이미지가 규범에 맞지 않아 수치심을 안길 뿐, 튼튼해서 나쁜 일이 아무것도 없는 것과 마찬가지이다. 좋은 것이 나쁜 것이 되고 나쁜 것이 좋은 것이 되는 규범적 여성성의 모순은 그것을 바라보고 욕망하는 남성과의 각본 속에서 생각해야 한다. 혜경은 상민과 마찬가지로 남자친구와 헤어지는 날 탈코르셋을 했다.

"남자친구랑 헤어지던 날에 투블럭을 하고 화장도 안 했어요. (탈코르셋을) 거의 한 번에 했죠. 원래는 가진 옷이 치마밖에 없어서 탈코르셋을 못할 거라고 생각했어요. 이전까지는 제가 외모를 가꿔야만 사랑받을 수 있을 거라고 생각했거든요. 만약에 제가 살이 찌면 남자친구가 저를 안 좋아할 거라는 생각도 했었고요."

나는 혜경에게 남자친구가 실제로는 무엇을 주었느냐고 물었다. 대부분의 여성들이 관계로부터 사랑을 받기 때문에 외모를 가꾸기보다는 외모를 가꾸지 않는 상상을 했을 때 엄습하는 실체 없는 불안의 원인을 사랑이라 명명하는 경우가 잦기 때문이다. 3년간 교제했던 혜경은 내 질문을 듣고 고개를 갸웃했다.

"그러게요. 뭘 주나⋯⋯ 성병 주나?"

다시 잘 생각해보라는 말에 혜경은 세 번이나 "뭘 주나?"를 중얼거리다가 도저히 모르겠다며 지현에게 도움을 요청했다. 마찬가지로 오랜 연애를 끝낸 지현은 자신의 경우 남자친구로부터 찾던 것이 '관계 중독'이었다고 답했다. 나는 혜경에게 그가 상민의 경우와 마찬가지로 탈코르셋이 이성애 각본을 유지하던 둘 간의 관계에서 갈등을 일으켰기 때문에 이별했는지 물었다. 혜경은 고개를 저었다.

> "아니요. 제가 '나 너한테 할 말 있으니까 만나자'라고 해서 헤어졌어요. 만나서는 '나 너 사귀면서 너무 대가리 깨질 것 같다'고 했어요. '나 이제 너랑 못 사귀겠고, 너랑 헤어지고 나서 지금 미용실 가서 머리 자를 거다'라고도 말했어요. 그때 제 모순을 깨달았어요. 제가 한국 남자들을 욕하면서 남자친구 사귀는 거 자체가 모순이잖아요. 다른 남자들이 일관되게 보이는 문제를 지적하면서도 제 남자친구만 예외일 거라고 생각하면서 사귀어야 하니까요. 인지부조화를 도무지 못 견디겠어서 헤어졌어요."

그는 인지부조화를 해결해야 할 우선 과제로 삼았다. 인지부조화가 안기는 모순을 참지 못하기로는 지현도 마찬가지였다. 그가 탈코르셋을 한 계기 역시 모순을 합리화할 수 없다는 결심에서 비롯되었다.

"제가 인스타그램으로 페미니즘 게시글을 접하고, 페미니스트로 각성은 했는데 막상 바로 뭔가를 하기는 좀 무서운 거예요. 그런데 탈코르셋 담론 중에서 어떤 사람이 코르셋을 합리화하는 글을 쓴 걸 봤어요. 저는 그걸 보고 '그래, 그럴 수 있지' 수긍하면서 주체적 코르셋을 지지할 뻔했는데 댓글에 뭐라고 써 있나 궁금해서 봤더니, 그 글을 쓰신 분에게 반박하는 내용이 있었어요. 그걸 보고는 '아차' 해서, 코르셋을 합리화하려던 저 자신을 직시하고 하마터면 큰일 날 뻔했다는 마음으로 머리를 자른 거예요."

가부장제는 여성을 내적으로 분열시킨다. 남성의 관점으로 자신을 바라보는 여성은 자신이 목도하는 것을 말할 수 없음으로 인해 끊임없이 스스로를 침묵하게 하면서 자신을 자신과 화해할 수 없는 존재로 만든다. 페미니즘을 통해 정치적 주체로 거듭나는 여성의 각성은 분열을 목격하거나 더 이상 외면할 수 없는 시점에 이루어진다. '탈코르셋이 진정한 페미니즘의 시작이었다'는 발언이 자주 들리는 까닭은 이 행위가 분열된 자아를 통합하겠다는 결심으로부터 나왔다는 의미이다. 지현과 혜경 역시 자신의 분열을 목도한 이상 그것을 참을 수 없다는 결단을 내린다. 여태껏 인정 욕구를 채웠고 사랑받을 수 있었던 관계를 포기할 엄두가 나지 않는다고 하더라도, 이들에게는 인지부조화가 개인의 삶에서 해결해야 할 우선 과제이기 때문이다. 지현은 이어서 자신이 끝냈던 연애에 대해서도 말했다.

> "저는 한 남성과 굉장히 오래 교제를 했거든요. 6년 정도요. 사귀는 도중에 탈코르셋을 했어요. 근데 이런 모습으로. 그러니까 투블럭을 짧게 치고 남성을 만났는데 제가 위축되는 거예요. 왜냐하면 저는 그때 '트로피'였으니까요. 같이 만나는 남성은 오히려 아무렇지 않아 했거든요? 그런데 오히려 제가 같이 길거리 다닐 때도 손을 못 잡겠고, 내가 이렇게 해서 다른 사람들이 얘를 이상하게 생각하면 어떡하나 걱정하고 있는 거예요. 이게 사랑이 맞는 걸까 생각해보면, 아니잖아요. 제가 트로피를 자처했던 거죠. 그때 헤어지지 않았으면 오래 사귀었으니 아마 지금쯤 결혼 이야기를 하고 있겠죠?"

지현에게 지금도 결혼 생각이 있느냐고 물었다. 지현은 아니라고 했고 나는 이유를 물었다.

> "가부장제를 파괴하는 효과적인……"

그는 뒷말을 엄지를 치켜들며 짓는 웃음으로 대신했다. 나, 사랑, 혜경은 일시에 박장대소했다. 그런데 지현의 답은 재치있을지언정 농담이 아니고 그 자리에서 웃은 모두가 그 사실을 알고 있었다. 혜경과 지현은 상민의 일화와 마찬가지로 탈코르셋 운동을 통해 사적인 삶에 전제되어 있던 선을 끊임없이 넘으면서 이성애 연애라는 각본과 결혼을 통한 정상 가족을 전부 재고하게 되었다. 한편 지현의 답은 정치적 격동기를 거친 개인은 생애 기획의 전환을 경험할 뿐만 아니라, 보다 효과적으로 정치적 목표를 달성하고자 자신의 생애 기획을 적극적으로 전환시키는 정치적 주체로서 움직임을 보여준다. 인지부조화가 개인의 삶에 괴로움을 안기기 때문에 이를 해결해야겠다고 결심하는 것을 넘어서서 자신을 비혼 여성이라는 제도 바깥의 불안정한 위치로 데려가는 것이다.

지현과 같은 마음으로 투쟁에 임하는 페미니스트들은 실제로 삶에서 위기에 처한다. 이수역 폭행사건과 비슷한 시기에 탈코르셋 운동이 확산된 또 다른 계기가 그 예이다. 바로 프랜차이즈 카페인 '요거프레소'에서 아르바이트생이 투블럭을 했다는 이유로 용모 단정을 운운하며 그를 해고한 일이다. 이전까지 여성 친화 기업이라는 이미지를 만들어 준 소비자층인 여성에게 호감을 샀던 해당 기업은 여성들의 항의를 받았고, 사과와 보상 조치를 약속하고, 재발 방지 대책으로 노무 관리 매뉴얼을 수정 보완하고, 가맹점 주 의무 교육과정에 성차별 교육과정을 신설하겠다고 다짐했다. 실제로 탈코르셋 운동에 참여한 여성이 삶에서 감수하는 불이익의 정도는 단순히 성가신 간섭을 듣는 정도에 그치지 않는다. 얼굴을 드러내고 탈코르셋을 선언한 유튜버 배리나가 끊임없는 악성 댓글에 시달리는 실정이 또 다른 예일 것이다. 특히나 서비스 직종에서 일하는 여성의 경우, 투쟁에 참여한 개인이 감당해야 하는 위협은 신체적 폭력부터 생계 위협에 이르기까지 결코 경미하지 않다. 그가 남성보다 나은 위생 상태를 유지한다고 하더라도 규범적 여성성에 부합하는 외양을 만드는 것이 곧 위생이나 서비스의 척도처럼 여겨지기 때문이다.

혜경은 자아의 분열을 직시하고 통합을 몸소 실천하게 만드는 탈코르셋 운동에 참여하는 일이 결코 쉽지만은 않은 데다가, 실제로 개인에게 불이익을 주는 것에 더하여 온라인을 통해 전개되는 빠른 속도감이 부작용을 불러일으킬 수 있기 때문에 적절히 완급을 조절한다.

"저는 주관이 없으면 되게 불안해하는 게 있어서, 필요한 정보를 얻고 나면 SNS를 굳이 보지 않는 것 같아요. 정보를 얻는 데에는 효과적이니까 제 친구들은 커뮤니티를 많이 해요. 똑똑한 애들이 커뮤니티를 하면서 (페미니즘 운동의) 흐름을 따라가며 따로 공부도 하니까 단점도 장점도 있죠."

지현도 수긍했다.

"제가 처음 인스타그램에 제 생각을 올리고, 탈코르셋 하고 있는 과정을 다 올리던 시기에 같이 활동했던 제 친구들은 이제 인스타그램을 거의 안 해요. 그 이유가 어떤 흐름에 탑승해서 자기 주관이나 생각 없이 (어떤 주장을) 접해버리면, 옳다고 따라가는 그 흐름 속에서 아니다 싶은 사람들이 튕겨져나가요. 저도 어떤 흐름을 접하면 그걸 읽고 소화하는 시간이 필요해요. (바깥의) 속도대로 막 쫓아가면 지치는 순간이 오잖아요. 그게 좀 걱정되더라고요."

혜경은 실제로 주변에서 탈코르셋을 했다가 지친 친구를 보았다고 했다.

"실제로 투블럭을 했다가 붙임머리를 하신 분도 있어

요. 이렇게 말하는 친구도 있어요. '나 이제 페미니스트 아니야'라고. 탈페미 선언 같은 거예요. (따라가기) 좀 지치니까 그러지 않았을까 해요. 저만 해도 2018년에 머리도 자르고 남자친구랑 헤어지면서 인간관계가 완전히 뒤바뀌고 생각도 많이 바뀌었거든요. 그런 급격한 변화를 생각해볼 때 멘탈이 약하거나 하면 (원래대로) 되돌아갈 수 있을 것 같아요. 저는 주변에 탈코르셋을 한 친구들이 많아서 같이 해나갔지만, 주변에 그런 친구가 없다거나 하면 충분히 괴로울 수 있죠."

지현은 2018년 초까지만 하더라도 트위터에서 남자 연예인 유아인과 페미니스트가 벌인 설전에서 유아인의 편을 들었다고 했다. 남성의 편에서 여성을 까 내리기를 즐거워했고, 그런 자신이 남성의 권력을 가진 양 생각했다고 이야기했다. 그랬던 지현이 탈코르셋을 통해 느낀 바를 인스타그램에 올린 게시물은 혜경의 분열을 건드리는 핵심 역할을 했다. 분열은 애써 봉합된 상태를 오래도록 유지할 수 있지만 일단 건드려지고 나면 걷잡을 수 없는 속도로 갈라져 버린다. 이들의 이야기를 듣는 동안 나는 탈코르셋 운동에 참여한 여성들이 감당하기 어려워하는 속도감이란 온라인을 이용한 속도전에서도 비롯되었겠지만, 애초에 여성이 한

번 자신의 관점을 가지고 나서 갖게 되는 폭발적 추진력에
내포된 특징이기도 하리라고 생각했다.

탈코르셋 운동에 참여한 개인은 이처럼 다양한 갈
등을 겪는데, 그 가운데에는 상민의 고민과 같이 탈코르셋
을 한 이들끼리 만났을 때 일어나는 내적 갈등도 한몫한다.

"제가 탈코르셋을 처음 했을 때가 2018년 5월이었어
요. 주변에서 탈코르셋을 많이 안 할 때여서 미용실
에 가서 '투블럭으로 해주세요' 하니까 미용사가 '그
거 남자분들이 하는 건데' 하더라고요. 그래서 제가
'네, 맞아요. 그거 해주세요' 하니까 이번에는 저한
테 'ROTC(학군단)세요?' 이러는 거예요. 남자 미용사
가…… 제가 다시, '아뇨, 저 학부생이고요. 그냥 투블
럭 해주세요. (님이) 알 바 아니고, 해주세요' 이랬죠.
갓 탈코르셋 했을 때, 옷도 어떻게 입는 건지 몰랐지만,
아무튼 편한 옷에 편한 바지를 입고 다녔어요. 그런데
여름방학 이후에 탈코르셋을 한 사람들을 되게 많이
만나게 됐어요. 동아리 사람들도 그렇고. 오히려 그때
제가 '멋진 탈코룩'을 쇼핑몰에서 찾게 되더라고요. 실
제로 실행하지는 않았지만. 속으로 그런 제가 되게 웃
기다고 생각했어요. 탈코르셋 하는 사람을 만나는 게

서로 연대하는 의미가 있고 힘이 되는데…… 동시에 또 집에 와서는 그 안에서 돋보일 수 있는 옷을 찾아보게 되는 거예요. 그게 부끄러워서 혼자 생각만 하다가 12월 말쯤 주변에 있는 가까운 친구들과 이런 얘기를 할 기회가 있었어요. '갓 탈코 했을 때는 생각 없이 아무거나 주워 입고 다니다가 너희랑 만나면서 쇼핑할 마음이 생기더라' 하고요. 그러니까 친구가 공감한다면서 자기도 '간지룩'을 찾게 되더라고 했죠. (같이 이야기 나눴던) 셋 중에 한 명이 자기는 '아직까지도 '멋진 룩', '간지' 못 잃겠다고 하더라고요. 그래서 그날 루키즘lookism이 큰 집합이라고 하면, 그 안에 부분집합으로 탈코르셋이 있는 것 같다는 얘기를 했어요."

내게서 상민의 고민을 전해 들은 지현은 이렇게 답했다.

"저는 똑똑해져야 된다고 생각해요. 사람들이 다 힙하고 핫한 걸 좋아하잖아요. 그런데 여성들이 탈코르셋을 망설이는 이유를 하나 꼽자면 자신이 우스워 보인다거나, 하타치…… 그러니까 대충 하고 다니는 사람들처럼 보일까봐 그러는 건데요. 그래서 보여지는 게 되게 중요하다고 생각해요. 탈코르셋 하고, 자연스럽게 입고 다니는 게 멋있는 거죠. 치마를 입고 코르셋을 조이는 정도까지는 아니지만, 편해 보이면서도 스타일 있어 보이는 옷들이 보여야 한다고 생각해요. '이 정도는 나도 할 수 있지 않을까?'로 시작해야 어느 날은 정말 안 꾸미고 거지같이 나갈 수도 있게 되는 거잖아요. 만일 그 갭이 처음부터 너무 커버리면, 예를 들어 '탈코르셋 할 거면 바로 절에서 입는 옷처럼 입어야 돼' 이러면 너무 어렵잖아요. 탈코르셋 하고, 그다음엔 치마 버리고, 또 그다음으로 넘어가는 식으로 조금씩 하는 것, 탈코르셋 하는 사람들이 '이거 편하고 되게 좋아'라고 권하면서 (탈코르셋이 어렵지 않다고) 보여지게끔 만드는 것도 정치적 전략이라고 생각해요."

실제로 우리의 몸이 타인에게 보인다는 사실, 좋은 이미지를 선망하는 욕망과 타인이 이 욕망을 부추길 수 있음을 활용한 전략이 있어 탈코르셋 운동은 폭넓게 확산될 수 있었다. 강박에 시달리던 개인이 외모를 끊임없이 생각하는 상태로부터 벗어나는 동시에, 사회적으로 좋은 가치가 부여된 자아 이미지를 갖고자 하는 욕망을 그대로 두고, 대신 규범적 여성성과 좋은 가치 사이의 연합만을 끊어버리는 것이다. 미의 기준이 역사에 따라 바뀌듯이 한곳을 향했던 선망은 금세 다른 데로 옮겨붙기 마련이기에 탈코르셋을 한 외형은 규범적 여성성이 상위를 점하던 가치체계를 흔들었다. 탈코르셋 운동은 모든 개인이 타인의 시선을 의식하지 않는 방식, 즉 마치 자신의 몸이 타인에게 보이지 않는 듯 오로지 자신의 욕구대로 차림새를 결정하자는 접근과는 정반대의 방식을 취한다. 오히려 자신의 몸이 타인에게 보인다는 사실을 적극 활용한다. 꾸밈 없이 다양성은 없다고 느꼈듯 예쁘지 않으면 보이기를 포기하는 것이라고 여겼던 여성들은, 자신의 생애 기획을 여성해방이라는 정치적 목표를 달성하기 위해 활용하듯 미감만을 담았던 몸을 전광판으로 사용할 수 있음을 처음으로 깨닫는 것이다. 탈코르셋은 외형에 대해 무심해지기를 목표하지만, 동시에 규범적 여성성 외에는 어떤 이미지를 구사할 것인지 생각해본 적 없었던 여성들에게 외형으로 드러낼 수 있는 이미지의 종류에도 다양한 길을 열어주었다. 사랑은 단체로 축구복을 입었던 날의 소회를 다음과 같이 말했다.

"처음 저희가 운동 시작했을 때는 평상복을 입고 가서 운동복으로 갈아입고, 운동 끝난 다음에는 다시 평상복으로 갈아입고 집에 갔거든요. 이제는 그렇게 하지 않아요. 강습이 있는 금요일에는 그냥 운동복을 입고 나가요. 반바지에 운동복을 입고 나가서, 운동하고 그대로 돌아와요. 그런데 사람들이 운동복 차림을 되게 쳐다보거든요. 전에는 축구하는 모습으로 돌아다니면 부끄러운 마음이 들었는데 이제는 내가 '축구하는 여자'의 모습이고, 꾸미지 않은 상태여도 별로 신경 쓰지 않게 되었어요. 셔츠를 입을 때랑 운동복을 입을 때랑 몸의 활동 범위가 확연히 달라지잖아요? (같이 축구하는) 사람들이 옷을 안 갈아입고 (길을 오가는) 체험을 하고 나니 여태까지 복장 때문에 우리 몸을 마음껏 움직일 수 없는 상태였다는 걸 느껴요. 동시에 회식하러 갈 때 다 같이 축구복 입고 가면 말은 안 걸어도 우릴 엄청 쳐다보거든요. 그런데 (혼자가 아니라) 우리가 다 같이 있으니까, '이게 괜찮은 상태인데 우리를 왜 쳐다보냐' 하는 식으로 반응하게 된 것 같아요."

그러나 외양을 전시하며 운동을 한다는 것은 자신을 보는 불특정 다수에게 힘을 줄 수 있는 동시에 불특정 다수에게 자신이 참여하는 운동이 드러난다는 뜻이기도 하다. 이수역 폭행사건 이후 대전에서도 유사한 폭행사건이 있었다. 나는 이 문제가 두려움을 안기지는 않느냐고 말했

다. 사랑은 별로 두려움을 느끼지 못한다고 말했다. 지현은
달랐다.

"저는 엄청 무서웠어요. 실제로 표적이 될 수 있는, 내
가 밖에 드러날 수 있는 운동이잖아요. '난 탈코르셋
했다'고 보여주면서 다른 여성을 임파워링할 수 있는
운동인 동시에 누군가 그런 저를 보잖아요. 실제로 표
적이 되는 느낌도 받았어요. 한번은 대전 지하철역을
지나가던 길이었는데, 군인 한 명이 서 있었거든요. 그
사람이 제 쪽으로 고개를 돌려가며 쳐다보는데, 그 눈
빛에 정말 적의가 가득 담겨 있었어요. 솔직히 제가 입
으로만 싸우는 성향이 있어서 인스타그램에서는 싸우
지만, 실제로 그렇게 당하니까 너무 무서운 거예요. 또
한번은 서울로 기자회견 같은 걸 가는데, 동행했던 선
생님 말씀으로는 제가 짐을 내리려고 할 때 또 어떤 군
인이 절 쭉 쳐다봤다는 거예요. 제 움직임을 따라서요.
그런데 그 눈빛에 또 적의가 담겨 있었다고 해요. 경험
으로 알죠. 쳐다보는 눈빛이 예전과는 달라졌어요. 이
제 여성으로 패싱되는 겉모습이 아니니까, 처음에는 성
별을 궁금해하는 정도의 호기심 담긴 눈빛을 느꼈는데
이제는 적의가 담겨 있어요. 그 눈빛을 제가 마주 보면

위협을 느끼죠."

나는 지현에게 공연한 싸움이 붙었다가는 손해일 뿐
이니 조심하라는 우려를 전했다. 그리고 그에게 탈코르셋을
그만둘 생각도 들었느냐고 물었다.

"했었어요. 무서우니까요. 어딜 갈 때, 예를 들어 서울
같은 데 대외 활동 하러 가면 '찍어 바르고 갈까?' 이런
생각도 했었는데요. 그거는 제가 못하겠더라고요."

나는 그 이유를 물었다.

"그냥, 죽는 게 낫다고 생각했어요."

우리는 또 웃으며 1년 전까지만 해도 유아인을 옹호
하다가 한순간 죽기를 결심한 그의 비장함을 놀렸다. 그러나
이 말 역시 농담은 아님을 잘 알았다. 지현은 이어 말했다.

"제가 좀 인지부조화가 오는 걸 못 참아요. 제가 이렇
게 얘기해놓고 그렇게 행동을 못했을 때 오는 인지부
조화를 못 참아요. 그러니까 차라리 내가 찍어 바르느

니…… 쳐맞고 말지, 이런 마음인 거죠."

분열을 딛는 결심은 여성 개인에게 전에 없던 평온을 안기기도 하고 감당 못할 화를 입히기도 한다. '잘 살자고 하는 운동이 죽으면 다 무슨 소용이냐'라며 동료들을 다독이는 말은 내가 지현에게 건넨 우려와 마찬가지로 언제나 진심이다. 여성은 사소한 범법을 저질러도 구제될 수 없고 너무 쉽게 죽는다. 더 이상의 여성이 죽는 일은 없어야 한다. 그러나 명백한 손해인 순간조차 이 결심을 끝끝내 고수하는 이해할 수 없는 시도들은 때로 죽음을 불사하는 개인을 만들어낸다. 나 역시 나서서 죽음을 택하지는 않겠지만 언젠가부터 죽음을 두려워하지도 않는다. 인지부조화는 머리를 기르느니 자른다는 결정에서만 중요한 것이 아니다. 사느니 죽는다는 결의를 가질 때에도 결코 사소하지 않은 기준이 된다. 이 결의는 어떻게 보아도 개인의 인생에서 손해이다. 그러나 옳은 일을 하겠다는 정치적 의지는 개인의 삶에서 발생하는 손해를 감수하고도 투쟁에 나서게 만드는 이해할 수 없는 시도들을 불러일으켰고, 오직 그 시도만이 전에 없던 이득을 불러오는 모순을 낳았다. 죽음을 불사하는 의지는 미화될 필요도 없지만 단순한 손해로 볼 수만도 없는 것이다.

탈코르셋 운동은 구체적 맥락 위에 위치한다. 한국 사회에서 2015년 초부터 온라인을 중심으로 페미니즘이 확산된 이래, 페미니스트로 정체화한 여성들이 늘어남에 따라 2017년 시작되어 2018년 전폭적으로 확산되고 2019년인 올해에도 여전히 진행 중이다. 탈코르셋 운동은 2016년 무렵, 여성성을 전유하고 긍정하는 흐름과 갓 확산된 페미니즘을 전파하기 위한 전략의 일환으로 꾸밈을 수행하는 개인들이 늘어난 직후라는 특정한 시기에 시작되었다. 이 운동은 외모에 대한 간섭이 심하고 타인의 시선을 의식하는 분위기와 여성을 외모 강박으로 몰아넣는 구조를 가진 한국 사회를 배경으로 한다. 구체적인 시공간적 맥락에서 등장한 이 운동에 적극 동참한 이들은 여태까지 한국 여성으로서 외모 강박에 시달려왔던 개인적 맥락과 페미니스트로서 페미니즘 운동에 동참하고자 하는 새로운 정치적 맥락 위에 서 있다. 운동에 동참한 개인들은 '여성 개개인에게 부여된 규범적 여성성을 수행하는 데 필요한 행동 양식을 따르지 않는다'는 운동 특유의 방침을 공유하는 동시에, 저마다 운동을 확산할 전략을 고안한다.

이처럼 구체적 맥락 위에서 등장해 특수한 모습을 띤 탈코르셋 운동에 참여한 개인은 여성성 수행에 대한 탈자연화로부터 시작해 다양한 변화를 경험했다. 선택의 자유를 넓히는 접근으로는 여성에게만 가해지는 꾸밈 압박을 해소할 수 없다는 인식, 꾸미지 않을 자유를 선택해도 여성에게는 사실상 그 자유가 허락되지 않는다는 발견, 그러나 꾸밈을 중단한 이후로 그간 수행하던 행위를 잊음으로써 경험한 자유, 후순위로 미루어졌으나 뒤늦게 감각한 고통, 왜곡된 자기인식으로부터의 탈출, 패션 산업 전반에 대한 문제의식, 기능이 저하된 상태를 선망했다는 자각, 꾸밈을 여성이 가질 수 있는 다양성의 전부로 보았던 협소한 시선에 대한 반성, 위반을 거듭함으로써 얻은 존재에 대한 재정의까지, '여성은 왜 당연하게 화장을 하는가?' 물었을 뿐임에도 여성들은 자신의 삶에 대한 전제까지 다시 물었다. 꾸밈은 여성을 모성을 가진 이성애 여성으로 전제하는 규범적 여성성을 유지해주는 수단일 뿐이기에 꾸밈을 중단함으로써 일어난 파문을 즉시 잔잔하게 만들지만 않는다면 꾸밈에 대한 처음의 물음이 존재 자체에까지 닿는 것은 당연한 귀결이다.

과거에 어떤 저항에 참여했다는 사실이 훈장이 되면 새로운 필요에 맞서 새롭게 일어난 저항에 참여할 필요를 쉽게 면제해버릴 위험이 있다. 그러니 지나간 저항과 지금의 저항이 명백히 다른 맥락 위에 있다는 자명한 사실을 끊임없이 주지해야만 한다. 한편 서로 다른 맥락 위에서 저항하는 여성들이 시공간을 뛰어넘어 대사만 변주될 뿐 같은 이야기를 하고 있다는 또 다른 자명한 사실도 강조되어야 한다. 그러지 않으면 특수한 맥락에서 폭발을 일으킨 운동이 다른 맥락에서도 그 생명력을 유지할 수 있는 가능성이 사라져버릴 수 있기 때문이다. 태어난 환경에 따라 각자가 목도하는 상황은 달라질 수 있다. 그러나 여성이 인격을 가진 주체로 여겨지는 대신 남성이 소유할 수 있는 재산으로 취급되는 가부장제에 맞서 저항하는 여성들이 저마다의 내면에 품은 용기와 결의는 그 시간적 간격이 얼마나 벌어지든 위화감 없이 겹쳐진다.

특정한 시기에 특정한 위치에서 특정한 개인들이 참여한 탈코르셋 운동은 현재를 살아가는 이들의 삶에 변화를 일으켰다. 그리고 변화된 개인들이 여태까지 돌출했다 사라졌던 다른 투쟁에 참여한 다른 개인들과 공유하는 궁극의 정치적 목표는 동일하다. 가부장제를 철폐해 여성을 억압으로부터 해방하겠다는 것이다. 그러므로 탈코르셋 운동은 한 개인의 삶이 변화하려면 사회적 차원의 움직임이 반드시 필요하기에 일어난 운동의 원본인 동시에, 애초부터 한 세대의 힘으로 달성되지 않을 단 하나의 과업을 지금 등장한 개인의 몸으로 우연하게 통과하며 써 내려가는 또 하나의 각색본이다.

11.
지금, 여기에서

다른 세계로

"도대체 여자는 누가 만든 거야?"

장벽에서
견고히 닫혔던
문을 열고
노라를 놓아주게

나혜석, 〈인형의 가〉, 《매일신보》

대전에서 다시 서울로 올라와 윤주와 석하를 만났다. 대체로 인스타그램으로 연락을 취하거나 페미니스트 동료로 알고 지내는 이들과 진행한 만남과는 달리 이들을 만나게 된 사연은 다소 독특하다.

　어느 날 트위터를 통해 한 페미니즘 행사에 참여한 나는 맥주를 따르려고 줄을 서 있었다. 그런데 누군가가 나를 툭툭 치더니 말을 걸었다.

　"저기, 전에……"

나는 자리가 자리이니만큼 전에 다른 페미니즘 행사
나 강연 자리에서 나를 만난 적이 있다는 이야기가 나오리
라 예상했다. 그러나 그는 의외의 질문을 했다.

"홍대 ○○카페 오신 적 있으시죠?"

2010년부터 좋아하던 카페의 이름이기는 하지만, 상
황이 이해되지 않았다.

"저 거기 알바생이거든요. 탈코 하신 거 보고 속으로
반가워서 기억했어요."

탈코르셋 한 자신을 통해 임파워링을 기대한다는 여
러 여성들의 이야기와 함께, 탈코르셋 한 여성을 보면 반갑
고 누군가 자신을 보면 힘을 얻을지 몰라 일부러 근처에 서
있는다던 민주의 말이 생각났다. 나도 모르는 사이 탈코르
셋을 통해 연대감을 쌓는다는 이야기가 만들어지고 있었던
것이다. 나는 그와 번호를 교환했다. 석하는 윤주를 데리고
나가도 되느냐고 물었다. 둘은 초등학교 때부터 친구로 한
때 연락을 주고받지 않았다가 성인이 될 무렵 다시 친구가
된 사이라고 했다. 석하가 아르바이트를 하는 카페에서 멀

지 않은 다른 카페에서 둘을 만났다.

나는 우선 석하에게 나도 모르던 순간 시작되었던 이야기를 마저 해달라고 했다. 석하는 커뮤니티를 통해 탈코르셋 한 여성을 현실에서 마주친 후기를 자주 읽었다고 말했다.

"제가 커뮤니티에서 사람들이 쓴 글을 읽거든요. '나 오늘 알바 하는데 탈코러 봤다, 지하철에서 봤다, 서로 눈빛 교환했다' 뭐, 이런 글이에요. 그러면 '아, 한 명씩 실제로 마주치긴 하는구나, 바뀌고 있구나' 그런 생각을 해요. 그런데 그날 저한테도 그 순간이 온 거예요. 그래서 속으로 '자이루°' 빔을 보냈어요. 너무 반가워서요. 민경 님도 얼굴이 순간 확 밝아졌는데 기억 못 하시나 봐요. 그때 민경 님이 웃으셔서 기분이 너무 좋았어요. 그리고 저에게 휴대폰 충전해달라고 하셨잖아요. 그런데 휴대폰 뒤에 《우리에겐 언어가 필요하다》 책 스티커가 붙어 있는 거예요."

페미니스트 스티커는 2016년 무렵 페미니스트들이

° '자매'와 '하이루'의 합성어. '하이루'는 온라인상에서 하는 인사말이다.

현실에서 서로를 알아보고 연대감을 얻는 일종의 표식이었다. 표식을 통해 서로의 존재를 확인하는 두 방식이 겹친 순간이었다. 나는 그에게 스티커를 보고 어떤 기분이었느냐고 물었다.

"'자식, 굿즈 샀네.'"

석하는 내가 그 책을 쓴 저자라는 사실을 몇 달 뒤 내게 말을 건네고 번호를 주고받은 다음에야 알게 되었다고 했다. 같이 행사에 왔던 윤주에게 나를 봤다는 말을 전하면서부터였다. 석하는 당시 카페에서 나와 인사를 나눈 직후에도 윤주에게 '나, 탈코야끼° 봤다'고 즉시 메시지를 남겼다. 나는 석하가 탈코르셋을 한 외형만으로 몇 달 동안이나 내 생김새를 기억했다는 데 놀랐다. 특이한 사건이라고 할지라도 실제로 서로 얼굴을 마주한 건 그리 길지 않은 순간이었기 때문이다. 이에 그는 자신이 일하는 카페의 평소 풍경을 이야기해주었다.

○　'탈코르셋'과 '타코야끼(일본의 문어빵)'의 합성어로 탈코르셋을 한 사람들끼리 자신의 외형을 문어빵에 비유해서 장난스레 이르는 말이다.

"카페다보니까 커플이 많이 와요. 여자들끼리 와도 풀 메이크업에 머리끝부터 발끝까지 꾸밈을 하고, 계속 종아리 알 얘기, 새로 산 립스틱 얘기, 앞머리 얘기를 많이 해요. 카운터 뒤에 있으면 그런 얘기가 잘 들려요. 그리고 길거리에는 성형 광고가 도배되어 있으니까 자주 무력감이 들거든요. 화장한 사람들 하루 종일 보면서 받았던 스트레스가 날아간 날이었어요."

나는 석하에게 그 무력감에 대해 좀 더 말해달라고 했다.

"세상의 모습이 아직 제 마음이랑 너무 달라요. 꾸밈이 한 번 눈에 들어오면 사회가 그걸 부추기는 꼴이랑 여자들이 전부 다 꾸밈을 하고 있는 모습이 자꾸만 보이니까. 세상의 모습이 제가 원하는 모습과 거리가 멀어도 너무 멀고, 제가 원하는 모습과 정말 가까워지고 있는지 의문도 들고 실망도 하게 되죠."

석하가 원하는 세상은 어떤 모습인지 물었다. 그는 궁극적 목표와 잠정적 목표를 둘 다 이야기했다.

"여성해방이죠. 여성이 사람으로서 가져야 할 권리를
갖는 세상이요. 사실 그렇게 말하면 두루뭉술할 테고,
가까운 목표로는 여성이 외모에 대한 강박을 벗을 수
있는 사회요. 여성이 어때야 하는지에 대한 틀을 만들
지 않는 사회요."

궁극적 목표와 잠정적 목표가 분리된 까닭은 지나간
운동으로부터 이어받은 과업을 세대에 걸쳐 달성하고자 하
는 의식에 이어 그 과업이 이 세대에서 완수되지 않을 수도
있다는 의식에서 나온다. 나는 석하에게 혜민의 '탈코상' 이
야기를 해주었다. 그는 미인상을 부수는 무기로서의 탈코
상에 대한 혜민의 이야기에 동의하고, 탈코르셋 운동이 제
시하는 외형이 '일시적인 틀'일 뿐이라고 설명하며 다음과
같이 덧붙였다.

"그런데 이 틀이 짧은 시간이라는 의미에서 일시적이라
는 게 아니에요. '집이 부서졌기 때문에 이게 일시적으
로 우리 거처다' 하는 게 아니고, 더 멀리 봤을 때 그렇
다는 거죠."

윤주가 거들었다.

"우리 죽기 전까지는 이 틀이 안 없어지니까 꿈 깨야 해
요."

    탈코르셋 운동에 참여하면서 이들이 운동을 바라보
는 시간성을 공유하게 된 나는 맨 처음 탈코르셋 운동을 생
각할 때 분홍과 파랑을 두고 고민하던 기억을 떠올렸다. 분
홍과 파랑은 매일같이 되풀이되는 여성성과 남성성 논쟁의
축약본이기도 하다. 오로지 여자아이들에게만 분홍색이 주
어지는 사회에서 어떤 여자아이는 분홍색만 좋아하고 어떤
여자아이는 분홍색을 싫어한다. '분홍색 자체가 나쁜 것은
아니지만'으로 시작하는 고민은 분홍색을 개인적으로 좋아
하는 쪽에게도 싫어하는 쪽에게도 도통 끝날 길을 모른다.
여성성 그 자체를 혐오하는 문제인지, 성별에 따라 특정한
색깔을 할당한 것이 문제인지, 분홍과 파랑 사이에 매겨진
위계가 문제인지 고민되기 때문이다.

    탈코르셋 운동에 참여할지 말지를 고민하던 나는
17, 18세기 서구에서는 분홍색이 남성을 상징하는 색깔이
었음을 떠올리며 분홍색 자체가 문제되는 것은 아니라고
생각했다. 분홍색이 어느 순간 여성을 상징하면서부터 여성
의 낮은 지위 때문에 색깔에도 덩달아 낮은 위계가 매겨졌
을 뿐이었다. 그러다가 분홍색을 긍정하는 것만으로는 성

별 고정관념과 동시에 위아래로 매겨진 색깔의 위계를 뒤집을 수가 없기 때문에 분홍색을 거부하는 탈코르셋 운동의 방향에 의미가 있다고 생각하게 되었다. 오늘날 여성이 분홍색을 거부하는 선택은 여성과 분홍색 간에 존재하는 21세기의 '일시적' 연결을 끊을 뿐이라고 여길 때, 결국 분홍색에 매겨진 상징이 17세기부터 21세기 사이에 변화했듯 또다시 어디론가로 옮겨갈 수 있으리라고 보았기 때문이다. 지금 이 순간에 내리는 선택이 낮은 위계가 매겨진 색에 대한 태도를 영원불변히 결정하는 것이라고 생각하기보다는, 상황이 달라지면 또 다른 결정을 내리면서 역사가 변화하는 것이라고 생각하는 편이 나았다.

분홍색이 17세기에 남성을 상징하는 색깔이었다는 사실은 우리가 어떤 선택을 내려야 지금의 현실이 움직일 수 있는지에 대한 역사적 상상력을 불어넣어주기도 하고, 오히려 명백히 오늘날 분홍색이라는 상징이 가진 강력한 힘을 간과하게도 만든다. 역사상으로는 일시적으로 여성을 상징하는 색깔일 뿐인 분홍색을 여성이 거부하는 행위란 이 색을 여성의 본질로 여겨서 일으킨 오해 같기 때문이다. 그러나 분홍색에 매겨진 상징은 긴 관점에서는 그 의미가 움직였으되 지금 시점에서는 아직 꿈쩍도 하지 않았다. 그러니 당장은 움직이지 않는 이 상징이 언젠가는 그 의미가 움직일 수 있다고 믿으며, '일시적'일 결정을 내려야 하는 것이다. 석하가 말한 '일시적'인 시간이란 현재 속에서가 아니라 역사 전반에서 지금 시기를 다시 돌아보았을 때에만 주어진다는 뜻이다. 그런 만큼 그는 탈코르셋 한 지금의 외형이 가지는 힘이 유한하리라고 본다. 그러나 그 유한성이 한두 달을 의미하지 않기에 개개인에게는 궁극적으로 느껴지는 것이다.

> "더 멀리 내다보면 이 틀도 허물어질 거라고 생각해요.
> 그러니까 탈코상도 허물어지긴 하겠죠. 실제로 요즘 우
> 리나라에서 탈코르셋이 너무 정형화되어 있기도 해요.
> 다들 벙거지 모자에 셔츠, 슬랙스, 운동화 차림이잖아
> 요. 나중에는 탈코르셋을 한 모습 안에서도 지금보다
> 는 더 다양한 모습이 나올 거라고 생각하지만, 당장은
> 이 타령이 계속될 거 같아요."

이어서 나는 탈코르셋이 '남자 머리'를 한다고 비난하던 이를 흉내 내면서 '왜 머리를 남자처럼 하냐?'고 물음을 던졌다. 석하의 곁에 있던 윤주는 대뜸 이렇게 받아쳤다.

"그 머리가 왜 남자 머리냐?"

윤주는 그렇게 말한 이유를 설명했다.

"여태까지 남자들이 하는 걸 우리는 못하게 한 거예요.
자기들만 사람이고 싶어서, 머리 짧으면 남자라고 한
거죠. 《자기만의 방》에 이런 이야기가 나와요. 아담이
짧은 머리로 태어났고 아담은 남자니까 아담만 사람의
모습으로 있을 수 있다. 그걸 읽고 '아니, 지들만 사람
이라고 우리한테 머리를 기르라고 하고 베일을 쓰라고
했구나!' 그게 바로 느껴지더라고요."

이들은 이런 이유에서 성별 구분이 모호해진 상태를
'여성'의 외형이라고 일부러 이름 붙인다. 여성의 종속적 지
위를 위해 투쟁하는 이들에게 탈코르셋을 통해 모호해지는
것은 성별 '구분'이지 성별이 아니다. 여성이 페미니즘을 통
해 싸워온 역사란 위계를 세우기 위해 만들어진, 성별 간의
차이라는 구분을 해당 성별의 본질이라고 여기게끔 한 역
사라고 간추릴 수 있다. 탈코르셋은 이 구분을 의도적으로
모호하게 만든다. 규범적 여성성이 여성이 살아가는 데 불
리한 가치를 대거 포괄하고 있는 만큼 소위 '여성성'을 갖는

문제와 '여성'으로 살아가는 문제가 전혀 무관하다는 발견을 하기 위해서다. 이는 여성이 삶을 지켜나가는 데 무척이나 중요한 주장이다. 자칫하면 여성 정체성을 유지하고 싶은 경우, 반드시 여성성을 수행하거나 긍정해야만 한다는 결론으로 수렴하기 십상이기 때문이다. 모성을 전제하고 이성애자여야만 여성이 아니듯이 이를 전제한 규범이 사라졌을 뿐 여성인 자신은 사라질 이유가 없다. 탈코르셋은 여성의 얼굴을 아름다움으로부터 무관해지게 만들었듯 여성과 여성성이 무관해지게 만드는 작업을 한다. 이 작업을 하는 이유는 이들이 앞서 '길게 보기'를 강조했듯 자신의 삶 안에서 성과를 보기 위해서만은 아니다. 그보다는 미래 세대를 위해서이다. 윤주가 이 문제를 미래 세대를 위해 자기 세대가 임해야 할 문제로 바라보는 중요한 이유는 유치원에서 일을 했기 때문이다. 역설적이게도 탈코르셋 이전의 윤주는 '유치원 선생님'이기 '때문에' 코르셋을 조였다.

> "유치원 일을 하면서 복장이 자유롭기도 했고, '유치원 선생님' 이미지에 취해 있었어요. 이전부터도 워낙 예쁜 걸 좋아했고요. 인형 좋아하고, 예쁜 나도 좋아하고, 어릴 때부터도 스포츠 샌들을 안 신고 구두만 신었어요. 외모 콤플렉스가 심해서 저를 못 꾸밀 때, 그러니

까 중학교 때부터 20대 초반까지는 인형을 꾸몄어요."

예쁜 것을 유난히 좋아하기도 했지만 윤주는 외모
평가를 오래도록 들었다.

"자꾸 주위에서 여자애니까 예뻐야 한다고 하고, 살 빠
졌을 때만 반응이 좋았어요. 그래서 명절이 너무 싫었
죠. 얼굴 평가, 몸 평가를 들을까봐요. 요새는 친척을
아예 안 만나지만 고모랑 이모가 자꾸 평가를 했어요.
너무 듣기 싫었죠."

그런데 윤주는 석하를 가리키며 석하가 자신 때문에
코르셋을 잠깐 입은 것이라고 말했다. 윤주는 석하가 외모
를 꾸미기 시작한 직접적 계기였다.

"저야 뭐 여섯 일곱 살 때 공주 치마 좋아하고 말았죠.
그 이후로는 크면서 바지를 입었고 그게 별로 싫지 않
았어요. 그런데 윤주랑 초등학교 때 친했다가 전학 가
느라고 연락이 끊겼는데 스무 살 때 다시 만났거든요.
청소년기에는 자존감이 떨어지고 살도 찌고 주변 또래
들이 다 외모에 신경을 쓰는데, 저는 신경은 쓰되 애써

서 화장을 하지는 않았어요. 스트레스만 받았죠. '아, 내가 다른 애들보다 뚱뚱한가', '내 이목구비가 별론가' 하고."

석하는 윤주가 못 본 사이 예뻐졌다는 데 놀랐다.

"고등학교 때까지 못 봤다가 윤주를 다시 만났는데 얘가 너무 예뻐진 거예요. 저는 그동안 수수하게 대충 하고 다녔는데, (윤주는) 옷도 신경 쓰고 액세서리도 항상 바뀌고 신발도 신경 써서 신었어요. 윤주랑 연락이 다시 되고 나서부터 더 친해져서 일주일에 5일 만났는데, 윤주가 점점 저를 설득하는 거예요. '조금만 더 노력을 하면 이렇게나 예뻐지고, 이 예쁜 상태로 밖에 나가서 사람들을 만나면 널 보는 눈빛과 반응부터 달라질 텐데 노력을 하지 않는 게 너무 안타깝다'고요. 이 말이 설득력이 있게 들렸어요. 윤주가 저에게 어울리는 옷, 색깔, 메이크업을 추천해줬고 저도 좋다고 따라갔죠. 그때부터 꾸미는 맛을 알게 됐어요."

윤주는 자신이 말했던 구체적인 대사는 처음 들었다며 "내가 그랬다고?" 하더니 탁자에 머리를 찧었다. 석하는 말을 이었다.

"유치원에서 일할 때 박봉이었는데 옷 사는 데 거의 다 썼죠. 일 끝나면 신나가지고 옷부터 사러 갔어요. 가는 코스가 있어요. 홍대, 압구정에 꼭 들러야 하는 집들이 있거든요."

그런 윤주가 탈코르셋을 하리라고 석하는 꿈에도 생각지 못했다. 실제로 윤주는 한동안 절대 탈코르셋을 '못한다'고 말했다고 했다.

"제가 그렇게 말하고 다녔거든요. '개가 똥을 끊지.' 온라인을 통해서 코르셋이 여러모로 유해하다는 것을 인지는 했고 죄책감도 느꼈어요. 그런데 그게 인생의 전부였는데 어떡해요. 나는 오로지 꾸미기 위해 살고 있고, 꾸밈을 통해 인생이 완성될 거 같은데. 그렇게 코르셋이 뭔지 인지했지만 안 벗겠다고 버티던 기간 동안에 지하철에서, 길거리에서 어떻게 사람과 인형이 나뉘는지 너무 보이는 거예요. 머리카락을 장식처럼 쓰고, 움직임 불편하고, 하이힐 신은 모습이요. 인스타그램에 '어떤 게 코르셋인가, 여자에게만 주어지는 게 코르셋이다, 건강을 해치는 게 코르셋이다' 하는 글들이 올라오는데, 어느 날 여남 어린이 옷 사진을 비교한 피드가 보였어요. 남자아이들 옷과 여자아이들 옷을 비교한 거요."

버티던 윤주를 움직이게 한 계기는 아이들이었다. 이 계기는 그의 개인적 소명의식과 닿아 있었다.

"저는 평생 아이들을 위해 살기로 다짐한 사람이에요. 제가 종교는 없는데, 어느 날 갑자기 일을 하다가 계시처럼 '나는 이 일을 하다가 죽어서 돌아가야겠다. 내 소명이 여기 있구나' 하고 느꼈어요. 신도 안 믿는데요. '나 이 일 안 하면 죽겠구나' 하는 생각이 들었어요. 아이들 안 돌볼 때, 불행하고 갈증이 느껴져요. 저한테는 이 일보다 중요한 게 없어요."

그런 윤주는 근무를 하던 어느 날, 여느 때와 같은 일상의 한 장면에서 충격을 받았다.

"수영하는 날이었죠. 남자아이들 옷은 제가 갈아입히고 여자아이들은 다른 선생님이 갈아입히기로 했어요.

수영복을 입히고 나면 원래 입던 옷을 입기 좋은 순서대로 정리해놓아야 하거든요. 그런데 애들 내보낸 뒤에 여자 탈의실이랑 남자 탈의실을 동시에 봤는데 남자애들 옷은 사방에 널려 있고 여자애들은 일제히 옷을 개어놓은 거예요. 그 꼴을 보면서 '도대체 여자는 누가 만든 거야?' 이 말이 제 입에서 나오더라고요. 당연히 애들은 애들이니까 옷 벗어 던져두고 수영하러 가야죠. 세상에 누가 이 다섯 살을 여자로 만들어놓은 거예요? 그래서 그날로 유치원을 그만두고 머리를 잘라버렸어요."

여성과 여성성이 무관해야 한다는 주장은 이 일화에서 더욱 선명해진다. 나는 돌봄노동이 천직이라던 윤주가 어째서 유치원 내에서 아이들에게 여성성과 무관한 여성으로 남는 대신, 유치원을 그만두는 결말에 이르렀는지 물었다.

"유치원은 걸음걸이까지 검열하는 곳이에요. '쿵쾅거리지 말아라'부터 시작해서, 다 원장님 마음이에요. 만일 이 상태로 면접을 본다면 차라리 괜찮을지도 모르겠는데, 중간에 머리를 자르면 '선생님, 너무 남자 같은

데…… 애들이 남자 같다고 생각할 텐데'라면서 못 다니게 해요. 그날 이후로 동료 선생님들의 코르셋을 보기가 힘들기도 했어요. 선생님들이 무릎에도 미백 크림을 바른다고 하고 난리 나니까요."

윤주와 같이 유치원 일을 했던 석하도 거들었다.

"유치원 선생님은 직업의 특성상 '사회적 여성성'의 틀을 유독 선호하는 사람도 많아요. 애들을 예뻐하는 사람이 몰려 있기도 하고, 아이 좋아하니 결혼해서 아이 낳고 주부로 사는 게 행복이라고 생각하죠. 저보다 어린 선생님도 '여자는 항상 예쁘게 앉아야지'라는 말을 달고 살아요."

윤주가 처음에 말했던 '유치원 선생님' 이미지 이야기로 돌아온다. 나는 그가 더 이상 돌봄노동을 할 수 없다는 딜레마에도 불구하고 어째서 머리를 자르는 결심을 했는지 물었다.

"내적으로 '취업 어떻게 하지?' 하고 걱정했지만 더 중요한 게 있었어요. 도저히 아이들에게 이런 모습으로 남

311

아 있을 수가 없겠더라고요. 4년 동안 유치원에서 근무했는데, 단 한 번도 같은 옷을 입고 출근한 적이 없고 바지를 입은 적이 없어요. 어쩌다가 바지 입는 날은 견학 가는 날인데 전날 짜증 냈어요. 바지 입기 싫으니까요. 치마가 예쁘니까. 또 다른 일화도 있어요. 저는 쇼트커트가 잘 어울려서 예쁘게 자르고 다녔는데 긴 머리에 대한 로망이 또 있어서 여자아이들 머리를 많이 땋아주었거든요. 그중에 한 아이가 저를 되게 좋아했는데 제가 그 아이 머리를 가지고 매일 '염병'을 했어요. 제가 머리를 땋아주니 그애 엄마가 좋아했죠. 그러던 어느 날 아이가 '선생님, 엄마가 귀찮으면 머리 자르라고 했는데 윤주 선생님이 좋아해서 안 자른다고 했어요'라는 거예요. 그때 저는 그게 너무 좋았어요. 아이가 나를 그만큼 좋아한다는 뜻이니까요. 이제는 그렇게 생각 안 해요. 내가 몹쓸 짓을 한 거구나. 심지어 그애 엄마는 편하면 머리 자르라고 했는데, 나는 그것도 못 했구나. 그 기억이 아직도 박혀 있어요. 제 옷 칭찬 듣는 게 사는 낙일 동안에 한 일이에요."

수영장 탈의실을 바라본 윤주의 입에서 튀어나온 물음, 여성성과 무관하게 태어난 여자아이가 5년 만에 '여자'

가 되게 만든 사람이 자신이었다는 사실에 윤주는 깊은 죄책감을 느꼈다. 직장을 그만둘 정도로 여성과 여성성이 무관하게 여겨지는 미래를 만들겠다는 이 단단한 결의는 태어난 지 얼마 안 된 여자아이들의 허리춤에, 역사를 조망하면 '일시적인' 그러나 지금으로서는 꿈쩍 않는 육중한 여성성을 단단히 매주었던 자신의 과거를 돌이키고자 하는 마음으로부터 나온다. 아무런 악의 없이, 오히려 순전한 선의에서 비롯된 자신의 행동이 구조적 폭력의 일부였다고 생각한 것이다.

여성과 여성성은 무관하고 또 무관해야 한다. 이 주장을 현실화하는 작업을 통해 여성들은 규범에 부합하기 위해 수행하는 모든 전제에 의문을 던지게 된다. 그러다보면 다양한 것들이 무관해진다. 일단 규범적 여성성과 아름다움이 무관해진다. 얼굴을 통해 아름다움을 추구하고 싶은 마음과 눈두덩이에 칠을 하거나 머리를 기르거나 몸을 작게 만드는 일이 대체 어떤 상관이 있는지 알 수 없어진다. 그러면 아름다움 가운데 규범적 여성성이 차지한 비중이 너무 컸다는 사실 때문에 무엇을 아름다움으로 느껴야 할지 새로 생각해야 한다. 그러다보면 애초에 얼굴에서 아름다움이 차지하는 기능이 너무 컸다는 사실이 느껴지면서 얼굴을 가꾸는 일에 대폭 무심해지고 모처럼 단장을 하더라도 전과는 다른 방식을 택해야 한다. 그럼에도 불구하고 뛰어난 조형성을 갖춘 어떤 얼굴을 보면 아름답다고 느끼기도 하지만, 누군가의 그런 얼굴과 내 삶은 무관해진다. 마치 피아노를 잘 치는 것과 같이 감탄을 불러일으키는 타인의 특기와 내 삶이 한때 유관했다는 사실이 더 의아하게 여겨질 정도이다. 성별을 이유로 모든 여성이 '꾸밈'이라는 같은 종목에 출전하는 세계가 기이해진다.

규범적 여성성으로부터 무관해진 여성은 자신의 욕망이 향하는 길이 특정한 규범을 수행해 남성에게 욕망됨을 욕망하기 이외에는 막혀 있었음을 깨닫는다. 이는 다른 길이 존재한다는 뜻이다. 자신을 사지로 몰아넣으면서까지 이 욕망을 추구하던 개인들은 누군가에게 좋은 인상을 남기고 싶고, 어떤 몸을 선망하고 싶고, 스타일을 내고 싶어하는 욕망을 새로운 방식으로 추구한다. 예를 들어 윤주는 옷에 대한 어떤 취미를 포기하지 않았다. 그러나 이 취미는 규범적 여성성을 구현하는 꾸밈과는 무관하다. 자신을 무한히 소진시키던 필생의 과업 같았던 노동이 이제야 취미의 영역으로 축소되었다.

"옛날에는 돈을 다 옷 사는 데 썼어요. 그 돈 진짜 아깝다. 이제는 고양이 복지에 쓴다든가, 필요한 가구를 사요. 적금도 붓고요. 내적으로는 아직도 양말 모으는 거 좋아하고, 옷 좋아해요. 하지만 어디 가서 굳이 이런 말 안 하죠. 옷도 가끔 사긴 사요. 취향대로 입고, 취미생활로 하는 정도로요. 절대로 인생에서 이전만큼의 비중을 차지할 수가 없죠."

석하도 마찬가지이다. 다만 이 취미가 향하는 방향이 바뀌었다.

"지금도 특이한 셔츠, 특이한 양말 같은 거 좋아해요. 그렇다고 해서 전처럼 망사에 레이스 같은 건 사고 싶지 않아요. 상징하는 게 명확하니까요. 이젠 그런 것들이 지금 시점에서 상징하는 의미에 거부감이 들어요. 성적 대상화 되기도 싫고 외모가 권력인 줄 아는 인형이 되기도 싫어요. 예뻐 보이지도 않아요."

자리에서 일어나며 윤주는 여성에게 유일하게 허락된 '외모 권력'에 대해서도 허망함을 표하며 한마디를 덧붙였다.

"외모 권력이라는 게 있을 수는 있죠. 그렇지만 그 외모가 사라지는 순간, (권력도) 연기처럼 사라져요. 그 사실이 굴욕적이기도 하고요. 어떤 여자가 어느 높이까지 올라간다면 능력도 있다는 말일 텐데, 왜 능력만 가지고는 안 되는 걸까? 이제는 그런 마음이 들죠. 레오나르도 디카프리오가 옛날에 찍은 영화(《길버트 그레이프》)가 있어요. 지적장애아로 나오는 영화거든요? 그때 디카프리오가 실제로 장애 아동이냐는 질문을 받을 정도로 연기를 엄청 잘했어요. 그런데 연기 대신 자기의 잘생긴 외모에만 자꾸 집중이 되는 게 싫어서 일부러 살을 찌웠다고 하더라고요. 만일 여자가 그랬으면 곧장 밥줄이 끊겼을 텐데. 남자는 살쪄워서 연기력을 인정받는구나 싶었죠. 착잡해요."

12.
죽음에서

삶으로

"적금은 내가 나중에도 살아 있다는 뜻이잖아요"

그러나 선택은 아무리 힘들고 고통스럽다 하더라도 인간에게 필수적인 능력이다. 개인이 선택을 내릴 수 있다는 사실은 곧 변화할 수 있다는 의미이다.

레나타 살레츨, 《선택이라는 이데올로기》

윤주가 언급한 '외모 권력'은 여성이 자신이 가진 소비력을 외모에 투자할 명분을 만들어준다. 그러나 그가 지적했듯이 권력은 시기적으로나 상태적으로나 유한하다. 실제로 꾸밈에 소비력을 올인하는 여성이 얻는 것은 외모를 통한 권력이라기보다는, 옷장이다. 이것은 탈코르셋 운동이 일어나던 무렵, 트위터상에서 한 페미니스트가 올린, 자신이 하마터면 '옷장에 옷만 가득 찬 거지 할머니가 될 **뻔했다**'는 문구가 큰 호응을 얻은 이유였다. 윤주도 이 말을 자신의 미래라고 여겼다.

"들어본 적 있어요. 딱 제 미래 같다고 생각했죠. 실제로 제 옷장이 생각났고요. 엄마랑 둘이 사는데 큰 방이 옷방이고 그 옷방의 옷이 거의 다 제 거예요. 지금은 옷방을 작은방으로 바꾸어도 될 정도예요. 옷은 거의 다 버렸죠. 늙으면 그대로 거지 새끼 될 뻔한 거예요. 서른까지 결혼 못 하면 자살하고 싶게 만드는 거예요."

여성은 탈코르셋에 동참하면서, 외모 강박부터 시작해 자신이 참가를 결정한 적 없는 게임에 출전해 있음을 반복적으로 깨닫는다. 그 종착역에는 총체적 생애 기획이 있다. 규범적 여성성이 여성을 모성을 가진 이성애자로 전제한다는 말은 여성이 정상 가족에서 재생산을 담당할 것이라고 여겨진다는 말이다. 여성은 탈코르셋으로 인해 감지되는 변화를 따라가다가 자신의 생애 기획에 미리부터 자기도 모르는 남성 배우자가 전제되어 있음을 새삼스럽게 깨닫게 된다.

진작부터 여성이 비혼을 라이프 스타일의 한 형태가 아닌 기본 상태로 삼아야 한다고 주장하던 나 역시 탈코르셋 운동을 통해 20대 여성이 명백히 저임금을 받으면서도 높은 소비력을 발휘할 수 있는 이유와 생애 기획 문제를 다시금 연결지었다. 젊은 여성에게 주어지는 '시집갈 때까지는 써도 돼', '그때 벌어봤자 푼돈이야'라는 말들이 여성을 스스로를 책임지지 않아도 되는 존재로 상정함으로써 결과적으로 스스로를 책임질 수 없는 존재로 만들기 때문이다. 여성은 결혼이라는 생애 사건을 통과하기로 결정하기 전부터 스스로의 생계 부양자가 되는 대신 피부양자가 된다. 잠재적 남성 배우자의 존재를 통해 기대되는 미래 소득과 현실의 저임금은 저축을 무의미하게 만들어 젊은 여성을 소비자로만 상상되도록 만들기 때문이다. 그런데 생애 기획에 남성 배우자가 전제되었다는 말은 삶에서 타인이 등장하지 않으면 생애가 지속될 수 없다는 뜻이며, 타인을 등장시키지 않기로 했거나 타인이 끝끝내 등장하지 않는 경우 무책임해도 괜찮다고 다독였던 그 누구도 이 문제를 책임져주지 않는다는 뜻이기도 하다. 한비는 많은 여성과 마찬가지로 이 사실을 깨닫지 못할 뻔했다.

　한비는 2018년 여름쯤 트위터로 만나 내게 영어 수업을 해주었던 대학생이었다. 내가 '한비샘'이라 부르던 그는 당시 윤주가 묘사한 대로 꼭 공주 같았다. 탈코르셋을 한다지만 현실에서 마주하는 타인의 차림에 대해서는 관심을 두지 않았던 나는 무척 마른 그의 몸이 그때도 다소 걱정스럽기는 했다. 다른 여성들과 같이 몸무게에 수치심을 느끼던 내가 한참 몸을 기능으로 파악해가던 무렵이었기 때문이었다. 그렇지만 태생적으로 마른 체형인 여성들도 또다른 스트레스를 받는 현실이기에 이 문제에 대해서 별다른 이야기를 나누지는 않았다. 그저 두어 달가량 수업이 이어지고 끝난 이후, 탈코르셋 운동에 동참하면서 종종 그를 떠올렸을 뿐이다. 그런데 언젠가부터 그의 트위터 아이디 앞에 [탈코]가 붙어 있는 것을 보고 궁금한 마음이 들어 연락을 해보았다. 그는 흔쾌히 만남에 응해주었다. 영어 선생님과 학생으로 만났던 이래로 1년 만에 다시 만나게 된 것이다. 그를 만나러 서울 시청 주변의 한 카페로 간다.

공주 같던 한비는 나와 비슷한 차림으로 나를 반겼다. 마른 몸에도 살이 붙어 한눈에도 그가 덜 취약하게 느껴졌다. 반가운 인사를 나누자마자 그는 자신의 변천사를 읊어주었다.

"전에 우리가 만났을 때까지만 해도 '여성운동'에서 방점을 '여성'에 뒀어요. 버지니아 울프가 '자기 얘기를 하는 모든 여성은 페미니스트일 수 있다'고 했는데 여성운동이 확산되고 3년쯤 되어가는 마당에 이 말을 반복하는 사람들을 보니까 그저 방어기제로 느껴져요. 틀린 말은 아니라고 하더라도요. 이제는 방점을 '운동'에 놓게 되었어요. 운동은 재미없을 수 있어요. 탈코르셋을 하고 너무 재미가 없었어요. 저는 드레스 입는 게 너무 좋아 미치는 사람이었거든요. 돈 없어서 못 먹고 전기세 밀려도 좋아하는 쇼핑몰에서는 계속 VVIP였어요."

나는 그에게 탈코르셋이 마치 서비스 직종처럼 여성이 주로 몸담는 직종에 종사하지 않는 특권 계급만 동참할 수 있는 문제로 여겨지곤 하는 논의에 대해 말을 꺼냈다. 그는 "돈이 있든 없든 다 욕할 거리죠"라며 분개했다. 한비에게 화가 난 이유를 물었다.

"그런 말들이 여성들의 목소리를 빼앗아간다고 생각해요. 저한테 보상심리도 있는 것 같고요. 탈코르셋 할 때 힘들었거든요. 하지만 여성 인권을 중요시하는 사람이라면 버려야 한다고 생각하는 문화가 있어요. 이 운동이라는 게 재미로, 자기주관적 만족감을 위해서 하는 게 아니에요. 저는 바로 윗세대 페미니스트들이 이 담론을 제대로 받아들이지 않으려 하고, 원래 하던 걸 그대로 고수하며 이름만 탈코르셋을 가져다 쓰면서 사실은 외모 다양성에 대해 이야기하는 게 화가 나요. 21세기 한국에서 페미니즘은 그저 미의 기준을 '넓히는'

게 아니라 '없애는' 거라고 생각해요. 제 전공이 영미문화인데, 팝송 같은 데서 반복해서 나오는 가사가 저를 미치게 만들어요. 노래가 하나같이 '나는 그럼에도 불구하고 아름다워'로 끝나요. 전부 다요. '왜 자꾸 아름답다는 말을 계속하지? 안 아름다우면 안 되나' 이런 생각이 들어요. 남자들은 그런 말을 할 필요가 없잖아요. '너도 아름다워'라는 건, 미의 기준을 넓혀주는 말이에요. 뚱뚱한 여자는 원래 미의 범주에 안 들어갔는데, 이제 '살쪘지만 수영복 같은 옷을 입은 너도 예뻐'라면서 미의 다양성을 늘리는 거죠. 근데 이런 자기 몸 긍정주의body positivity 운동이 페미니즘적으로 지니는 한계가 너무 명확해요. 두꺼운 다리가 싫어서 여태 드레스를 못 입었는데 이젠 입을 수 있다는 말이 개인적 콤플렉스를 벗겨줄 수도 있고, 그런 게 중요할 수도 있지만, 여성운동이 취해야 할 방향은 아니에요."

그가 이렇게나 단호한 이유는 자기 몸 긍정주의가 자신의 증세를 강화시켰기 때문이었다. 나를 만나던 동안 그는 거식증을 앓고 있었다.

"1년 전만 해도 마른 몸에 대한 강박을 못 벗을 거 같앉어요. 거식증이 있었거든요. 40킬로를 왔다 갔다 했죠. 그렇게 말랐는데 병문안 오는 친구들이 '야, 너 그래도 말라서 좋겠다'래요. 친구들은 제가 직전에 자살시도 한 걸 아는데도 진심으로 마른 게 좋다고 생각하니까 그 말이 나오는 거예요. 그런 말을 들으면요, 변해야 할 필요성을 못 느껴요. 의사가 위험하다고 말하는 것도 속으로는 좋아요. '진짜 이러다 큰일 날 상태'라는 게 병원에 입원해서 강제로 음식을 먹어야 되는 상황이거든요? 그런데 '헉, 그럼 남들은 그 정돈 아닌데 나는 그 정도까지 말랐다는 거구나'라는 말로 이해돼요. 거기에 '바디 포지티브'가 더해지면 '나는 말랐을 뿐이고 그런 내가 좋아'라고 말하게 돼요. 안 그래도 이 세상에선 마르고 예쁜 여자를 다들 좋다고 하는데, 모두가 자기가 가진 몸을 사랑하라고도 하니까 마른 몸도 사랑해야 하죠. 그러니 아무도 저한테 살쪄야 한다고 안 해요. '마른 걸 존중해라', '마른 사람 보고 함부로 살찌우라고 하지 마'라는 소리를 들을 테니까요."

'모든 몸이 아름답다'는 메시지는 단일했던 미의 기준을 넓힌다는 점에서 자기 몸 긍정주의를 확대한다는 장점이 있다. 그러나 탈코르셋이 자기 몸 긍정주의를 비판적으로 바라보는 이유는 다양한 미의 기준이 존재한다는 담론이 여성들이 참여하는 아름다워지기 위한 노력의 레이스를 멈추지 못하게 만든다는 점이다. 실제로 다양성 담론은 갈등이 다양성 내부에 이미 존재하는 것이 아니라 오직 다양성을 인정하지 않는 태도 때문에 발생한다고 본다는 면에서 비판받는다. 이 비판을 꾸밈 경쟁의 레이스에 적용하자면, 이미 아름다움의 종류는 다양해졌으므로 그저 내가 '이' 아름다움을 선택했을 뿐이라는 서사를 허용하게 되는 것이다. 이 선택의 서사는 현실에서 각각의 외양에 서로 다르게 부여되는 위계가 마치 없어진 것처럼 만들고, 오히려 이전까지는 획일적이라고 비판이라도 받던 미의 기준이 여전히 발휘하는 강력한 힘을 가려버린다. 바로 이런 이유에서 여성들은 '이미 있는 그대로도 아름답다'는 말을 숱하게 듣고도 멈추지 못했던 꾸밈 경쟁의 레이스를 탈코르셋 운동이 전파하는 '여성은 아름다울 필요가 없다'는 메시지를 듣고 나서야 빠져나온다. 그들은 '너도 아름다워'라는 말이 자신을 변함없는 불안에 시달리게 했다고, 있는 그대로의 자기 자신을 아름답게 느끼든 사회가 설정한 강력한 미의 기준에 맞추든 상관없이 꾸밈을 위한 노력을 그만둘 수 없었다고 말한다. '여전히 아름답다'라는 말을 통해서만 자신을 긍정했기 때문이다. 자신이 언제부터 참여했는지도 모르는 레이스로부터 벗어나고 싶지만 빠져나갈 방법을 알지 못하는 이에게는 '모두가 이 레이스의 승자'라는 응원의 말 대신, '레이스가 계속될 이유가 없다'라는 말이 절실하다.

한비는 탈코르셋 운동을 그저 새로운 담론으로만 받아들일 뿐, 문제를 끊어내고 변화를 만드는 데 동참할 생각을 하지 않는 이들에게 분개한다.

"저의 한 친구는 페미니즘에 대해 해박하고 꾸밈노동이 필요 없는 직종에서 일해요. 그런데 학교 다닐 때야말로 자기가 맘먹으면 화장 안 할 수 있거든요. 그런데 《탈코일기》 책을 즐겁게 읽고 나서도 매일 아침마다 화장하고 가니까 답답해요. 말로는 '너 진짜 대단하다, 지지해'라면서도 거기에 동참하지는 않는다는 사실이 저를 미치게 만드는 것 같아요. 그렇지만 남자를 욕하는 게 페미니즘이 아니고, 여성이 변화하는 게 페미니즘이거든요. 물론 이 변화가 쉽지는 않은 거 같아요. 저도 온라인에서 어린 친구들에게 운동으로 좋은 영향력 주는 이야기를 접하고 희망을 가졌다가 상처 많이 받았어요. 선생님들이 자기가 편하게 다니는 걸 보고 애들이 먼저 자기에게 고맙다고 말했다는 이야기, 못 믿었어요. 애들 정말 솔직하거든요. 제 짧은 머리를 본 학원 원장님은 탈코르셋이 뭔지 아예 모르니까 '머리 잘랐어? 시원하네'라고 하시는데 오히려 초등학교 애들이 20대 여자가 머리를 자르고 성별 구분이 안 되는 옷을 입는 걸 못 받아들여요. 제가 (탈코 한 지) 3개월 됐는데 애들이 아직도 저한테 '왜 못생겼어요? 여자로 태어난 걸 후회해요?' 이러고 있어요. 선한 영향력을 미친다는 건 부수적인 거고 자기를 바꾼다고 생각해야 돼요."

한비가 외모 다양성과 탈코르셋을 지지한다고 말하며 막상 실천하지 않는 이들에게, 그리고 "나는 탈코르셋 할게, 하지만 안 하는 너희를 존중해"라고 점잖은 입장을 취하는 사람들에게 전부 화를 내는 이유는 이 모든 것이 획일적 미의 기준이 만들어내는 현실의 불균형으로부터 여성을 도망칠 수 없게 주저앉히기 때문이었다. 그가 화를 내는 또 다른 이유는 실천하는 자신과 실천하지 않는 이들 간의 위계를 짓기 위해서라기보다 그들로부터 움직이기 싫었던 과거의 자신이 보이기 때문이다. 처음에 한비는 전혀 탈코르셋을 반기지 않았다.

"제가 그냥 예쁜 걸 좋아한다고 생각했어요. 옷도 그렇고, 누군가 만든 예쁜 것을 보면 기분이 좋았어요. 예

쁜 옷을 만드는 일을 창작이라고, 예술이라고 하잖아
요. 그래서 '탈코르셋이라면 이제 더 이상 저런 창작을
그만하라는 건가? 산업을 사양시키라는 건가?'라는 생
각을 했어요. 그렇지만 사실은 아무리 예쁜 옷이라고
하더라도 패션계에서 여자가 입는 (예쁜) 옷과 남자가
입는 (예쁜) 옷이 명백히 달라요. 그래서 이제는 사회
규범이 워낙 명확하니 개인적 차원에서는 나 하나라도
규범을 강화하는 데 힘을 보태지 말자는 마음을 가지
게 됐어요. 1년 반 전에 제가 가던 커뮤니티에서 탈코
르셋 전시가 한동안 이슈여서 화장품 부수는 사진이랑
삭발한 사진이 많이 올라왔는데, 저는 거부감이 먼저
들었어요. 한눈에 여성성을 부수자는 이야기라고 알아
들었거든요. 특히 화장품 부수는 것은 무슨 뜻인지 보
자마자 알았고요. 저는 옷은 좋아하데 화장은 싫어해
서 더 빨리 알아들었죠. 대학교 1학년 때 화장을 했는
데 눈이 너무 아팠고 시력도 떨어졌어요. 그런데 일하
던 학원에서는 제 나이가 실제 나이보다 많아 보이도록
어른스럽게 옷을 입고 화장하고 일하기를 바랐죠. 하기
싫은데 해야 할 거 같다고 생각했던 경험이 있었기 때
문에 (화장하기를) 왜 저렇게 싫어하는지 알았어요. 그
렇지만 탈코르셋 하기는 싫었어요. 입던 옷을 계속 입

고 싶었거든요."

나와 달리 탈코르셋 운동의 의미를 곧장 알아들은 한비는 그전까지 꾸밈의 이유가 자기만족에 있다고 믿었다.

"그런데 끝까지 (입던 옷을) 포기 못 했던 건 남들 눈에 예뻐 보이고 싶었기 때문이에요. 사람들 눈에요. 더 솔직하게 말하자면 남자들이겠죠. 그걸 인정하기까지 오래 걸렸어요. 자기만족이 아니라는 걸 인정하기 어려웠던 거예요. 인정하고 나면 바로 탈코르셋을 해야 할 것 같았으니까요. '나는 이거 할 때 행복하다'고 말하면서도 찜찜했어요. 예쁜 옷을 입고 예쁜 머리를 하고 나갔을 때 '저 사람이 나를 보나?'라는 생각을 했으니까요."

나는 한비에게 "인간은 원래 누군가에게 잘 보이고 싶은 욕망을 가졌다"고 말했다. 그 '잘 보이기'가 곧장 규범적 여성성으로 연결되는 고리를 탈코르셋 운동이 집중적으로 타격한다는 것을 알기 때문에 넌지시 물은 것이었다. 한비는 이에 대해 재미있는 일화를 들려주었다.

"진짜 그런 게, 탈코르셋 하는 친구들 사이에서는 제

꾸미는 모습이 창피해진 거예요. 옛날에는 꾸민 날에만 당당했는데 이제는 꾸미지 않은 날에만 당당해져요. 하루는 오전에 알바, 오후에 시위를 갔어요. 아르바이트 끝나고 평소처럼 치마를 입고 시위에 가는데 '여자들 많이 모이는 데로 여성운동 한다고 가는 건데 공주 같은 드레스 입어도 되나?' 하는 생각이 드는 거예요. 그래서 시위 가는 길에 옷가게에서 바지를 사서 입었어요."

탈코르셋 운동은 '모든 선택을 존중한다'거나 '모두가 아름답다'고 말하는 대신, 현실에 매겨진 위계를 거꾸러뜨릴 방법을 최대한으로 고민한다. 혜민, 석하, 윤주의 말대로 지금의 위계가 무너져야 이것을 진정 일시적인 것으로 만들어 '그다음'을 부를 수 있기 때문이다. 이는 태주가 그러했듯 자신의 준거집단을 남성에서 여성으로 옮긴 결과이기도 하다. 실제로 한비는 울며 겨자 먹기로 탈코르셋을 한 뒤로부터 자신의 몸에서 '그다음'을 경험한다.

"'꾸밈이 완전히 자기만족이면 무인도에서도 그렇게 입을래?'라고 묻잖아요. 저는 오히려 거꾸로, '나 혼자 사는 세상이면 드레스 매일 입고 싶어'라고 생각하곤 했어요. 제가 탈코르셋을 결심한 계기가 학원에서 일을 하는데 초등학생, 중학생들이 '나도 커서 선생님처럼 되고 싶다' 말하는 애들이 많았기 때문이었거든요. 어떤 시점부터 이 말이 절대 좋은 게 아니라는 생각을 했어요. 탈코르셋은 전혀 즐겁지 않았어요. 억지로 참아야 했어요. '오늘은 치마 안 입는다'면서요. 그러면서 속으로는 '오히려 혼자면 진짜 치마 입을 거야. 애들을 위해서 참는 거야'라고 생각했어요. 그럼 가설대로 집에 와서 드레스 갈아입어야 하잖아요? 그런데 바지만 입고 다니는 데 한번 익숙해지니까 귀찮아서 치마를 안 입는 거예요. 제가 생각하는 것과 몸의 감각이 반응하는 게 다르다는 걸 알았어요. 샤랄라 한 드레스를 본성적으로 좋아하는 줄만 알았는데 그렇지도 않구나 싶어요."

한비는 제일 친한 친구로부터 꾸밈에 대한 자극도, 탈코르셋에 대한 자극도 많이 받았다.

"전 원래 매일 새 옷을 샀어요. 그럼 그 친구가 알아봐 줘요. 그렇게 매번 새 옷을 입었어요. 그런데 그 친구가 탈코르셋을 하니까, 걔는 머리 자르고 화장품 버리고 옷도 샤랄라 하게 안 입는데 저는 계속 새 옷 사는 게 창피하게 느껴지더라고요. 나를 보고 뭐라고 생각할까 싶었어요. 그러다보니 다른 친구를 만날 때도 새 옷을 입는 게 오히려 부끄러워졌어요."

꾸밈이 자부심에서 부끄러움으로 바뀌는 동안 한비에게는 또 다른 변화가 일어난다.

"그때까지는 꾸밈노동이 시간을 빼앗는 일이라는 생각을 못했어요. 그냥 돈을 쓰는 순간, 옷을 입는 순간만 좋았죠. 그런데 《거울 앞에서 너무 많은 시간을 보냈다》를 보고 '시간 자원'에 대해 생각해보게 되었어요. 사실 제게 시간이 중요한 자원인데 시간을 가지고 공부하고 돈 벌기를 쳇바퀴 돌듯이 계속하는 와중에 쇼핑몰을 끊임없이 들여다보고 있었어요. 그때는 '소확행°'이나 '욜로°°'라는 게 멋있어 보였어요. '나 당장 너무 힘든데, 한 번 질러도 된다고 말해주네? 그럼 돈 없어도 지르고 살아도 되지 않을까?' 하는 마음을 허락해주잖아

° '소소하고 확실한 행복'의 줄임말로 소비를 통해 얻는 작은 즐거움을 의미한다.

°° 'YOLO(You Only Live Once)', '한 번뿐인 인생, 즐기며 살자'는 의미이다.

요. 그런 소비 전시가 되게 멋져 보였어요. 인스타그램에도 좋은 순간을 올리면 좋아 보이잖아요. 그런데 나중에 트위터에 '#비혼_여성의_경제', '#비혼_여성의_삶'이라는 해시태그가 달린 글들이 올라온 걸 봤는데 전부 다 저축하자는 내용, (당장 사 먹고 싶은) 케이크 참자는 내용이에요. 그전까지는 제가 고리타분하다고 여겼던 것들이요. 그런데 사실 돈 막 쓰는 게 여자에게 좋은 게 아니에요."

한비에게 그가 탐닉했던 이미지 속에서 여성은 소비 주체로만 존재하는 것이었느냐 물었다.

"네! 그거예요. 여성을 소비 주체로 보던 거요. 그게 너무 멋졌어요. 그렇지만 사실 여성을 계속 가난하게 만든다는 생각이 들었어요."

그에게 평소 고리타분하다고 생각했던 '저축'이니 '절약'이니 하는 단어들을 다르게 받아들인 이후에 생활에 여유가 생겼는지 물었다. 그는 민망한 웃음을 지었다.

"창피한 얘긴데요, 제가 사실 동기들보다 한 달에 버는 돈이 많았어요. 가난해서 일을 많이 했으니까요. 열아홉 살부터 돈을 벌었거든요. 그런데 항상 통장 잔고가 0원일 때가 많았어요. 어느 해 1월에는 한 달 동안 얼음물로 샤워를 했어요. 안 가난해본 사람은 모르는 진짜 찬물, 진짜로 얼음이 나오는 찬물이에요. 그런데 제가 그때 옷을 안 샀냐 하면, 샀어요. 있는 돈으로 100퍼센트 옷을 샀어요. '나는 가난해서 보일러 꺼진 방에서 살아'라고 되뇌면서도 옷을 안 사고 보일러 틀 생각을 못해봤어요."

한비의 경험처럼 대학 시절을 내내 아르바이트로 채웠기 때문에 나보다 계층이 높아 용돈을 받는 또래보다 오히려 주머니에 있는 돈은 많았던 나는 그 마음을 곧장 공감했다.

"사실 당장 보일러 틀어야 하면서도 '에잇, 내가 이렇게 일하는데 옷도 못 사?' 이런 거죠?"

익숙하게 카드를 긁는 시늉에 한비는 고개를 세차게 끄덕이고 웃었다.

"제가 〈소공녀〉라는 영화를 너무 좋아했어요. 그 영화 속에서 주인공 미소가 돈이 없는데, 먹던 한약도 끊었는데, 월세방도 뺐는데 위스키에 담배를 너무 좋아하는 거예요. '돈이 없어도 취향은 있을 수 있다.' 제가 딱 그렇게 살았어요. 보일러 끊겼는데 옷 사는 게 저한테 존엄이었어요. 아까 '#비혼_여성의_생활'이라는 새로운 해시태그가 트위터에서 돌았다고 했잖아요. 근데 누가 그 영화가 너무 싫다고 말하더라고요? '저 여자 지금 담배 피우고 위스키 마실 게 아니고 일단 월세방 들어가야지. 20대 여성이 범죄 표적이 되는데 진짜로 한강에서 텐트 칠 수 있어?'라는데, '아, 저게 영화가 아니고 여태까지의 내 삶이구나. 내가 나 자신을 사지로 몰아넣는 선택을 낭만화해왔구나' 하는 깨달음이 밀려오더라고요."

여성의 삶을 둘러싼 여러 요소는 그것이 만들어지는 과정이 생략된 채 아름답게 여겨진다. 여성을 취약하게 만드는 것일수록 그렇다. 여성의 고통, 질병, 심신미약과 마찬가지로 가난 역시 낭만화된다. 서사 속에서 구현된 남성의 가난이 자기연민을 불러일으키는 문제와는 또 다른 방식이다. 트위터상에서 '#탈코르셋_인증'과 비슷한 무렵에 쓰이던 해당 해시태그는 자기 자신을 타자화했다는 문제의식과 결부되어, 스스로 자신의 삶을 낭만화하느라 정작 자기를 보호하지 못했다는 뼈저린 반성을 불러일으켰다. 한비는 그 중 한 명이었을 뿐이다.

"저는 평생 돈 없이 살다가, 직접 번 돈으로 옷을 산다는 게 대단한 일 같아서 그걸 놓을 수가 없었어요. 남들처럼 소비하고 살 수 있다는 게 중요했거든요. 그런데 제가 뭘 소비하는지를 생각했어야 했어요."

타인의 삶에 대해 함부로 말하지 말라는 원칙이 가난과 만났을 때, 당사자가 아닌 이상 한비의 비판을 지지하기 어려워진다. 그러나 거꾸로 당사자가 외부로부터 당사자를 존중하라며 주어진 말을 받아들이면서 자신의 현실과 빚는 불일치도 발생한다. 그 불일치의 일례였던 그는 더 이상 옷 사는 일을 달콤하게 여기지 않는다. 신체의 고통을 감각하면 다시는 욕망할 수 없는 것이 생기듯이 생애 기획에서 간과된 것들을 깨달은 뒤로는 전의 소비 패턴으로 돌아갈 수 없게 되기 때문이다. 구두를 아름답게 여기는 동안에는 몰랐던 아픔이 각성 후 뒤늦게 밀려오듯, 삶 자체를 낭만화하는 동안 겪었던 문제도 이제야 보인다.

"기본 생활이 안 됐죠. 굶고 다니고, 휴대폰 요금 밀려서 신용등급 떨어지고, 버스 카드도 버스 요금 안 내니까 막히고, 대신 다른 카드로 돌려 굶고. 신용등급이 떨어지는 거 알면서도요. 얼음물로 목욕을 하니 진짜 많이 아팠죠. 감기를 말 그대로 1년 내내 달고 살았어요. 감기가 영양실조가 되고, 폐렴이 되고…… 많이 아팠어요."

탈코르셋 이후 자신을 취약하게 만드는 것에 대한 탈낭만화deromanticize를 경험한 한비에게 삶에서 낭만도 중요하다거나 옷을 사는 일이 존엄일 수도 있다는 말은 더 이상 받아들여지지 않는다. 그러나 그가 삶에서 중요한 것들을 포기했다고 볼 수는 없다. 오히려 이제야 중요한 부분을 포기하지 않을 수 있게 되었다.

"제게는 제가 계속 생활을 꾸려나갈 수 있다는 안정성이 중요해요. 통장 잔고가 절대 0원이 될 수는 없거든요."

돈 이야기가 나온 김에 한비에게 버는 돈과 쓰는 돈을 자세히 물었다.

"한 달 동안 제가 버는 돈에 당시 학교에서 나오던 돈을 합치면 대략 100~120만 원이라고 쳐요. 그러면 옷에 80~100만 원은 썼어요. 머리도 자주는 아니지만 3개월에 한 번 했는데, 대학생인데도 35만 원짜리를 했어요. 처음에는 10만 원 정도 쓰려고 가요. 비싼 미용실에 가면 거기서 일하는 사람이 옆에서 커피 따라주면서 계속 '얼마짜리 상품이 있는데 하실래요?'라고 물어요. 사실 거절하면 되는데, 그렇게 안 하고 돈 있는 사람처럼 굴었죠."

한비에게 탈코르셋이 주는 가장 중요한 가치가 무엇이냐고 물었다.

"저를 개조하는 기분이 들어요. 제가 알고 있던 가치관이 다 바뀌는 경험을 했어요. 이제는 아예 남자와의 로맨스에 대한 생각이 없어졌어요. 전에는 사랑이 나를 구해줄 거 같았어요. 이제는 아예 남자와의 로맨스에 대한 생각이 사라졌어요. 오히려 지금은 여자에 대한 인정이 더 중요해요"

나는 남자와 로맨스를 꿈꾸지 않게 된 한비에게 여

성과 연애를 할 생각은 있느냐 물었더니, 그는 조금 고민하다가 그럴 수 있다고 답했다. 실제로 탈코르셋 이후 자신에게 전제된 욕망을 거부한 여성들은 새로운 욕망을 찾는다. 자신의 욕망이 여성을 향할 수 있다는 사실을 깨닫기도 하는 것이다. 대체로 실명으로 이루어진 기록인 탓에 책에 싣지는 않았지만, 몇몇 여성이 탈코르셋을 통해 처음으로 여성을 사랑하게 되었다고 이야기하며 이전까지의 삶이 자신에게 '남성에게 욕망되는 욕망'만을 허락했다고 말했다. 이처럼 규범적 여성성을 거부한 여성은 처음으로 스스로 자신의 삶과 유관한 것들을 찾아 나선다. 그런데 한비는 이미 여성과 연애를 한 경험이 있었다고 말했다.

> "여자랑 만난 적이 있어요. 그런데도 먼 훗날의 제 미래를 꿈꿀 때는 남자가 있었어요. 왜 그런지 몰랐는데 이제는 알아요. 사회가 여자가 늙었을 때 옆에 남자가 있는 모습만 보여주지, 여자 둘이 늙어서 행복하게 사는 모습은 안 보여주잖아요."

사회에 만연한 이성애 중심주의는 사람이 이성애자가 아닐 수 있다는 사실을 숨긴다. 게다가 여성의 생애 기획에 포함된 남성 배우자는 이미 다른 가능성을 찾았던 여성에게마저 여성과 나누는 낭만적 우정, 연애적 끌림, 섹슈얼리티를 일시적인 것으로 만든다. 이들이 선을 넘어 처음 발견한 가능성은 여성을 사랑할 상대로 바라볼 가능성뿐만이 아니라 '다시 사랑할', 그리고 '계속 사랑할' 가능성이기도 하다. 다시 말하면 선을 넘지 않고 규범적 여성성을 그대로 받아들이는 여성은 자신의 경제력이 결혼에 맞추어 고갈되도록 설정되었다는 사실을 뒤늦게 깨닫는다. 달콤한 말로 부추겨졌던 여성이 벼랑 끝에 다다랐음을 깨달은 순간, 자신을 책임질 것만 같았던 말들은 사라진다. 탈코르셋이 생사가 걸린 문제라는 것은 이런 이유에서다. 삶이 지속될 수 없도록 만들던 소비 패턴은 삶이 더 이상 지속되지 못하는 순간 삶을 끝장내버리는 결론을 결론이랍시고 들이밀기 때문이다. 실제로 한비는 자살을 생각했다.

"우울증 상담을 1년 반 하고 약물 치료를 2년간 하면서 쓸 수 있는 약은 다 써봤어요. 그러다 자살 시도를 하고 입원했어요. 우울증을 겪는 중에 여러 일을 경험했기 때문에 단지 이 문제 때문에 우울증이 왔다고는 말 못 하지만, 제일 중요한 건 생활이 나아지지 않는다는 감각이 우울증을 키웠다는 거예요. 학교를 진짜 열심히 다니고 성적이 너무 잘 나오는데도 돈이 안 모여요. 과외를 아무리 해도 오늘 먹을 밥이 없어요. 옷에 돈을 쓰고 있다는 생각을 못 하고 갑자기 '나는 가난하게 태어났어'에서 원인을 찾아요. 아무리 일해도 손에 돈이 안 잡혀서 미치게 우울했어요. 이게 우울증 원인의 100퍼센트는 아니라지만 최소 50퍼센트는 넘을 거예요. 그래놓고 병원 가서 한 말이 '내가 아무리 열심히 해도 내 생활이 나아지지 않는다'라는 말이었어요. '옷에 돈을 써요'라고는 말하지 않았어요. 자살 시도 하기 직전에도 내년이 되어도 생활이 나아지지 않을 거라는 확신이 있었어요. 상담을 열심히 다니면서도 나는 상담'까지' 받는데 안 바뀐다고 낙심했어요. 지금 돌아보면 그저 헛발질하고 있었던 것 같아요."

한비는 자신의 경제력이 상당 부분 계층적으로 결정되었으며 생애 기획이 구조적으로 만들어지는 문제임을 부인하지 않는다. 오히려 그 문제를 명확히 직시하고 있다. 다만 그동안 구조를 지적하느라 자신을 면피하기에 바빴다고 말했다. 이 면피를 계속했더라면 자신을 구하지 못 할 뻔했을 것이다.

"여자 욕하지 말자는 말에 취했어요. 실제로 사회적으

로 불리하게 태어난 게 맞아요. 하지만 스스로 면피를 많이 했어요. 한 번도 내가 옷에 돈을 다 써서 먹을 게 없어서 힘들다는 생각을 안 했어요. 그런데 내가 나를 배고프게 살게 한 거예요. 돈을 그만큼 벌었으면 살림이 완전히 나아지진 못해도 먹고 자는 건 괜찮을 수 있었어요. '사회적 문제'라는 말이 사회적으로 추동된 욕망 속으로 저를 완전히 빨려 들어가게 한 거예요."

이 추동을 부추긴 것은 윤주와 마찬가지로 '괜찮다'는 주변의 신호였다.

"나중에는 큰돈 안 되니까 그냥 쓰라는 말 많이 하잖아요. 20대 후반, 30대 초중반 넘은 여자가 자립해서 살아가는 삶을 정의하지 않으니까요. 살아만 있으면 나중에 어떤 남자가 먹여살려줄 거라고 가정하니까요. 50대 아줌마, 80대 할머니 될 때까지 쓸 돈이 있어야 한다는 생각을 못 했어요. 내일 당장 죽을 사람이라고 생각했죠."

나는 한비에게 페미니즘을 막 시작한 스물한 살로 돌아가면 자신에게 무슨 말을 하겠느냐고 물었다.

"적금 넣어라."

적금이란 어떤 의미인지 다시 물어보았다.

"생존에 대한 의지요. 너무 당연한 이야기라 잘 모르지만 죽음에 대한 충동은 나아지는 게 없다는 데서 와요. 통장 잔고가 정말 0원이고 돈을 쓴 건 나잖아요. 만일 매달 5만 원씩 모아서 얼마라도 가진 게 있었다면 당연히 든든하죠. 적금은 내가 나중에도 살아 있다는 뜻이잖아요. 그리고 돈을 갖고 있다는 건 내가 살아 있을 때 나를 책임지는 사람이 나라는 말이에요. 남자가 책임져줄 거라고 생각하면 적금이 필요 없죠. 적금은 나중의 생존을 전제하는 것이자 생존하는 동안 내가 나의 생계 부양자가 되고자 한다는 거예요."

나는 그에게 왜 자신의 미래에 남자가 없다고 단언하는지 물었다.

"전 비혼이 아니라 반反혼이에요. 그저 결혼은 인생의 필수 요소가 아니니 남자가 없을 수도 있다는 말이 아니라 결혼을 하면 안 된다는 말이에요. 환상에 젖어 스스로 속이면서 살고 싶지 않아요. 남자와 사는 동안 자기기만을 하고 싶지 않아요. 남편과 평등한 주체라고 믿으면서 추가로 노동하는 삶."

"남자가 돈을 잘 벌면요?"

나는 답을 알면서도 물었다.

"제가 저를 먹여 살리는 게 더 좋은데요. 남자가 나한테 돈을 많이 벌어다주는 건 결국 시중을 들라는 거예요. 돈보다 제 존엄이 중요해요."

한비는 인터뷰를 하면서 탈코르셋의 중요한 가치를 다시 이야기하고 싶다고 말했다.

"환상에서 벗어나는 거예요. 예를 들어 누가 제 얘기를 읽고, 저 사람은 그러면 무조건 사회가 강요해서 옷을 산 건가 하고 생각한다면, 100퍼센트 그렇지는 않다고 말할래요. ('옷을 사고 싶다'는 마음은) 사회적으로 구성된 욕망이지만, 어쨌든 제가 좋아서 샀어요. 이걸 만드는 환상이 감각과 관련이 깊거든요? 추운 거 못 느끼고, 배고픈 것보다 옷 사는 것에 끌려요. 그렇게 살면 안 되는데 여자들이 그렇게 살아도 된다고 부추기는 환상이 있어요. 전 이게 순전히 제 욕망인 줄 알았죠. 옷을 너무 좋아하니까, 좋아서 입으니까요. 그때는 (그런 제 태도를) 안 바꾸고 싶었고, 계속 예쁜 옷 입고 싶었어요. 돈 막 쓰면서요. 안 바꾸고 싶은 줄 알았고 죽고 싶은 상태로 살고 싶은 줄만 알았어요. 제가 아까 억지로 (꾸밈에서) 나왔다고 했잖아요. 그런데 나와보니까 사실은 이렇게 지금처럼 살고 싶었던 거 같아요. 내 맘대로 돈 다 쓰고 죽고 싶은 게 아니라 조금씩 돈 모아서 살고 싶었던 것 같아요. 그런데 옛날에는 정말 몰랐어요. 제가 살고 싶은 줄을 몰랐어요. 죽고 싶은 게 제 진심인 줄 알았어요. 그런데 사실 그게 다 착각이었어요."

꾸밈을 중지한 이래로 자신의 생애 기획까지 뒤집은 한비는 삶과 죽음에 대하여 말하던 도중 울먹였다. 그가 울먹이던 순간, 나도 함께 울었다. 세상은 여성에게 아름다움에 대한 욕망을 그토록 자연스럽게 쥐여주면서 생명체로서 가지는 생존에 대한 욕망은 이토록 지난한 곡절을 거쳐야 만날 수 있게 만들었기 때문이다.

개인이 책임감을 느낄 필요가 없다는 말은 그를 비난으로부터 면하게 할 뿐, 개인이 책임져야 할 결말로부터 면하게 하지 않는다. 한비가 다른 맥락에서 이와 유사한 말을 하는 이들에게 전방위적으로 화가 난 까닭은 벼랑 끝에 선 데에 스스로의 선택도 일조했다는 통렬한 자기인식을 맞이하는 순간을 지나, 다른 선택을 한다면 벼랑에서 떨어지지 않는 결말도 나올 수 있기 때문이었다. 나중에 원고를 확인한 한비는 자신이 나를 처음 만났을 때보다 지금 7킬로가 늘었다는 사실도 포함해줄 수 있겠느냐고 물었다. 나는 처음 만났을 때의 한비나 지금의 한비나 그가 매 순간 자신의 존엄을 위한 최선을 선택하며 살았음에 의심이 없다. 다만 이번에는 비판할 수 없는 성역이 자신을 지켜줄 리 무방하다는 말에, 자기 자신도 예외가 아니라는 태도를 갖추기로 다시 선택했을 뿐이다. 한비가 병상에 누워 친구들의 부러움을 사던 때보다 지금의 몸무게에 더 큰 뿌듯함을 느끼고 있음을 묻지 않아도 알겠다. 오롯이 자기가 저지른 일은 아니지만 오로지 자기만 열 수 있는 해방구가 있음을 안 그에게 이제 중요한 것은 결말을 바꾸는 일이다. 세상을 바꾸겠다는 무모함으로 달려드는 여성들이 자신을 넘어서라도 달성하려는 정치적 흐름에 동참하는 동안, 개인의 생사는 훌륭하게 뒤집힌다. 이런 모순은 종종 일어난다.

13.
이제,

다음 세대로

"태어난 순간부터 고삐에 매여 끌려가다시피 해요"

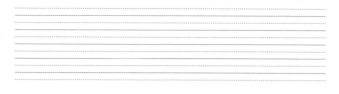

행동주의는 내가 이 지구상에서 살기 위해 지불하는 임차료이다.

앨리스 워커

보경을 만난 것은 서울의 북부에 위치한 성북구의 한 카페였다. 인터뷰를 계획하고 만난 것은 아니었고, 트위터상의 페미니스트 친구로 서로를 알고 지내던 우리는 그날 처음으로 오프라인에서 사적인 대화를 나눌 계획이었다. 그런데 보경은 내 집필 계획을 듣자 장난처럼 이렇게 말했다.

"맞아, 탈코르셋 빨리 와줘. 우리 애 더 크기 전에."

그는 운동을 좋아하는 페미니스트이자 여덟 살 딸을 둔 아이 엄마였다. 기혼 페미니스트와 탈코르셋을 필두로 비혼을 지향하는 페미니스트 사이에서 크고 작은 논쟁이 벌어지는 트위터에서 만난 그는 내게 장난삼아 꺼낸 첫 마디 이후로 너무나 중요한 말들을 쏟아냈다. 몇 마디를 사담으로 듣던 나는 보경에게 양해를 구하고 노트북을 켜 그의 말을 받아 적기 시작했다.

"탈코르셋 중요해요. 너무 중요해요. 트위터에서 처음 들었을 때부터 필요하다고 생각했지만 일단 과격한 목소리부터 넘어와서 흠칫하기도 했어요. 예를 들어서 여자를 강아지에 비유하거나 하는…… 그런데 거기 집중할 필요는 없죠. 원래 제일 과격한 소리부터 들리는 거니까요. 어떤 걸 싫어하는 것도 동력이 될 수 있다고 생각해요. 결혼 안 하겠다고 생각하고 가부장제 족쇄를 끊겠다고 말하는 걸 보면, 저는 기혼이니 기분이 좋을 것도 없지만 한편으로 그렇게 말할 수 있다고 생각해요. 연대감이 단단해지기 전까지 동력이 되는 감정은 다양하잖아요. 탈코르셋 운동에 대해서 그동안은 별말 없지 않고 전 그저 저대로 하고 있었는데, 최근에 아이와 한 호텔 수영장에 갔거든요. 그 수영장에 있는 여성들이 활동적이지 않은 복장으로 얼굴이나 옷매무새에 계속 신경 쓰는 모습을 보면서 마음이 복잡했어요. 우리 애는 수영장에 가더라도 긴팔에 긴바지 입고 재미있게 놀고 나왔으면 좋겠다고 생각하게 돼요. 그래서 아이에게 편안한 차림을 강조하고, 화장하는 모습도 보이지 않으려고 해요. 애들이 메이크업에 관심이 많아요. 제가 집에서 화장하는데 아이가 거기에 관심을 안 갖기란 어불성설이죠. 그래서 화장은 작년부터 안 하게 되었어요. 꾸밈노동에 대한 문제의식은 늘 있었지만 요즘 증폭되고 있어요."

내가 여태 다양한 경로로 만난 탈코르셋 한 여성들 대다수가 학원부터 유치원, 초등학교와 중학교에 이르기까지 아이들을 가르치는 직업에 종사하고 있었다. 무작위로 연락을 취해 만난 탈코르셋 한 여성들의 직업 구성이 교육 계통으로 편향된 것은 우연인 동시에 우연이 아니다. 어린 여자아이들이 여성성을 학습하는 과정을 직업 현장에서 직접 접하다보면, 경각심이 느껴져 자연스레 움직이게 되기 때문이다. 나는 1년가량 여러 여성들과 만남을 이어가면서 선생님이 학생을 대하는 이야기는 많이 들어보았다. 그리고 성인 여성인 어머니가 마찬가지로 여성인 딸과 이 문제를 두고 어떻게 상호작용하는지 무척이나 궁금하던 차였다.

"아이가 자기 몸에 대해 불만을 갖기 전에 시작해야 해요. 지금은 제가 (아이에게) 푸시하는 메시지가 있어요. 애기는 많이 먹어야 된다, 커야 된다, 많이 뛰고 놀아야 된다, 그런 이야기를 주입하죠. 어린이집 다닐 때부터도 여자 애기들이 서로 '너무 많이 먹으면 안 된다'고 말하거든요. 한번은 조카가 네 살 때 파마를 하고 온 거예요. 제가 그 조카를 보고 '아이고, 애기가 되게 힘들었겠다' 했는데 '예뻐진다고 하면 애기가 참는다'고 말하는 거예요. 그 얘기를 듣고 예뻐진다는 게 뭔가, 계속 생각했어요.

외모 규범이 적용되는 나이는 보경이 말한 두 문장 사이에 여덟 살에서 네 살로 내려왔지만, 이내 네 살에서 더 아래로 내려간다.

"돌잔치에 갔는데, 여자 아기 얼굴을 가지고 주변 조부모님들이 꼭 유머감각을 뽐내듯이 '우리 김 서방, 돈 많이 벌어야겠다. 아기 코가 너무 낮아서 운동선수 시켜야 될 거 같다'는 소리를 해요."

수영장부터 돌잔치까지, 보경은 딸의 신체를 둘러싼 전방위적 압박으로부터 대항 담론을 만들어주기 위해 홀로 고군분투하고 있었다.

"머리를 자르면 '아우, 시원해 보인다'라고 말하고, 예쁘다는 말은 가급적 안 써요. 평가적이지 않은 표현을 쓰려고 노력해요. 어떤 '좋은 느낌'을 표현할 수 있는 말들, 여아들이 흔히 듣지 못하는 말들을 하려고 하죠. '멋지다'라든가, '힘이 세다'라든가, '용기 있다'라든가. 아이가 치마 입는 걸 좋아는 하는데, 치마를 입더라도 활동을 방해하면 안 된다는 말을 꼭 해요. 활동할 일이 있으면 치마보다는 바지를 입히고, 움직일 때 불편할 듯한 옷은 설명해주고 안 사줘요. 그런 옷은 움직일 때 좋지 않다고 말하고요."

보경이 가장 촉각을 곤두세우는 것은 유튜브이다. 그러나 '어린이 화장'을 주제로 하는 뷰티 유튜브는 네다섯 살 여아들을 대상으로 이미 널리 퍼져 있다. 서울여자대학교에서 강연을 하고 뒤풀이 자리를 가진 날, 98년생에서 2000년생인 사회과학대학 학생회 '루미너스' 소속 학생들은 자신의 조카를 심각하게 걱정했다. 아이들이 벌써 여자의 얼굴을 그릴 때 색연필을 립스틱에 가져다 대고 색조를 비교한 다음, 능숙하게 입술을 만든다고 말해주었다. 유튜브에서 메이크업하는 방식을 체화한 것이다. 한 학생은 네 살 아이가 그린 얼굴이 자기가 보아도 화장이 잘되어 있더라며 왠지 섬뜩한 기분을 느꼈다고 했다.

보경은 성인지 감수성이 결여된 콘텐츠의 홍수 속에서 이를 걸러내고 시청 지도를 해야 할 보호자들의 업무 과중을 염려하는 한편, 자기가 아이의 의지를 꺾는 것은 아닌지도 걱정한다.

"화장하고 싶어 하는 아이들에게 하고 싶다는 걸 막지 않는 '쿨한 어른'이 되고 싶어서 내버려두는 것도 있어요. 실제로 여아는 앞으로 자기 의지에 반해서 의지가 꺾이는 일이 훨씬 많을 거예요. 그래서 저도 늘 '아이가 뭔가를 하겠다고 했을 때 그걸 막는 게 잘하는 일일까? 의지를 발휘할 여지를 꺾는 게 아닌가' 하는 고민을 하는데, 여자아이들이 계속해서 지는 싸움을 하는 중이니까 싸움에서 이기려면 보호하면서 유해한 것들을 막아주어야 한다는 결론을 내렸어요."

나는 그가 말한 '지는 싸움'에 대해서 더 듣고 싶었다.

"뭐를 입든 여자는 선택할 수 있어야 한다는 이야기들

이 많이 있었죠. 그런데 이미 무언가를 고를 수 있는 파워 게임에서 지잖아요. 그게 이미 지는 싸움인데요. 고를 수 있는 선택지가 이미 탈코르셋 아닌 쪽에 훨씬 많이 있고 오직 그 안에서만 고르도록 하는 거잖아요. 선택이라는 게 사회의 압력을 받아서 만들어진 건데, 여자들을 '주체적으로' 예뻐지게 만드는 얘기를 계속하는 게 의미가 없으니 탈코르셋 운동이 필요하죠. 탈코르셋 운동이 커지지 않았으면 제 속도가 엄청 느렸거나 아니면 이만큼 오기까지 훨씬 더 오래 걸렸을 거예요. 편한 차림을 추구하고 싶은 마음은 있지만 꾸밈 문제에 강하게 저항하지도 못했는데, 한쪽에서 강력하게 '탁' 쳐주니까 '꾸밈을 안 하면 되는구나' 싶으면서 마음이 편해지더라고요."

그러나 이 '지는 싸움'을 양육자가 아이에게 일방적으로 설파하면 역효과가 나기 십상이다. 학생들의 화장 문제를 어떻게 지도해야 하느냐는 선생님들의 질문 역시 비슷한 맥락에서 나온다. 보경은 이 싸움을 아이와 함께할 수 있는 방안을 고민한다.

"탈코르셋 관련해서 제일 많이 하는 생각이 '누군가는

그만둬야 한다'는 거예요. 관성적으로 해왔던 것들을 관둬야 해요. 이 담론이 누군가에게는 기분이 나쁠 수도 있지만, 이러한 꾸밈 압력을 전체적으로 완화하려면 그 압력으로부터 벗어난 사람의 숫자가 일단 늘어나야 하잖아요. 저도 그래서 딸 앞에서 화장 안 하고, 머리도 원래 짧았지만 좀 더 운동하기 편하게 자르고, 그러다보니 자연스럽게 치마 안 입게 되더라고요. 운동하러 왔다 갔다 하니까요. 만일 제가 이런 차림을 안 하면서 (아이에게) 화장을 무조건 못하게 하고, '애가 무슨 화장이야!' 하면서 돈도 안 주고 또래 문화에서 소외되게 만들면 아이 마음속에서 다른 욕망이 반동으로 생겨버릴 수 있잖아요. 그래서 제 입장을 계속 설명해서 (아이의) 마음을 바꾸도록 해요. 그러다보니 아이도 학습하는 거 같아요. 일단은 최소한 불편한 건 안 된다는 걸요."

몇 년에 걸쳐 문제라고 생각하는 부분들을 함께 이야기하다보니, 아이도 엄마가 무슨 뜻으로 이런 얘기를 하는지 금방 이해한다.

"아이가 머리를 어깨 길이로 유지하고 있었는데, 아빠와 미용실에 갔다가 조금 더 자른 거예요. 그날 피곤해서 그랬는지 울더라고요. 호기롭게 더 자르겠다고는 했는데, 자기가 생각했던 것보다 짧아졌던가봐요. 그래서 밤에 위로해주면서 '짧은 머리도 편하고 멋져. 엄마 봐봐, 엄마는 짧은 머리 하니까 머리도 빨리 마르고 운동할 때도 편해서 이제 못 기를 것 같아'라면서 이야기했더니 아이가 다음 날 일어나 웃으면서 '엄마, 짧은 머리도 괜찮더라?'라고 말했어요. 그런데 짧은 머리처럼 '편한 것'들은 남자들 것으로 여겨지고, 대부분 남자들만이 향유하고 있어요. 가져와야 해요. 또 어느 날은 아이가 그래요. '엄마, 나는 공주 싫더라. 엄마도 싫어하지?' 그래서 대답했죠. '맞아. 공주가 나오려면 왕이 있어야 되잖아. 그렇지만 우리나라는 대통령을 뽑는단 말이야. 공주는 그냥 태어나는 거지 될 수 있는 게 아닌데 여자들이 공주로만 나오는 거 엄마는 진짜 별로다.' 공주가 왕자를 구한다, 능력을 발휘한다 어쩐다 해도 미디어 속에서 여자들이 너무 많이 공주가 돼요. 아이를 마법 세계 안에 가둬놓는 거잖아요. 공주 아닌 사람들이 많이 나오면야 다시 생각을 해볼 텐데, 주체적으로 움직이는 공주가 많이 나온다 한들 공주는 어차피 공주예요. 다 비슷하게 예쁘게 생긴, 이미 그 지위를 타고난 날씬한 공주들."

패션 산업은 여아에게 공주 옷을 입히고 남아에게 사람 옷을 입힌다. 그뿐 아니라 성인에게 아동복을 입히고 아동에게 성인복을 입힘으로써 아이를 일찌감치 성적 대상으로 만든다. 여아 아동복과 남아 아동복은 색상뿐 아니라 더 많은 부분에서 점점 더 큰 차이가 난다. 여자아이들은 현실에 존재하지 않는 공주를 흉내 내기 위한 재질로 만들어진 옷을 입다가, 아동 흉내를 낸 성인을 다시금 흉내 내는 아동복을 입는다. 반면에 남아는 성장해야 하기 때문에 아동복을 입다가 활동해야 하기 때문에 사람 옷을 입는다.

게다가 오늘날 여자아이들은 엄마가 사주지 않는다고 하더라도 메이크업 키트를 접할 기회가 너무 많다.

"누구네 집 놀러 가면 메이크업 키트 있으니까 그 집에서 발라보는데 저는 안 된다고 해요. '엄마는 반대다. 애기 때는 그런 거 위험하고 하면 안 된다'라고 말해요. 지금은 그런 식으로 접근할 수밖에 없어요. 아이가 여러 욕망을 가질 수 있는 존재인데 자칫하면 한군데로 빨려 들어가기 너무 쉽죠. 예를 들며 꾸미는 욕망 말고, 뛰고 싶다는 욕망을 가질 수도 있을 텐데, (꾸미는 욕망으로) 수렴해버려요."

여아 옷과 남아 옷의 차이. 분홍과 남색/검정이라는 색상뿐 아니라 성별에 따라 옷을
만들 때 중시되는 부분이 '미관 VS. 기능'으로 차이가 난다.

보경에게 나는 꾸밈을 막는 시도를 아이가 가질 수 있는 욕망에 선뜻 위계를 나누어버리는 딜레마로 받아들여지지는 않는지 물었다.

"위계요? 위계가 있죠. 꾸밈으로 얻을 수 있는 건 장기적으로 자기 것이라고 볼 수는 없는 것 같아요. 하지만 활동성을 확보하는 것, 운동 능력을 키우는 것은 확실히 자기 것이 되죠. 게다가 여아들에 한해서 꾸밈에 대한 압력이 과도하게 작용하고 있기 때문에 저는 반대로 당겨주는 역할을 하는 사람도 있어야 한다고 생각해요. 아이가 자기 몸의 감각을 느낀다는 게 얼마나 중요한데요."

보경은 아이를 임신했을 때부터 몸을 기능으로 활용하는 문제에 대해서 민감하게 생각해왔다. 그런 만큼 남자 디자이너들이 신을 수 없는 신발을 만드는 데 분개한다.

"패션 산업에서 하이힐은, 남자들이 만들어서 여자들한테 팔려했다는 것, (그걸 만들면서) 여자 발은 신경 안 썼다는 것이 다큐로도 나와요. 남자 디자이너들이 치사해요. 여자들 발은 신경 안 쓰는 것들이 돈은 벌려고 하잖아요. 거기에 끌려가는 것도 자존심 상해요. 힐은 신발이 아니에요. 대체 그걸 신고 뛸 수가 있나? 애기를 임신했을 때, 내가 움직임이 제한되면 위급할 때 도망을 못 가겠다는 생각을 했어요. 그게 기폭제가 되어서 아이 낳고 운동하면서 유사시를 생각하게 되었어요. 내가 과연 어떤 상황에서 반격하고 도망갈 수 있는지를요. 하이힐은 기동성이 너무 떨어져요. 일 생기면 벗고 뛰어야 돼요."

나는 하이힐을 신고도 잘 뛸 수 있다는 흔한 반박을 전해주었다. 보경은 미동도 않았다.

"하이힐 신고 50미터 도망갈 거면, 운동화 신고 300미터 도망갈 수 있는데?"

남성이 여성의 몸을 소외시킨 디자인을 유행으로 만들어 부를 축적하는 '지는 게임'에 자존심이 상한다는 보경은 체육관에서도 비슷한 감정을 느낀다.

"도장에 갔는데 학생 둘이 화장을 하고 왔어요. 도장에 오려면 화장 안 하고 와야 하거든요. 화장이 남의 도복에 묻기도 하고, 운동하고 나면 어차피 지워지고요. 그 둘이 화장하고 온 걸 보는데 남자들을 다 패버리고 싶더라고요. '그것들이 얼마나 사회에서 여자 얼굴 가지고 평가를 했으면, 저 어린 사람들이 도장에 오면서도 화장을 습관처럼 할까?' 강간문화처럼, 외모에 대한 압박을 하는 게 이미 하나의 문화예요. 남자들은 나이 불문하고 여자 얼굴만 보고 '예쁘냐?'라면서 인간 취급 안 하잖아요. 그런 압박이 도처에 있으니 도장에 올 때도 화장을 하죠."

보경은 탈코르셋 운동의 취지에 공감하고 아이와 소통을 이어가면서 개인적인 변화도 얻었다.

"재작년까지는 어디 나갈 때 색깔 있는 선크림이라도 안 바르면 피부색이 좀 죽어 보인다는 생각을 했거든요. 그런데 계속 화장을 안 하고, 화장 안 한 사람들을 만나니까 신기하게 그 생각이 없어졌어요. 자연스럽게 '이걸 안 바르면 아파 보인다'는 생각이 사라져버렸어요. 처음에는 '칙칙하지만 나이 먹어서 어쩔 수 없지'라고 생각했는데 맨얼굴인 사람들이랑 만나고 맨얼굴을 계속 보니까 이게 제 기본이 된 거예요. 이제 화장에 별

다른 흥미가 없어졌어요. 예를 들어서 전에는 눈 화장을 하면 눈이 진해 보이니까 더 예뻐 보인다는 느낌이 있었는데 요즘은 화장하고 찍은 사진이 예쁘다고 생각되지 않아서 마음이 동하지를 않아요. (전에는) 가끔 거울 뜯어볼 때가 있었는데, 이제는 '원래 거울 뜯어보면 다 맘에 안 들지' 싶어서 '그냥 살아!'라고 생각하게 돼요."

나는 보경의 말을 듣고 탈코르셋을 한 지 1년이 되어가면서 화장과 아름다움의 연관이 완전히 끊어져 화장한 얼굴이 이질적으로 느껴지는 내 변화를 떠올렸다. 그리고 거울을 흘깃 보았을 때 자신이 좋아 웃음이 났다던 1년 전 민주와 단풍이 생각났다. 당시 만남을 끝내고 민주와 둘이 길을 걸으며 나는 이렇게 말했었다.

"제가 학부 때 심리학과 친구들과 집단상담 모임에서 활동을 했는데, 그때 서로에게 조건 달지 않고 긍정적 지지를 해야 한다는 원칙이 있었어요. 생각해보니 저도 마찬가지이고 여태까지 여성은 타인에게는 그렇게 하려고 하면서 자기 몸은 그렇게 (지지해주지) 못 했던 거 같아요. (자신에게) 가혹하고, 지지하지 않고, 조건적으로

사랑하고. 탈코르셋을 하고 나니 무조건적 긍정적 지지
를 하는 것 같은 느낌이에요. 타인에게 (그런 긍정적 지
지를) 받으면 불안하지 않고 안온하고 든든해지잖아요.
그런데 막상 자기 자신에게는 그렇게 해준 적이 없었는
데 처음으로 (그렇게 하는 것 같아요)."

아무리 사랑과 관심에서 비롯한 말이라고 해도 '꾸
미니 더 예쁘다'라는 말은 뒷면에 '안 꾸미면 덜 예쁘다'라는
의미가 붙은 이중적 메시지이다. 반면 보경의 '그냥 살아!'는
뒷면도 '그냥 살아!'이다. 다른 조건은 없다.

탈코르셋 운동의 덕을 본 여성 개인이자 앞으로 더
욱 덕을 보아야 하는 세대를 기르는 엄마로서 그는 개인적
으로 고민이 많은 자신의 입장과 다소 다른 탈코르셋 운동
의 기조를 긍정적으로 생각한다. 탈코르셋 운동을 통해 몸
의 힘을 키우는 문제뿐 아니라 몸을 통해 탈코르셋 운동의
힘을 키우는 문제 역시 여성을 지키는 데 필수적이기 때문
이다.

"제가 탈코르셋 담론 세대에게 미움받는 세대잖아요?
하지만 크게 신경 쓸 필요는 없는 거예요. 어차피 모니
터 넘어 각자 사정은 잘 모르는 거예요. 입장이 달라도

연대감이 중요하고요. 아이에게도 늘 여자친구들과 잘 지내라고 해요. 아무도 여자랑 잘 지내라는 이야기를 하지 않거든요. 그래서 아이가 여자친구가 생겼다고 말하면 기뻐요. 여자랑 잘 지내는 건 정말 중요해요. 저역시 트위터에서 만난 여자친구들이 제 주위를 둘러싸고 있다는 게 좋고 그 속에서 연대감을 느껴요. 그런데가끔 그 안에서도 제가 보기에 이상한 소리가 들려오기도 하죠. 그럴 때 저는 일단 '그 사람의 개인사를 잘모르니까'라고 생각해요. 모두 다 저처럼 두루뭉술하게생각하면 운동을 할 때 화력이 못 나올 테니, 그런 면에서는 제가 취하는 입장이 (어쩌면 탈코르셋 담론 세대에게) 나쁜 것일 수도 있어요. 저는 이제는 무조건 사람이 많이 오는 게 좋다는 생각을 해요. '불편한 용기' 시위에 갔을 때, 구호들이 무슨 말인지 모르겠고 와닿지않는 부분도 있었어요. 그렇지만 제 마음이 어쨌든 간에 사람들이 많이 와서 세를 키우는 게 중요한 것 같아요. 그 안에 앉은 사람이 속으로 무슨 생각을 하는지는 각자의 문제이고, 압력이 될 만하다고 느낄 정도의힘이 되려면 우선 많은 사람이 함께 해야죠."

보경은 오늘날 양육자가 아이 혼자의 몸으로 감당해

야 하는 외부의 압력을 막아서는 역할을 하는 대신 가정에서 오히려 1차적 압력을 만들어내기도 한다고 다시금 지적했다.

"이 운동이 (아래 세대로) 많이 내려왔으면 좋겠고 이어졌으면 좋겠는 게요. 어릴수록 부모에게서 받는 영향도 크기 때문이에요. 주변을 보면 여자 것, 남자 것이 구분되어 있다는 생각이 너무 강하고, 여성주의적 교육은 과하다거나 불필요하다고 여기기도 해요. 저는 보호자들이 딸에게 얼굴이나 몸매에 대해서 스트레스를 줄 수 있다는 생각을 못해보고 컸는데, 알고 보니 무척 만연한 이야기이더라고요. 애기들 키우는 집도 맨날 불편한 옷 사다주고 '아, 예쁘다' 하면서 여자의 삶에서 그게 무척 크고 중요한 것처럼 말해요. 이 문제를 심각하게 생각 안 하다가 탈코르셋 담론이 나오면서 감각하기가 쉬워졌어요. 그런데 여자들이 받는 성차별에 대해서는 보고 들은 게 있으니까 열을 낼 수 있는 사람도 '선택'의 문제에 봉착하면 어려워하기도 해요. 아이의 선택을 존중해줘야 한다는 생각이 큰 거예요. 하지만 아이 입장에서 보면 애초에 가진 선택지 가운데 한쪽이 어마어마하게 커요. 사실상 여아들은 태어난 순간부터 고삐에 매여 끌려가다시피 해요. 미용 산업 쪽으로요. 태어나서 선물받는 옷의 형태도 너무 다르고, 약간만 크면 메이크업 키트를 장난감이랍시고 팔고, 아이들이 네일 케어를 받을 수 있는 키즈카페가 있고, 놀이공원 에서도 공주 판타지, 그러니까 메이크업을 하고 퍼레이 드에 참여할 수 있는 권리를 몇만 원에 팔죠. 다른 쪽 의 선택지가 여아들과 너무나 멀죠. 이렇게 어린 나이 의 여아들에게까지 미용 산업이 손을 뻗치고 있고, '예 뻐질 것'을 강조하는 마케팅과 문화가 성장기 여자들이 자기 몸에 대해 강박이나 혐오를 갖도록 만들기 쉬운 마당에 '아이의 선택' 운운하는 것은 불공정한 파워 게 임을 간과하는 거예요. 이미 엄청난 물량 공세로 여자 아이들을 지도록 만드는 싸움에서 저쪽 편을 드는 일 밖에 되지 않는 건 아닌가 해요. 미용 산업 쪽으로요. 그나마 덜 끌려간 사람들은 나오기 쉽지만 깊이 끌려 간 사람들은 미움이든 분노든 뭐라도 동력 삼아서 나 와야 해요."

보경의 말에서 보경과 비슷한 나이대에 속한 사람들 이 탈코르셋에 대해 대번에 '안 꾸미면 될 걸 가지고 운동씩 이나?'로 일축했던 연유를 찾을 수 있다. 코르셋이란 화장만을 의미하지는 않지만, 현재 이들의 일상에서 화장이란 선택의 자유로 설명해도 별 무리가 없는 비중만을 차지하기 때문이다. 오히려 이들은 화장이나 두발에 대해 바로 윗세대로부터 억압을 당했던 청소년기를 보냈다. '우리 때는 화장이 저항이었다'는 말에 이어 '같은 꾸밈이라도 맥락이 다를 수 있다'는 주장이 자동으로 나오는 이유이다. 이들에겐 화장이 기성세대에 대한 저항으로 기억된다.

그러나 탈코르셋 운동은 개인의 맥락을 기각하는 운동이 아니다. 오히려 3, 4년 단위로도 급변하는, '한국 사회가 여성에게 부여하는 꾸밈에 대한 맥락'을 짚어가면서 확산된 운동이다. 다만 각자의 삶에서 지나온 '우리 때'라는 맥락으로 만들어진 개인적 독법 때문에 눈앞의 맥락이 읽히지 않는다는 사실을 지적할 뿐이다. 당장 1980년대생 가운데 나보다 네 살밖에 많지 않은 80년대 후반생만 하더라도 화장한 학생의 모습으로부터 앞서 지적된 여러 가지 우려보다는 '요즘은 많이 자유로워졌더라'와 같은 해방감을 먼저 읽어낸다. 그러나 개인적 맥락으로 형성된 독법은 오늘의 맥락에 대한 명백한 오독을 낳는다.

보경보다 어린 세대로, 1992년생인 나와 비슷한 또래는 강남역 살인사건에 즉각 공명한 나이대이자 탈코르셋 운동에는 다소 느리게 반응한 범주로 묶일 수 있을 것이다.

372

이들이 페미니스트 정체화를 진작 거쳐 열렬히 활동했음에도 불구하고 탈코르셋 논의에 단박에 공감할 수 없었던 이유는 우리가 꾸밈을 학습하게 된 시점, 즉 여성성 수행이 시작된 시기가 '다 클 때'와 맞물렸기 때문이다.

여성은 이미 여자로 태어나놓고도 '여자가 되는' 관문을 따로 통과한다. 그 시점은 초경이기도 하고 가슴이 발달하는 때이기도 하고 고등학교를 졸업한 이후이기도 하거나 셋 다이기도 한데, 서로 다른 관문들은 재생산이 가능하다는 의미에서든 사회적으로든 '다 큰' 어른이 되었다는 명분으로 설치된다는 점에서 공통된다. 또 다른 공통점은 이 관문들을 몸으로 통과한다는 점이다. 물론 여성은 이전부터도 성별에 따른 다양한 고정관념을 체득하면서 여성으로 자라나지만, '다 컸다'고 여겨지면서부터는 가타부타 말할 필요 없이 당연한 것으로 여겨지거나 적극 권유되는 수행을 추가로 시작해나간다. 이 말을 일부러 풀어서 설명하자면 어떤 수행은 최소한 '다 클 때'까지 여성을 기다려주었다는 소리이다. 나와 지예는 꾸밈을 별다른 문제로 생각하지 않았다. 윤아는 대학에 들어간 직후에도 틴트를 발라야 하는지 몰랐다. 주영은 심지어 대학에 들어가서도 꾸밈에 별로 관심을 가지지 않았다. 이들보다 어린 한비마저도 대학에 들어가면서부터 화장을 시작했다. '우리 때'란 20년

가량 꾸밈이라는 수행을 모르고 자라온 몸을 뜻한다. 학구열이 강했던 시기에 학창시절을 보내 "공부나 해"라는 말을 들었던 이들에게 꾸밈이란 수능이 끝날 때까지 유예되어야 하는, 어른이 되어야 얻을 수 있는 권리였다.

탈코르셋 운동이 즉각 전폭적 지지를 얻은 나이대는 이들 세대보다 조금 더 어린데, 이 말은 사회적 변화로 인해 여성을 '기다려주었던' 수행의 관문을 통과하는 시기가 전과 달라졌다는 의미이다. 이전까지의 여성성 수행이 성인기라는 생애주기와 맞물려 시작되는 것으로 이해되던 것과는 달리, 한국 사회를 살아가던 여성들에게 2010년대 초반이라는 시기에 일어난 일은 아직 성인기에 접어들지 않은 여성의 몸에도 꾸밈이 수직적으로 관통하게 만들었다. 전과 달리 특정한 해에 연령을 불문한 여성들의 '코르셋을 조이는' 계기가 일거에 찾아온 것이다. 꾸밈이라는 의례를 통해 성인기에 접어든 여성의 신체를 규율했던 기존의 역사와는 별개로, 여성의 꾸밈을 수익의 근간으로 하는 뷰티 산업의 확대가 직접 영향을 끼쳤다. 2010년대 초반은 저렴한 가격대의 화장품을 판매하는 로드숍이 대거 확장되던 시기였다. 90년대 초반생이 처음에 탈코르셋 운동을 보고 갸웃거린 까닭은 이들이 마침 2010년 초반에 성인이 되었기 때문이다. 이 세대에서는 사회의 꾸밈 압박 강화와 개인의 꾸밈 시작이 맞물렸다.

2017년을 기해, 1990년대 후반생부터 2010년대 초반생에게 폭발적인 공감을 얻은 탈코르셋 운동은 2015년부터 온라인을 중심으로 확산된 페미니즘이 주장했던, 여성 문제를 직접 실천해서 바꾸자는 기조에 더하여, 꾸밈을 통해 타인에게 흠 잡히지 않고자 하는 전략에 대한 반동으로 일어났다. 그와 더불어 2010년 초반부터 뷰티 산업이 여성 소비자를 상대로 하여 '선택'과 '자유'라는 미명으로 여성성 규범을 수행하라는 압력을 강력히 키웠던 흐름 속에서 학창시절을 보낸 이들의 삶과도 관련이 있다. 게다가 학교를 다니는 동안 또래집단이란 너무나 강력한 참조집단이다. 단풍과 민주가 다이어트에 집착한 이유도 학창시절 시작된 문제에서 비롯되었다. 한비가 옷을 사는 데 집착한 계기는 초등학교 때 또래 남아들한테 외모를 이유로 폭력을 오래 당했기 때문이었다.

이제 뷰티 산업은 여성이 다 클 때까지 허락하지 않거나 기다려주었던 꾸밈이라는 규범을 허용하는 시기를 바짝 앞으로 당긴다. 놀이를 통해서다. 놀이란 아동이 사회에서 앞으로 수행할 역할을 미리 학습하게 하는 기능을 맡는다. 탈코르셋 운동의 취지에 대번에 공감하지 못하던 세대의 여성들이 어린 시절 소꿉놀이를 하면서 앞으로 수행할 가사노동을 몸에 익혀나갔다면, 오늘날의 여아들은 꾸밈노동을 통해 자신의 신체를 단속하는 역할을 스스로에게 부여한다. 키즈 스파와 키즈 메이크업 키트가 뷰티 유튜버들과 만나 날개 돋힌 듯 팔려나간다. 대구에서 만난 한 여성은 "시크릿 쥬쥬는 여아들 사이에서 절대권력"이라고 단언했다.

2017년 영유아 화장품 시장 규모는 2,000억 원 규모에 이르렀고 립스틱 판매량은 전년 대비 549퍼센트 증가했다. 온라인 오픈마켓 11번가의 집계에 따르면 2018년 기준, 1월에서 11월까지 어린이 화장품 매출이 2017년 대비 360퍼센트 상승했다. 2019년 7월 기준, 가장 유명한 키즈 뷰티 유튜버 '헤이지니'의 구독자 수는 192만여 명에 달하고 인스타그램에 '#어린이화장품'이 태그된 게시물은 같은 기간 기준, 1만 9천여 개이다. 1980년대 미국 패션 산업이 '여성성을 찾을 권리'를 필두로 성인 여성의 몸에 퍼부었던 공세와 마찬가지로 한국 사회의 화장품 산업도 꾸밈을 선택할 자유와 예쁠 권리를 앞세워 여아의 일상을 맹렬히 침습한다. 탈코르셋이 시작된 2017년과 맞물리는 무렵부터이다. 2010년 로드숍으로 시작한 뷰티 산업이 공략하는 나이대가 점점 내려가다 생긴 일이다.

그리고 페미니즘이 확산된 2015년 무렵 출생자는 다

시, 보경과 내 나이대 사이의 여성과 모녀지간으로 만난다. '화장은 저항'이라는 주장이 유독 강력히 비판받는 이유는 온라인 페미니즘이 확산되던 무렵에 태어난 여아들이 마주한 맥락에 이 독법이 당장 지대한 영향을 끼치기 때문이다. 화장으로부터 즉각 해방감을 읽어내는 여성들의 개인적 맥락은 이들의 선택이 딸의 선택의 자유를 지지하는 쪽으로 일단 향하게 한다. 그러는 새에 아동에게는 그 행동 규범과 조금이나마 무관했던 시절조차 허락되지 않는, 최소한의 방어선도 뚫리는 셈이다. 꾸밈 수행이 몸에 배는 시기가 이르면 이를수록 시장은 더 오래도록 잠재적 소비자로 머물 수 있는 새로운 고객층을 확보하게 된다. 이때의 고객층이란 오로지 여성이다. 여성의 외모가 시장에 포섭되는 연령이 전폭적으로 낮아져가는 동안에도 남성은 일상에서 외모 관리와 관련된 어떤 규범도 수행하지 않고, 관련된 어떤 욕망도 부추겨지지 않는다. 여아가 아이로 태어나자마자 화장을 일찍 시작하는 일이 옳으냐 그르냐를 따지며 여자가 되는 동안, 남아의 몸은 시대의 변화에도 생애주기상의 이동에도 무관하게 화장하지 않은 채로 태어나 그 모습 그대로 죽는다. 남자만 사람의 기본형인 것처럼 남아만 아동인 것이다.

어린이·청소년 화장품 사용 행태 조사

(단위: 명, 괄호 안은 비율, 2016년 화장품 안전 사용 교육받은 전국 초·중·고 학생 4736명 대상, 항목별 유의미한 응답자 수 기준)

—

자료 출처: 녹색소비자연대전국협의회 소속 녹색건강연대

색조 화장 여부 ■ 예 　아니오

초등학생

483 (42.7%) 여　648 (57.3%)　30 (3.0%) 955 (97.0%) 남　513 (24.2%) 1603 (75.8%) 전체

중학생

908 (73.8%) 여　323 (26.2%)　12 (2.2%) 523 (97.8%) 남　920 (52.1%) 846 (47.9%) 전체

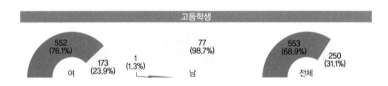

고등학생

552 (76.1%) 여　173 (23.9%)　1 (1.3%) 77 (98.7%) 남　553 (68.9%) 250 (31.1%) 전체

초·중·고등학생

1986 (42.4%) 2699 (57.6%) 전체

색조 화장 빈도

기타
431(18.5%)

일주일에 1회
220(9.4%)

한달에 1~2회
374(16.1%)

매일
711
(30.5%)

일주일에
3~4회 이상
594(25.5%)

화장품 정보 획득 경로

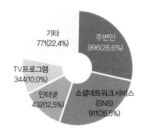

기타
771(22.4%)

TV프로그램
344(10.0%)

인터넷
432(12.5%)

주변인
996(28.6%)

소셜네트워크서비스
(SNS)
911(26.5%)

화장품 구매 장소

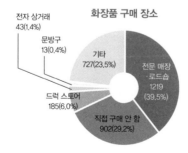

전자 상거래
43(1.4%)

문방구
13(0.4%)

기타
727(23.5%)

전문 매장
·로드숍
1219
(39.5%)

드럭 스토어
185(6.0%)

직접 구매 안 함
902(29.2%)

선택의 자유를 억압받으며 자라났기에 자식을 키울 때 아이의 그것을 침해하지 않는 결정을 우선하며, 뷰티 유튜브의 확산을 걱정하면서도 아이에게도 욕망이 있다는 사실을 존중하고자 하고, 과거와 달리 화장을 나쁘게 보기만 해서는 안 된다고도 느끼는 어머니가 어린이 화장 문제를 읽는 주된 방식은 '막을 수 없다면 제대로'이다. 그러나 이 문장의 출처는 아이의 안전을 우려하고 또래집단으로부터의 배제를 걱정하는 어머니의 불안을 이용한 산업이다. 이 산업은 여아의 화장에 대한 욕망을 자연화하고 쟁점을 안전성과 무독성으로 한정하는 한편, 어린이 화장품을 '블루오션'이라 칭한다. '막을 수 없다면 제대로'와 '블루 오션'이란 최근 성장하는 한 어린이 화장품 회사가 펀딩을 받기 위해 만든 매체에 실은 문장이다. 키즈 메이크업 산업의 확산을 주목하는 경제 기사의 헤드라인은 '화장하는 어린이를 잡아라'이다. 이처럼 욕망은 막을 수 없는 것이 아니라 막을 수 없도록 부추겨진다.

보경이 강조했듯 양육자는 여성의 외모 규범을 만드는 데 무척 중요한 역할을 한다. 앞에서 태어난 시기별로 분류했지만 각자의 몸에 대한 경험에서 차이가 발생하는 커다란 원인 중의 하나는 양육자로부터 자신의 몸이 평가되는 방식이다. 탈코르셋 운동을 각자의 선택에 맡기는 문

—
꾸밈에 대한 여아의 욕망을 자연화하며 구매를 조장하는 유아 화장품 광
고 문구.

제로 바라본 지예는 가족 구성원들로부터 외모에 대한 별다른 소리를 듣지 않고 자랐다. 윤아는 살이 쪄서는 안 된다는 소리를 들었다. 혜인은 엄마로부터 여자는 항상 최상의 상태를 유지해야 한다는 말을 들었다. 한비는 지금도 몸무게를 재고 눈 화장을 하는 일흔네 살의 할머니로부터 살이 쪘다는 핀잔을 들어왔다. 혜경의 엄마는 탈코르셋을 한 딸에게 외모 이야기를 했던 것에 이제야 미안해한다.

탈코르셋의 방향성에 동의하지 않는 이들도 영유아 화장품 산업의 확대에는 심각성을 느낀다. 최소한 '아이는 아이답게 자라야 한다'는 말에 공감하기 때문이다. 그러나 탈코르셋 운동은 오히려 아이가 화장품을 사용하는 게 문제없다고 보는 쪽과 똑같이 말한다. 바로 '여자가 되기에 이른 나이란 없다'는 것이다. 여성의 몸이 꾸밈이라는 일상의 수행을 통한 규범화와 무관해야 한다고 여겨지는 시절이 아동기로 한정될 이유도, 성인이 된다고 끝날 이유도 없다고 본다는 의미이다. 다만 이들이 영유아 화장품 산업에 특히나 우려를 표하는 이유가 있다면 몸에 규범이 입혀지는 시기가 사라지기는커녕 심지어 점점 앞당겨지며 새로운 맥락이 만들어지는 중이기 때문이다.

탈코르셋 운동은 여자가 되는 시기를 늦춰야 한다고 말하지 않는다. 사람으로 태어난 여자가 처음부터 끝까지 사람다워야 한다고 말한다. 그런데 여성의 꾸밈에 대한 탈자연화로부터 이러한 외침이 나올 수 있었던 까닭은 한층 거세진 외부의 압력에 더해 내부에서 저항감을 느낄 수 있는 몸을 가지고 살았던 시간이 어느 정도 있었기 때문이다. 행위를 잊은 몸이 되살릴 일말의 기억이 있었다는 말이다. 그럼에도 불구하고 우리가 보았듯 학습은 쉽고 탈학습은 어려웠다. 운동의 취지를 느리게 이해했을 뿐이지 모든 여성은 몸에 새겨진 뚜렷한 고통과 학대와 왜곡된 자기인식과 처절히 맞서야 했다.

모순적이게도 탈코르셋의 메시지를 대번에 알아들을수록 늪에 깊이 빠져 있고, 알아듣지 못할수록 그 늪에 얕게 빠져 있다. 꾸밈을 피부에 붙이는 스티커와 같이 여기는 사람과 드러나서는 안 될 것을 가린 물감이라고 여기는 사람은 탈코르셋에 대한 저항감이 다를 수밖에 없다. 그런데 꾸밈을 아예 처음부터 얼굴에 새겨진 문신과도 같이 느끼는 새로운 고객층이 등장했다. 심지어 이들에게 깜빡 잊고 있었다가 되살릴 수 있는 기억 같은 것은 없다. 디딜 땅은 더 좁아졌고, 빠진 늪은 더 깊어진 셈이다.

2015년을 기해 시작된 페미니즘이 만든 쾌거를 그해에 삶을 시작한 이들과 공유하기 위해서는, 먼 길을 거쳐 결말에 다다른 이 책의 맨 앞장으로 끊임없이 돌아가야만 한다.

그런데 우리에 비하여 이들에게는 자신을 옥죄는 것을 낯설게 느낄 만한 시간은 주어지지 않았고, 고통으로부터 자신을 유리시키는 마취제는 더 신속하게 투여되고 있으며, 여성의 얼굴에 대해 더 자주 쏟아지는 칭찬과 비난이 어떤 의미로든 뇌 속 회로를 끊임없이 활성화한다. 4년 터울로도 우리가 서로의 삶을 상상하지 못했듯이, 한 세대 아래인 이들의 삶이 어떠할지는 알 수 없다. 다만, 남아의 삶에 아무 일도 일어나지 않는 동안 여아에게 권장되는 선택의 자유란 명백히 한정된 채 그의 몸을 감싸라는 것, 그런데 이번에는 '다 클 때'라는 조건도 어느 이유로든 사라졌다는 것, 자연화가 강력할수록 탈자연화는 어렵고도 고통스러우며, 주입된 욕망은 내면화된 이상 진짜와 가짜로 간단히 분리되지 않는다는 이번의 깨달음을 단서로 그저 그들의 삶을 상상할 뿐이다. 그러니 맨 앞장으로 돌아가는 대신, 이 다음 장을 펴야 한다. 우리는 아직 읽을 수 없으나 끊임없이 쓰여지는 텍스트를 마주하고 있다.

우선은 여러 번 도망치고 싶었을 만큼 쉽지 않은 작업이었음을 먼저 고백한다. 한켠에 쌓인 녹음 파일을 풀 엄두가 도무지 나지 않았다. 차라리 빨리 포기하겠다고 말하고도 싶었지만 항복하는 글을 쓰려고 할 때면 일종의 책무감이 납덩이처럼 가슴을 눌러 메일 창을 켤 수가 없었다. 결국은 끝까지 붙들기로 했고 이렇게 닫는 글을 쓰고 있다. 이 태도는 원래 나의 것이기도 했지만 탈코르셋 운동에 참여하는 여성들에게 다시 배운 것이기도 하다.

한국 사회에서 사회적 여성성을 수행하는 데 필수적인 자기대상화와 그로 인한 자기착취 및 자기학대가 얼마나 심각한지는 이미 잘 알고 있던 사실이었다. 동시에 탈코르셋 운동을 통과하지 못했더라면 안다고 생각하고 사실은 모른 채 넘어갔을 것이었다. 그렇기에 같은 사회를 살아가는 여성들에게 오로지 이 운동이 줄 수 있는 해방의 가능성을 전하고 싶어 덥석 이 작업에 달려들었고 쉽게 놓지 못

했다.

　해방을 향한 움직임의 단초가 되는 여성의 직관에 나는 늘 매료된다. 그러나 직관이 이끈 여성의 움직임은 역사에 남기가 너무 어렵다. 얼마나 많은 이들이 한곳에 운집해서 같은 목소리를 내었든, 얼마나 많은 이들의 삶이 전과 같을 수 없는 길을 건넜든 간에 이 사실은 반복된다. 당대에 큰 폭발력을 가졌어도 도무지 그럴듯한 의미로 역사에 남기가 쉽지 않다. 여성운동의 계보를 다룬 두 번째 책을 쓸 때에도 너무나 많은 움직임이 그저 사라져버렸다는 사실, 그래서 그 당시를 지나는 여성들의 웅성거림, 그사이 또렷하고 단호하고 희망찼을 표정들을 상상에만 의지해야 했기에 항상 그것들이 궁금했고 그에 불만이 많았다. 그런데 이번 작업을 통해 탈코르셋 운동의 기록자로서 함께 하며 스스로를 해방하고자 하는 여성들의 환희와 긍지를 직접 보았다. 역부족이라는 생각에 포기하고 싶을 때마다 오래도록 궁금해했던 얼굴을 마주하고 있다는 생각으로 마음을 다잡았다. 그런데 이 다짐은 이 환희가 계속되리라는 승리감이 아니라 오히려 반동에 대한 절망에 대비한 것이기도 했다. 외모를 꾸미라는 압력은 여성의 몸을 길들이기 위해서도 시장을 유지하기 위해서도 앞으로도 계속해서 맹렬할 것이며, 점점 거세지는 꾸밈 압박의 직격탄을 강력하게 맞기 시작하는 연령은 점점 어려지고 있다. 그러니 머지않은 시기에 반동이 올 수 있다 해도, 혹은 그렇기 때문에 더욱더 포착해두어야만 했던 표정들이었다.

주제의 특성상 탈코르셋 운동의 투쟁 상대는 자기 자신이다. 영향력을 만들어내는 미디어와 사회구조를 비판하더라도 결국은 욕망을 파고들어 내면화된 압력과 싸워야 하는 것이다. 어떤 싸움보다도 도망가고 싶은 싸움을 해내고, 동시에 한 강박을 다른 강박으로 대체하지 않으며 새로운 돌파구를 만들어가는 여성들에게 경의를 표한다. 오래도록 내면화된 자기혐오와 굴종감 앞에서, 스스로를 죽음으로 몰아가던 소용돌이 한가운데에서 자신을 고요한 들판으로 끌어낸 여성들에게 다방면으로 빚을 많이 졌다. 그들이 자신을 살려낸 것에 대해서도, 또한 다른 이들을 살리기 위해 기꺼이 시간과 경험을 내어주면서 가명 아닌 실명으로 실어달라고 말하는 마음에 담긴 긍지와 연대의식에도 존경을 전한다. 사회적 움직임까지 이뤄낸 여성들의 끈질김과 생에 대한 의지는 실로 대단했다. 그런데도 여성의 움직임이 시작될 때는 일단 의심받고, 진행 중인 동안에는 비웃음을 사고, 지나간 뒤에는 적절한 의미를 부여받지 못하고 금세 사라지는 일이 반복된다는 데 오랜 문제의식을 갖고 있다. 그러니 각자의 삶에서 탈코르셋 실천을 얼마나 동반하는지와 상관없이, 이 운동이 한순간 지나가는 바람이 아닌 채 중요한 의미로 남는 데 모두가 함께해주었으면 좋겠다.

　　이 책이 에세이처럼 다가가는 대신에 보다 건조한 접근을 택하게 된 이유에는 바로 이 빛나는 의지가 가려지지 않고, 탈코르셋이 보다 진지하게 받아들여져 그 통찰이 전수되는 데 보탬이 되기를 바라는 마음도 있었다. 탈코르셋은 외모 지상주의 대신 다양한 아름다움을 추구하되 더 폭넓은 선택의 자유를 추구하며 나답게 살아가자는 메시지를 중심에 둔 운동이 아니다. 오히려 그러한 기존의 흐름을 적극 비판하며 터져 나온 운동이다. 탈코르셋이 각자의 일상에서 구현되는 모습은 물론 다양하다지만 이를 '외모 다양성 운동'을 일컫는 새로운 이름과 등치하면 고유의 동력과 관점이 설명되지 않는다. 그러므로 이 이름만을 본따 같은 문제에 대한 전혀 다른 관점을 설명하는 데 써버리거나, 탈코르셋 운동 내부에서 터져 나오는 목소리들을 깊이 있게 청취하지 않고 성급하게 평가절하하는 시도들을 비판하는 바이다. 일례로 온라인에서 크라우드펀딩을 통해 1억 9,000만 원이 넘는 모금액을 달성해 출판된 《탈코일기》의 경우 그 영향력과 의의에 대한 언급을 어느 언론에서도 찾아볼 수 없다. 혼동이나 평가절하에 대해 이야기한 이유는 탈코르셋 운동에 대한 존중이 필요하기 때문만은 아니다. 탈코르셋 운동이 촉발되면서 페미니즘의 특정 진영에서 이 운동이 시작되었다거나, 혹은 페미니즘에 대해서 너무 모른다거나, 한물간 이야기를 뒤늦게 들고 왔다는 조소와 함께 탈코르셋 운동을 일종의 반지성주의로 취급하던 경향성이 존재했고, 그것이 책의 맨 처음에 언급한 나의 망설임을 키웠던 또 다른 요인이었기 때문이다. 아직도 진행 중이지만, 당시 나는 페미니스트 연구자가 되기 위한 과정에 막 진입한 시기였다. 지식을 만들고자 할 때 통과해야 하는 문법이 따로 존재한다는 사실, 그리고 한 발짝 떨어진 위치에서 비판적 개입으로 논의를 확장하는 것이 연구자의 역할임은 당연하지만 나를 망설이게 했던 경향이란 비단 그것뿐만은 아니었다.

당시 나는 되도록 가장 지적인 위치에 서고 싶어 망설였고, 그로 인해 자칫하면 탈코르셋 운동에 가까이 다가가서 목격한 것들을 그대로 지나 보낼 뻔했다. 운동에 의미를 부여하며 추가적 논의를 내어 지평을 확장하는 대신, 닫힌 결론을 강화할 뻔한 것이다. 지금에 와서 보니 내가 취하려던 태도는 딱히 지적이지도 않았던 것 같고 차라리 지적나태에 가까웠음을 고백한다. 탈코르셋 운동은 꾸밈이라는 문제에 있어 이를 강요하는 사회구조를 비판하고 여성성 자체를 사유하는 관찰자에 그쳤던 내 위치를 행위자로서 다시 인식하게 했다. 한 자리 내에서 일어난 위치 이동은 다른 곳으로 이동할 가능성과 희망, 동시에 이동할 책임을 같이 준다. 운동으로 인한 지식 대신에 운동에 대한 지식만을 경청했더라면 불가능했을 도약이었다.

그렇기 때문에 더욱 강조하는 것은, 탈코르셋 운동은 2015년부터 시작된, 행동하는 페미니즘이 가장 첨예하게 마주한 지점이자 지금까지 쌓아 올린 페미니즘 지식이 활용되고 생성되는 장이라는 점이다. 폭발하는 운동을 통과하며 여성의 몸이 만들어낸 지식은 기존의 사유를 부수는 과감한 도전이었고, 이는 고통과 착취, 학대를 경험하는 지금 여기 여성들의 삶을 바꾸어내는 데 가장 적절한 도구였다. 나아가 다른 시기, 다른 곳의 여성들의 삶에도 변화를 만들어낼 도구라고 본다. 이에 대한 반작용이 생긴다면 그로부터 또 다른 지식이 만들어질 것임을 믿고 그때에도 함께할 것이다. 촉발되는 운동이 무엇이든지 언제나 핵심은 변화를 만들어내고 그 변화를 따라갈 수 있는, 유동하는 몸을 갖는 것이다.

물론 여성의 삶이 모두 페미니즘이라는 이름으로 불릴 수 없는 것처럼 날것의 경험을 곧바로 지식이라 부를 수는 없다. 게다가 페미니즘을 지식화하는 이들은 여성의 삶이 곧 지식이 될 수 있다는 주장과 페미니즘 역시 지식화에 전문적 훈련이 필요한 학문이라는 주장을 오가며 다양한 편견에 맞서 싸워야 한다. 나 역시 한국 사회에서 동시대적으로 일어나는 페미니즘 운동에 대해 제법 일관된 자세로 말하고 써왔음에도 내가 자격이 있다고 주장해야 할, 혹은 자격이 없다고 인정해야 할 윤리적이고 정당한 선이 어디일지 항상 고민한다. 어떤 자격도 필요가 없다거나 나의 자격이 충분하다는 주장이 아니다. 다만 기존의 지식체계에 도전하는 운동을 기존의 틀로 파악해버리면 이에 포착되지 않는 지식은 지식이 아니라고 평가될 수밖에 없기에, 특정한 제도나 경로나 문법을 통하지 않아도 페미니즘 지식은 만들어지며 탈코르셋 운동을 통해서도 엄연히 그런 과정이 일어난다고 말하고 싶다. 페미니즘 지식의 힘은 여성의 경험에서 나온다는 대원칙을 믿고, 앞으로 영역을 오가며 이어질 일련의 협동을 기대한다.

페미니스트로 사는 이래로 일관되게 삶을 삶으로 돌

파하자는 메시지를 전하고 싶었는데 예기치 못하게 이런 운동이 등장하고, 또 그것에 내가 가진 역량을 보탤 수 있어 기쁘다. 곁에서 작업을 응원하고 의견을 보태준 많은 이들에게 고맙다. 출판을 제안해준 한겨레출판과, 기일을 한참이나 지나 초고를 보냈는데도 따뜻한 답장으로 격려해주신 고우리 편집자님께 지면을 빌려 죄송함과 감사함을 같이 전한다. 수많은 친구들이 지지해주었지만 그중에서도 녹취 풀이를 도와준 유정과 한나, 사랑에게 깊은 감사와 사랑을 표한다. 특히 원고를 준비하는 동안 개인적으로 절망스러운 시기를 지나는 바람에 작업을 포기하고 싶던 순간마다 나타나 진행 상황을 체크하고 격려하며 붙들어준 사랑이 없었더라면, 수사가 아니라 정말로 이 책은 나올 수 없었다. 내가 도망치고 싶을 때마다 용기를 불어넣어준 그와 같은 길을 걸어가며 운동하는 동료임이 자랑스럽다. 마지막으로 한겨레출판에서 원고를 제안받기도 이전에, 워크숍 형식으로 주제를 다룰 기획을 한 맨 첫 순간을 함께하고 이후로도 꾸준히 의견을 보태준 윤원에게도 마음 깊은 곳에서 우러나는 사랑과 존경을 전한다. 어느 봄날 서초중학교로 뛰어나와 아이디어를 들어준 이래 크고 작은 삶의 질곡을 넘게 되었지만 무엇보다 신뢰하는 페미니스트 연구자 동료를 만난 첫 순간의 기쁨과 든든함은 한결같다. 어려운 삶이지만 그와 함께라면 나아갈 길을 찾아내리라는 굳은 믿음을 갖는다.

구조는 절로 바뀌지 않는다. 그러나 사람이 바뀐다면 바뀔 수 있다. 이 간단하고도 대담한 믿음은 서로 다른 삶을 살아가는 페미니스트들이 페미니스트라는 같은 이름 아래 묶이는 이유일 것이다. 여성해방이라는 원대한 목표는 쉽지 않겠지만 절대로 불가능하지도 않다고 믿는다. 무엇을 전제하느냐에 따라 삶에서 구현할 수 있는 상상력의 종류와 크기가 달라질 것이기 때문이다. 마주하는 현실에서 부침은 있겠지만 믿음을 유지하는 일은 무척 중요함을 자주 느낀다.

앞서 밝혔듯 이 책은 우선적으로 탈코르셋 운동과 단번에 공명하기 어려워하는 이들을 연결하는 중간 다리이기를 바라며 쓰였다. 이에 더하여 탈코르셋 운동에 참여한 이들이 서로와 더욱 긴밀히 연결되는 끈이기를 바란다. 무엇보다도 이 움직임이 동시대를 함께한 이들의 기억 속에만 희미하게 남는 대신 2018년에 일어난 엄연한 혁명으로 기억될 단초이기를, 그리하여 이 움직임이 지나간 뒤에 등장했기에 또다시 곧바로 공명할 수 없는 경험을 가진 여성들과 우리를 묶어주는 매듭이기를 희망한다. 개인적 소망으로는, 그때 등장한 여성들은 이 기록을 의아하게 여기어 활자와 공명하는 데 최대한 큰 어려움을 겪었으면 좋겠다.

탈코르셋: 도래한 상상

ⓒ 이민경

초판 1쇄 발행 2019년 8월 26일
초판 2쇄 발행 2019년 10월 10일

지은이 이민경
펴낸이 이상훈
편집인 김수영
본부장 정진항
인문사회팀 고우리 이승한
마케팅 조재성 천용호 박신영 조은별 노유리
경영지원 정혜진 이송이

펴낸곳 한겨레출판(주) www.hanibook.co.kr
등록 2006년 1월 4일 제313-2006-00003호
주소 서울시 마포구 창천로 70(신수동) 화수목빌딩 5층
전화 02)6383-1602~3 **팩스** 02)6383-1610
대표메일 book@hanibook.co.kr

ISBN 979-11-6040-284-1 (03330)

만든 사람들
기획편집 고우리   **디자인** 이경란